KB261189

한미 FTA
하나의 협정
엇갈린 '진실'

한미FTA, 하나의 협정 엇갈린 '진실'

지은이 | 이해영 · 정인교
사회 · 정리 | 정남구
펴낸이 | 김성실
편집주간 | 김이수
편집기획 | 박남주 · 천경호
마케팅 | 이동준 · 이준경 · 강지연 · 이유진
편집디자인 | 하람커뮤니케이션(02-322-5405)
인쇄 | 중앙 P&L(주)
제본 | 대흥제책
펴낸곳 | 시대의창
출판등록 | 제10-1756호(1999. 5. 11)

초판 1쇄 발행 | 2008년 1월 21일
초판 2쇄 발행 | 2008년 7월 16일

주소 | 121-816 서울시 마포구 동교동 113-81 (4층)
전화 | 편집부 (02) 335-6125, 영업부 (02) 335-6121
팩스 | (02) 325-5607
이메일 | esuesu21@naver.com(책임편집자)

ISBN 978-89-5940-093-5 (03300)
값 15,000원

정인교 **VS** 이해영
맞짱토론

한미 FTA
하나의 협정
엇갈린 '진실'

"한미 자유무역협정, 우리 삶을 어떻게 바꿔놓을 것인가"

이해영 · 정인교 지음 | 정남구 사회

한미FTA 찬반의 근거를
조목조목 따져 물었다

미국은 국내총생산GDP 기준으로 세계에서 가장 큰 경제대국이다. 외국 상품을 가장 많이 수입하는 세계 최대의 소비시장이기도 하다. 그런 나라와 우리나라가 FTA(자유무역협정)를 맺는다면 어떤 일이 벌어질까? 경제대국인 미국은 그 영향을 그리 크게 느끼지 않을 것이다. 하지만 미국에 견줘 경제규모가 훨씬 작은 우리나라에는 그 영향이 결코 작지 않을 것이다. 미국에서보다 우리나라에서 찬반 논쟁이 훨씬 치열한 것은 이 때문일 것이다.

FTA는 협정 체결국이 서로에게 자국 시장을 개방하는 것이다. 수입품에 품목별로 매기는 관세를 낮추거나 없애고, 자유로운 교역에 방해가 되는 각종 규제를 없앤다. 이로 인해 새로 시장이 생기는 이들에게 FTA는 기회가 될 것이다. 수출기업들은 주로 기회를 얻는 쪽에 속한다. 그러나 위협적인 경쟁자가 새로 등장하는 것을 걱정하는 사람도 있다. 미국이 세계적인 경쟁력을 가진 농축산업에 종사하는 사람들은 한미FTA로 값싼 미국 농축산물이 무제한으로 수입되는 것을 크게 걱정한다. 자신의 처지에 따라 한미FTA에 찬성하고 반대하는 사람이 나오는 것은 조금도 이상할 것이 없다.

그렇다면 이런 개인적인 이해관계를 제쳐두고, 나라 전체로 보면 어떨까? 긍정적인 면이 더 클까, 부정적인 면이 더 클까? 대답은 하나로 모아지지 않고 있다. 전문가들 사이에서도 찬반 의견이 팽팽히 맞서고 있다. 찬성하는 이들은 한미FTA를 우리 경제가 다시 한 번 도약할 수 있는 계기라고 호응한다. 반대하는 이들은 우리 경제에 재앙이 될 것이라고 경고하기까지 한다. 하나의 사안을 놓고 이렇게 평가와 전망이 극단적으로 엇갈리는 것도 그리 흔한 일은 아니다.

이 책은 한미FTA를 둘러싸고 찬반 양쪽을 대표하는 전문가 두 분이 서로 얼굴을 맞대고 치열하게 벌인 논쟁을 정리한 것이다. 찬성하는 쪽에서는 정인교 교수, 반대하는 쪽에서는 이해영 교수가 토론에 나섰다. 사회자는 두 분으로 하여금, 고등학생 정도의 지식수준을 가진 독자에게 자신의 견해를 차근차근 설득한다는 자세로 토론에 임해달라고 요청했다. 전문적인 용어나 이론을 거론하지 않을 수 없는 이런 토론에서는 그것이 매우 어려운 요청일 것이다. 최선을 다해 독자를 배려한 두 분께 우선 감사드린다.

그동안 신문이나 방송매체가 한미FTA를 둘러싸고 수많은 찬반 논쟁을 다뤄왔다. 하지만 이 책은 그런 토론들과는 큰 차이가 있다. 무엇보다 거의 모든 논점을 생략하지 않고 빠짐없이 다뤘다는 점을 들 수 있다. 사실 한미FTA를 둘러싼 의견대립에는 '좋은 경제'에 대한 커다란 시각차가 밑바탕에 깔려 있다. '성장률'이나 '1인당 국내총생산' 같은 양적 지표를 중시하는 시각이 있는 한편으로, 국민의 '삶의 질'을 중시해야 한다는 견해도 있다. 또 지금 우리 경제가 시급히 해결해야 할 과제를 무엇으로 보느냐 하는 것도 한미FTA에 대한 찬반 의견을 갈라놓는다. 두 분은 토론에서 이에 대한 자신의 견해를 먼저 분명히 밝히고 있다.

우리나라가 FTA를 확대해 나가야 한다는 정부 쪽 주장의 논거를 하나하나 따졌고, 미국과의 FTA가 갖는 특별한 의미, 실제 한미FTA의 협상 결과를 평가하는 내용도 담았다. 농산물시장이나 문화산업은 개방에 예외를 둬야 한다는 주장에 대해서도 하나씩 깊이 토론했다. 일부 구성원의 희생이 따르더라도 나라 전체로 보아 득이 되는 협정을 맺을 때, 그 희생을 어떻게 보상해야 하는지도 다루고 있다. 꼭 한미FTA와 관련짓지 않더라도 하나하나가 중요한 의미를 갖는 토론주제들이다.

우선 한미FTA를 둘러싼 여러 논점을 토론한 것을 크게 세 개의 부로 나눠 정리했다. 각 부마다 해당 부의 주제를 통괄하는 찬반 논리를 〈들어가는 글〉로 정리해 독자들이 참고할 수 있게 했다. 그리고 책의 각 부 토론 뒷부분에는 두 토론자가 한미FTA에 대한 찬반 의견을 종합적으로 정리한 글을 실었다. 각론의 총정리라고 할 수 있다.

이 책은 독자들에게 한미FTA를 제대로 이해할 수 있게 도움을 주기 위한 것이지만, 하나의 논쟁을 체계적으로 이해함으로써 생각을 키우는 훈련을 하는 데도 큰 도움이 될 것이다. 한 사회 안에서 이해가 첨예하게 맞서는 사안을 둘러싸고 어떤 논점이 나올 수 있는지, 각각의 논점에 대해 어떤 근거를 대야 주장의 설득력을 높일 수 있는지를 익힐 수 있을 것이다. 이 책이 그런 목적을 가진 독자들에게 작으나마 도움이 되기를 바란다.

한미FTA는 양국 정부가 협정에 서명하고, 이제 양국의 비준동의 및 비준 절차만 남겨둔 상태다. 국회의 비준동의에 앞서 많은 이들이 한미FTA에 대해 제대로 이해하고 심사숙고할 수 있는 기회를 가졌으면 하는 마음 간절하다. 중요한 사안일수록 제대로 이해하고 충분한 토론을 거쳐 결정하는 것이 바람직하다. 그래야 긍정적 효과는 극대화하고, 부정적 영향을 최소화할 수 있다. 진지하게 토론에 임해주신 두 분 교수님, 상업적 득실을 따지지 않고 책을 출판해주신 시대의창 김성실 대표께 감사드린다. 자칫 딱딱해질 수 있는 내용을 잘 다듬어준 편집자 여러분께도 이 자리를 빌려 감사드린다.

맞짱토론 사회를 보고 나서
정 남 구

1. 한미FTA가 우리 국민경제, 그리고 우리 개개인의 삶에 어떤 영향을 얼마나 미칠 것인지 아는가? 그것에 찬성하든 반대하든 한미FTA가 우리 삶에 중대한 영향을 미칠 것이라는 점에 동의한다면, 우리는 과연 한미FTA에 관해 얼마나 상세하게 알고 있고 얼마나 정확하게 이해하고 있으며 얼마나 진지하게 고민해보았는가?

2. 지금 어떤 시각으로든 한미FTA에 찬성 또는 반대하고 있는 나의 주장에는 개인의 편견이나 이해관계를 넘어 전체를 아우르는 포괄적인 인식과 텍스트에 기초한 논리가 충분히 뒷받침되어 있는가? 그게 아니라면 실상을 잘 알지도 못하면서 다른 사람의 찬성 또는 반대의 일방적이고도 파편적인 주장에 경도되어 그것을 나의 주장으로 삼고 있지는 않았는가?

3. 한미FTA 논의가 왜 찬반 사이에서 평행선을 달리고 있다고 생각하는가? 그 평행선이 서로를 진정으로 바라보게 됨으로써 어느 한 지점에서 만나 지혜를 모을 수 있는 방안은 없는가? 그건 게 있다면 당신은 어떤 방안을 제시할 수 있는가?

▶ 바로 이와 같은 물음에 대한 답을 구하는 데 도움을 주고자 이 책을 구상했다. 이처럼 찬반의 견해를 치우침 없이 하나에 담아 판단은 독자 스스로 하도록 한 시도는 아마도 이 책이 처음일 것이다.

1. '정인교 *vs* 이해영 맞짱토론' 사회를 본 정남구 기자(한겨레 논설위원)가 〈여는 글〉에서 오늘날 한미FTA를 둘러싼 인식의 갈등과 이번 찬반 대담의 취지를 잘 정리하여 간명하게 설명하였다.

2. 〈프롤로그〉에는 정인교와 이해영 두 대담자가 각자 찬반의 시각에서 바라본 한미FTA의 개괄적인 요점을 정리한 글을 실었다.

3. 이 책의 본문은 〈PART 01 : 한미FTA 막전막후, 그 숨은 그림 찾기〉 〈PART 02 : 한미FTA 조목조목 들여다보기〉 〈PART 03 : 한미FTA, 우리 미래의 축복인가 재앙인가〉 3파트로 구성했다. 각 파트 앞에는 '정인교 *vs* 이해영 맞짱토론'을 실었으며, 뒤에는 핵심 주제별로 찬반 요점을 정리한 두 대담자의 글을 실어 독자의 이해를 돕고자 했다.

4. 〈에필로그〉에는 한미FTA를 어떻게 바라보고 대처할 것인지에 대해 두 대담자가 각자 찬반의 시각에서 전망한 글을 실었다.

▶ 정인교(찬성) *vs* 이해영(반대)의 맞짱토론은 2007년 10월 20~21일 이틀 20시간에 걸쳐 시대의창 회의실에서 진행되었다.

CONTENTS
한미FTA, 하나의 협정 엇갈린 '진실'

핵심 쟁점 사항 지상 논쟁_제1라운드

C O N T E N T S
한미FTA, 하나의 협정 엇갈린 '진실'

PART 03

한미FTA, 우리 미래의 축복인가 재앙인가

에 필 로 그

한미FTA, 어떻게 할 것인가

하나의 협정,
두 개의 견해

미국과의 FTA 추진이 검토된 배경에는 우리 서비스산업 발전 및 경쟁력 강화 목적이 작용하였습니다. 통상환경의 변화에도 불구하고 서비스산업은 발전하지 않아도 규제를 울타리 삼아 돈벌이가 되는 상황이지만, 경제성장에는 기여하지 못합니다. 또 오늘날 많은 서비스산업은 제조업 생산성에도 영향을 미칩니다.

이 책은 한미FTA를 둘러싸고 찬반 양
쪽을 대표하는 전문가 두 분이 서로
얼굴을 맞대고 치열하게 벌인 논쟁을
정리한 것입니다.

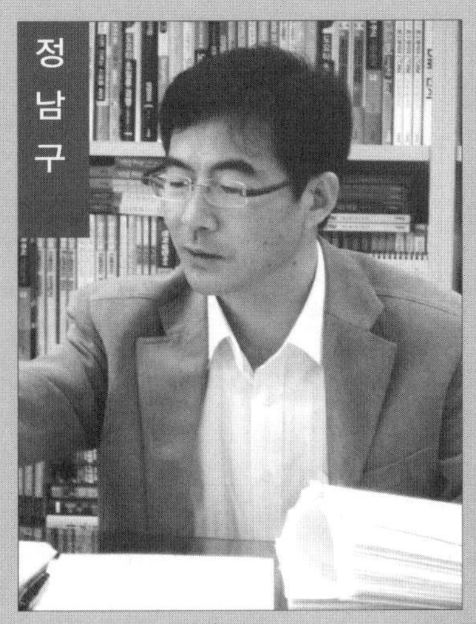

한미FTA는 비정규직 확산 등 고용조
건 악화, 특히 서비스산업 구조조정으
로 인한 실업, 의료비 및 교육비 부담
증가, 공공요금 인상으로 인한 물가불
안, 사회복지 축소를 불러올 가능성이
높습니다. 그것은 단순히 불가피한 부
작용으로 치부될 수 없습니다. 왜냐면
한미FTA를 관통하는 핵심은 결국 신
자유주의로 압축되기 때문입니다.

한미FTA, 왜 지금 필요한가

— 자유무역의 실현을 위하여

| 정인교 |

오늘날 전 세계 거의 모든 국가가 FTA를 추진하고 있다고 해도 과언이 아니다. 2008년 1월 현재 중국은 이미 5개 이상의 협정을 체결했고, 심지어 몽골의 통상당국도 FTA 추진을 검토하고 있다. 왜 그 많은 국가들이 FTA를 추진하게 되었는가? 정치·외교적 목적도 있겠지만, 대부분의 협정은 수출 증대, 투자 확대, 통상제도 선진화 등에 따른 경제적 이익 확대가 가장 큰 이유다. 또 전 세계적으로 FTA 체결 건수가 급속하게 증가함에 따라 미체결로 인한 손실을 줄이기 위해 FTA 체결의 필요성도 높아졌다. 2007년 10월 현재 이행되고 있는 FTA가 204개다.

일반적으로 FTA 경제이익은 상대국의 경제규모가 크고 경제제도가 선진화되어 있으며, 협정의 포괄범위가 넓을수록 경제효과도 커진다. 미국은 세계총생산의 20퍼센트 안팎을 차지할 정도로 경제규모가 크다. 또 미국이 추진하는 FTA의 포괄범위는 대개 다른 국가의 FTA보다 넓다. 따라서 미국과의 FTA는 큰 경제효과를 가져다줄 수 있는 기본요건을 구비하고 있다. 이로 인해 많은 국가들이 미국과의 FTA 체결을 희망하고 있다.

그러나 미국은 극히 일부 국가하고만 FTA를 체결했다. 먼저 미국이 이미 체결한 FTA와 같이 폭넓은 협정을 체결할 수 있는 국가가 몇 안 되기 때문이다. 예를 들어, 미국이 일본과의 FTA를 검토하지 않는 이유가 바로 일본이 최소한 나프타NAFTA(북미자유무역협정)[1] 수준의 협정을 체결할 수 없다고 판단하고 있기 때문이다. 실제로 우리나라도 2003~2004년에 일본과 FTA 협상을 벌였지만 일본의 소극적인 자세로 더 이상 협상을 지속할 수 없었다.

다음으로 FTA 체결 경험과 협상 인력 확보를 들 수 있다. 경험 많은 통상전문 인력을 다수 확보하고 있고, 협정의 많은 분야에 대한 다양한 검토를 실시해야만 자국에 유리한 협정을 체결할 수 있을 것이다. 대부분의 국가는 미국에 비해 통상전문 인력도 턱없이 부족한 데다가 전문성도 약한 편이다. 아무리 미국과의 FTA가 필요하다는 걸 절감하더라도 협상 인력의 부족으로 미국과의 FTA 협상을 제안할 수 없는 국가가 많다.

또 미국은 의회가 통상정책권한을 가지고 있어서 행정부는 의회의 승인을 받아야 FTA를 추진할 수 있다. 이는 오직 미국만이 가지고 있는 통상체제로, 의회는 특별한 경우에 한해 미 행정부에게 협상권한 곧 무역촉진권한TPA[2]을 부여한다. 반면에 다른 국가들은 행정부가 협상 추진 여부를 독자적으로 결정하고 있다. 미국 대통령 중 국민들로부터 인기가 높았던 클린턴 전 대통령도

재임기간 8년 중 단 한 차례도 협상권한을 부여받은 적이 없다.

현 부시 대통령은 2007년 3월로 종료되는 협상권한을 받았고, 이 기간 내에 의회가 부여한 까다로운 조건을 포함하는 협정을 체결해야 했다. 결국 이 기간 내에 FTA 협상을 타결해야 하는데, 미 행정부로서는 섣불리 FTA 대상국을 선정할 수 없다. 따라서 당연히 기한 내 협상을 타결할 수 있는 전문 인력, 정책 경험, 추진 의지 등이 갖추어진 국가와의 FTA 협상을 검토하게 되는 것이다. 미국은 2005년 12월 당시 미국과의 FTA 추진을 제안했던 25개 국가 중 단 2개 국가(한국, 말레이시아)만을 협상 대상국으로 선정했다. 곧 우리가 마음만 먹으면 원하는 때에 언제라도 미국과의 FTA를 추진하기는 어렵다는 얘기다.

그러면 우리나라의 FTA 추진 역량은 어떠했는가? 2003년 FTA 검토를 위해 미국과 접촉했을 당시 미국은 우리의 FTA 추진 의지를 낮게 보았고, 한-칠레FTA를 부실한 것으로 평가했다. 이후 우리 정부가 싱가포르, 유럽자유무역연합EFTA[3], 아세안ASEAN(동남아국가연합)[4]과의 협상을 성공적으로 마무리하고, 캐나다 및 멕시코에 이어 인도와의 FTA를 추진해나가자 미국은 우리의 FTA 추진 역량과 의지를 높게 보기 시작하였다. 2006년 초 미국이 우리나라와의 FTA 협상을 결심한 것은 결코 우연이 아니며, 미국으로서는 다양한 조건을 종합 검토하여 내린 결론이었다.

한편, 당시 우리의 FTA 협상 전문 인력은 어느 정도 확보되었는가에 답할 필요가 있다. 우리나라가 처음으로 칠레와 FTA 협상을 할 당시에는 전문 인력이 충분하지 않았다. 따라서 협정문안

검토, 양허안 평가 등에 많은 시간을 보내야 했고, 협상기간은 당초 예상보다 훨씬 더 소요되었다. 이후 5~6개의 FTA 협상이 진행되거나 검토되면서 정부는 통상전문 인력을 FTA 협상에 배치하였고, 30명 이상의 전문 인력을 추가로 모집하였다. 협상 중반 이미 300여 명의 인력이 협상에 참가했으며, 간접적으로 협상을 지원하는 전문 인력까지 합치면 족히 500명이 넘게 되었다. 결코 충분한 전문 인력을 확보했다고 자신할 수는 없겠지만, 한미FTA 준비 및 협상에 부족하거나 차질이 발생하지 않을 정도의 인력을 갖추었다고 말할 수 있다. 여러 개의 FTA가 한꺼번에 집중적으로 진행됨으로써 우리 담당자들은 협상 실무경험을 축적할 수 있었다. 실제 협상 과정에서 미국 쪽 협상단이 여러 차례 우리 대표단의 협상 내용과 자세를 높이 평가했음은 널리 알려진 사실이다. 실제 협상 결과를 보더라도 이러한 언급이 결코 과장되었거나 상대국에 대한 외교적인 수사만이 아님을 쉽게 알 수 있다.

다수 국가와의 FTA 체결로 FTA 경험을 쌓은 우리나라로서는 광범위하고 질 높은 FTA 체결로 인한 경제이익을 확보하기 위해 거대경제권과의 FTA를 추진할 필요성이 있었다. 지난 5년간은 FTA 체결 건수가 전 세계적으로 가장 빠른 속도로 늘어난 시기였으며, 우리 기업들은 다른 국가간 FTA 체결로 많은 불이익을 보고 있었고, 이로 인해 정부의 적극적인 FTA 추진이 요구되었다. 세계적인 FTA 체결 추세에 뒤진 상황을 극복하려면 미국과 같이 경제규모가 큰 국가와의 FTA 추진이 필요했다.

한편, 이 시기에는 FTA의 질적 수준을 높일 필요성이 있었다.

당시만 해도 우리나라가 체결한 협정은 시장개방 중심의 협정이었으나 보다 큰 경제효과를 기대하려면 협정에서 선진화된 경제 및 통상제도를 포함해야 했다. 특히 미국과의 FTA를 통해 선진 경제통상제도와 관행을 도입하면, 우리 경제체제의 선진화 및 투명화를 조기에 달성할 수 있다는 점을 중시하게 되었다. 한미FTA가 어느 정도 우리 경제 선진화에 기여했는가가 관심의 대상이 될 수 있다. 정부의 개혁 및 개방 의지에도 불구하고 제도 개선은 부족할 수 있다. 어느 때든 개혁을 거부하는 집단은 있게 마련이며, 협상 과정에서 이들의 반FTA 집단행동이 적지 않았다.

미국과의 FTA 추진에는 우리 서비스산업 발전 및 경쟁력 강화 목적이 작용하였다. 당시 우리 정부는 국민소득 2만 달러 달성을 정책 목표로 설정했고, 우리 경제의 70퍼센트를 점하는 서비스산업의 발전 없이는 정책 목표 달성이 어려울 것으로 진단했다. 서비스산업은 속성상 규제가 많아서 기존 관행과 영업방식이 유지되며 이해관계자의 이익도 보호된다. 곧 통상환경의 변화에도 불구하고 서비스산업은 발전하지 않아도 규제를 울타리 삼아 돈벌이가 되는 상황이지만, 경제성장에는 기여하지 못한다.

또 오늘날 많은 서비스산업은 제조업 생산성에도 영향을 미친다. 교육, 의료, 법률, 회계, 디자인 등 많은 서비스산업은 제조업 생산에 직간접적으로 영향을 미치는데, 이들 서비스산업이 발전하지 않으면 제조업의 발전도 더디게 된다. 규제의 벽을 허물어야 새로운 경쟁자들이 유입되어 서비스산업을 발전시키는 계기가 형성된다. 특히 효율적이고 경쟁력 높은 서비스산업을 보유한 선진국의 경쟁자들이 국내에 진출하게 되면 우리 업체들도 경쟁에서 살아남기 위해 분발하게 된다. 이런 점에서 미국과의 FTA는 서비스산업 선진화에 기여할 수 있을 것으로 판단했다. 다행히 법률과 회계 등 사업서비스산업 개방은 FTA에 포함되었으나 의료, 교육 개방이 협정에서 제외됨으로써 서비스산업 개방은 당초 협상 목표에 못 미친 것으로 평가된다. 이들 분야에 대해 미국이 관심을 보이지 않았고, 국내에서도 반발이 컸다. 협상 타결 이후 우리 정부는 미국과의 FTA에 포함되지 않았던 서비스 분야 선진화 방안을 마련하기로 했다.

일부에서는 충분한 준비와 경험을 축적한 이후 미국과의 FTA를 추진해야 한다고 지적하고 있다. 맞는 말이다. 만약 1~2년 더 준비해서 미국과의 FTA를 추진할 수 있었으면 더 나은 결과를 도출했을 것으로 생각할 수도 있다. 하지만 앞에서도 언급한 바와 같이, 우리가 원하는 시기에 미국과의 FTA를 추진할 수 있다고 생각할 수 없다. 우리나라의 경제 및 산업구조를 고려할 때, 미국과의 교감을 바탕으로 형성된 FTA 협상을 정부는 결코 무산시킬 수 없었을 것이다. 그렇다고 우리의 협상 능력이 결코 부족하지도 않았고, 협상 과정에서 전문 인력이 대폭 보강되었다.

미국과의 FTA 협상 준비와 관련해서 피해산업에 대한 대책 없이 협상을 개시했다고 정부를 비난하기도 한다. 그렇다면 어느 정도로 준비를 하고 협상을 시작해야 하는가? 모 국회의원의 폭로로 2007년 새해 첫날부터 필자의 FTA 연구보고서가 언론의 주목을 받았다. 이 보고서는 2005년 연구된 것으로, 미국과의 FTA

 한미FTA, 하나의 협정 엇갈린 '진실'

체결시 예상되는 구조조정의 압력을 실업자 수로 계산한 것이 주요 내용이다. 미국과의 FTA 체결시 상당수의 일자리가 창출되겠지만, 협정 이행 과정에서 경쟁력이 약한 산업에 고용되었던 인력이 성장산업으로 재고용되는 과정에서 나타나는 일시적 실업(곧 구조조정 압력)을 추정하고, 재고용을 지원하기 위한 제도적 장치를 구축하기 위한 목적이었다. 실제 필자의 연구결과를 참고하여 2006년 4월 정부는 무역조정지원법(정부의 무역정책 등으로 피해가 예상되는 제조업 및 제조업 관련 서비스업의 자발적 구조조정, 그리고 해당 기업의 경영개선·사업전환 및 소속 근로자의 전직 등을 지원하기 위한 법률)을 제정하였다. 협상이 시작되기도 전에 FTA 피해 근로자와 기업을 지원하기 위한 법률을 제정했고, 농업분야에 대해서는 2004년 이미 119조 원의 농업지원안을 확정해두었다. 119조 원의 예산은 FTA, 도하개발의제DDA[5] 협상 등을 통한 농업개방에 대처하기 위한 것으로, 농업피해 지원을 원활하게 하기 위해 정부는 한미FTA 타결 이후 119조 원 집행 계획을 수정하였다. 2007년 11월 6일 정부는 한미FTA 농업분야 20조 4000억 원의 지원안을 확정하였다. 이 안에는 농업 피해에 대해 직접 지불할 수 있는 1조 2000억 원을 포함하고 있다.

농업분야 20조 4000억 원 지원안과 2006년 무역조정지원법으로는 부족하다는 지적도 가능하다. 하지만 시장개방에 따른 피해를 어느 정도 보상하고 지원해야 하는가에 대해서는 최소한 다음 3가지 기준을 적용해서 판단해야 할 것으로 보인다. 먼저 다른 국가의 지원 사례와 비교해서 평가해야 한다. 세계적으로 볼 때 미국의 지원제도가 가장 우수한 것으로 평가되나, 우리나라의 제도도 결코 미국보다 못하지 않다. 다음으로 우리나라의 재정 여건을 고려해야 한다. 취약계층 및 손실계층을 적극 지원해야 한다는 취지에 대해서는 모두 공감할 수 있으나, 정부의 재정운용에 무리를 주면서까지 지원하기는 어렵다. 특히 농업의 경우, 2006년 우리나라 농업생산액은 26조 원이었으나, 정부의 농업 지원액은 16조 원에 달했다. 또 현재 우리 정부재정이 적자라는 점을 고려하면 현재의 지원액이 적다고 하기 어렵다. 마지막으로 피해산업 지원에 대한 국제규범을 고려해야 한다. 예산이 허용하더라도 정부의 지원은 국제적으로 허용되는 범위 내에서 이루어져야 한다.

또 한미FTA의 정치외교안보적 측면도 빼놓을 수 없다. 대부분의 FTA가 경제이익을 목적으로 체결되지만, 결국 비경제적 요인에도 영향을 미친다. 분명 한미FTA는 FTA 추세에 뒤진 상황을 단기간에 극복하고 높은 경제이익 실현을 위해 추진된 협정이지만, 협정 타결로 한미 관계가 강화될 수 있을 것으로 예측되기도 했다. 경제적으로 밀접해지면 정치안보 관계가 강화되게 마련이다. 참여정부 초기 전통적인 한미 동맹관계가 약화되었다는 지적이 적지 않았으나 한미FTA로 양국은 새로운 동맹관계를 형성할 수 있게 되었다는 평가도 나오고 있다. 더 나아가 협상 타결 이후 협상 결과에 대한 국민들의 지지가 반대를 앞서고 있으며, 경제학자들은 참여정부 경제정책 중 최대 성과로 한미FTA 타결을 꼽고 있다. 미국과의 FTA는 내용 면으로나 시의성 면에서 필요한 협정이고, 우리 경제에 도움이 되는 협정으로 평가된다.

» 한미FTA, 그래도 이건 아니다

— 공정무역의 실현을 위하여

| 이해영 |

한미FTA 찬성론은 대개 이렇게 시작한다. "무역의존도가 70퍼센트가 넘는데, 개방을 안 하고 어쩌자는 말인가?" 그런데 이 무역의존도라는 게 도대체 무엇인지 물으면 사실 아는 사람은 드물다. 무역의존도는 대개 국내총생산에서 총수출입액 곧 교역량이 차지하는 비중으로 계산된다—무역의존도(%) = (수출액＋수입액)/GDP(국내총생산). 한국은행 자료에 따르면 2004년 우리나라의 무역의존도가 70.3퍼센트로 세계 22위라고 한다. 순위에 매우 민감한 게 우리 정서인데, 무역의존도가 세계 1위면 좋은 것일까? 세계 1위는 홍콩이다. 무려 325.4퍼센트다. 말레이시아(196.1퍼센트), 벨기에(168.2퍼센트), 태국(117.9퍼센트), 헝가리(114.9퍼센트) 등이 뒤를 잇는다.

또 무역의존도는 흔히 '대외개방도'로 사용된다. 곧 한 나라의 국민경제가 얼마나 '개방'되었는지를 보여주는 지표로 사용되기도 한다. 우리의 무역의존도가 70퍼센트라고 할 때, 우리의 개방 수준이 대략 70퍼센트라는 뜻이다. 그러면 우리가 따라잡지 못해 안달하는 이른바 '선진경제'는 어떨까? 독일이 60.5퍼센트로 매우 높은 반면 영국은 37.2퍼센트에 불과하다. 그런데 우리의 FTA 상대로 이야기되는 일본과 미국은 어떤가? 일본은 고작 21.8퍼센트, 미국은 그보다 낮은 20퍼센트에 불과하다. 이제부터 우리의 머리는 '쥐가 나기' 시작한다. 아니 그러면 일본은 21.8퍼센트만 개방했고, 심지어 미국은 20퍼센트만 개방했다는 말인가. 그렇다면 미국이 자기는 20퍼센트만 개방하고, 70퍼센트나 개방한 우리에게 이것저것 눈에 보이는 것은 모두 개방하라고 하는 것인가. 또 정부 관료들은 덩달아 더 개방하지 않으면 큰일 날 것처럼 호들갑을 떠는 것은 아닌가.

본래 무역의존도, 정확하게는 'GDP 대비 교역량비'(Trade/GDP ratio)라는 경제이론상 별 의미도 없는 지표를 '개방'에까지 갖다 붙여 "개방할수록 성장률이 높아지고 분배불평등(사회양극화) 해소에 좋다"는 주장은 세계은행이 유포한 것이다. 이를 통해 1990년대 세계은행의 정책 실패를 합리화하고, 이를 계속 권장하기 위한 정책 캠페인의 연장에 불과한 것인데, 참여정부도 "한미 FTA를 통해 성장을 촉진하고 고용을 창출하여 사회양극화를 해소하겠다"고 주장한다. 어째 닮은꼴이지 않은가. 세계은행의 주장은 이후 국제 학계에서 심각한 반론에 부닥친다. 반론의 요지는 간단하다. 왜 세계은행 말대로 하는데도 국내적으로나 세계적으로나 양극화는 더 심화되는가. 참여정부는 그렇게 보자면 한사

   한미FTA, 하나의 협정 엇갈린 '진실'

코 한쪽 말만 들은 셈이다.

그럼에도 한 가지는 분명하다. 개방도를 무역의존도로 측정할 때 이미 우리의 개방도는 적어도 G7(선진 7개국)[6]과 비교해 매우 높은 수준이다. 그런데 무역의존도가 높으면 좋은 것일까. 그렇지 않다. 오히려 과도하게 높은 무역의존도는 한국경제의 구조적 문제다. 한미FTA로 무역의존도는 더 심화될 것이다. 그 이유는 간단하다. 위에서 보듯 무역의존도의 분모는 GDP이다. 분모가 줄어들면 무역의존도는 증가한다. 그런데 GDP＝소비＋투자＋정부지출＋순수출(수출－수입)로 계산된다. 한미FTA로 인해 순수출 곧 무역수지 흑자가 축소될 것이라는 점은 정부도 인정한다. 그렇다면 투자가 늘어야 한다. 한미FTA로 외국인 직접투자FDI (Foreigner's Direct Investment)가 늘어날 전망은 크지 않다. 그렇다면 소비 곧 내수가 받쳐줘야 한다. 사회양극화의 심화는 오히려 내수기반을 잠식한다. 이런 조건에서 분자 곧 교역량이 증가할 경우 무역의존도는 당연히 증가하게 될 것이다.

우리 경제가 가야 할 바른 방향은 무역수지 흑자를 유지하고, 내수를 진작하고, 국내투자를 활성화하는 것이다. 작년 방한한 미래학자 앨빈 토플러는 한국경제를 놓고 "외부의존도가 너무 높다"고 경고한 바 있다. 무역의존도 70퍼센트의 당연한 결과다. 어찌 보면 너무 지나치게 '개방'해서 문제가 되는 나라라는 말이다. 내수와 수출의 과도한 불균형, 바로 여기에 '수출로 먹고사는 나라' 한국이 수출이 늘어도 먹고 살기 힘들어지는 이유가 있다. 고용 없는 성장, 고용 없는 수출, 사회양극화, 비정규직 양산 역시 결코 이와 무관하지 않다.

한미FTA 반대가 곧 쇄국이라는 것은 치졸한 선동의 언어다. 과연 지금 이 나라에서 누가 개방에 반대할 수 있는가. 한미FTA라는 국익을 건 일대 승부를 놓고 '쇄국 대 개방'이라는 낡은 19세기 통상언어를 들이대는 것은 그 자체가 삼류 정치술에 불과하다. "영원한 적도 영원한 우방도 없는 것"이 국제관계이며, "영원한 것은 국익뿐"이라고 하지 않은가. 한미FTA 역시 여기에 예외가 될 수 없다. 득실에 대한 치밀하고 객관적인 타산 없이 무조건 이익이라고 한다면 이는 선전이지 정책은 아니다.

참여정부가 주도한 사회 의제Agenda의 하나인 사회양극화는 한미FTA와 관련 다시금 부각되는 주제이기도 하다. 특히 한미FTA가 오히려 사회양극화를 심화시킬 것이라는 비판에 대해 정부는 "세계화·개방화 추세에 따라 발생하고 있는 양극화 현상은 한미FTA가 아니더라도 불가피하게 생기는 현상"이라고 말한다. 그래서 "FTA를 통해 국가 전체적으로 증대되는 경제적 이익을 취약계층에게 효과적으로 재분배하는 방안을 마련하겠다"고 한다(관계부처 합동, 《한미FTA 추진과 협상 전망》, 언론포럼 자료, 2006년 2월, 20쪽). 정부의 입장을 한마디로 요약하면 "돈 벌면 갚을게"라는 것이다. 정부도 인정하듯 양극화가 '세계화·개방화'에 따라 발생하는 것이라면, 그 가장 지독한 '세계화·개방화'에 다름 아닌 한미FTA를 통해 양극화를 극복하겠다는 것은 차라리 아무것도 하지 않겠다는 것과 마찬가지다.

IMF 이후 한국사회의 양극화가 심화되었다는 것은 상식에 속한다. 그런데 참여정부 들어와서도 양극화는 해소되기는커녕 오히려 더욱 심화되고 있다. 한국보건사회연구원의 최근 조사에 따르면 통계청의 도시가계조사 자료(2002~2004년)를 바탕으로 참여정부 출범 전후의 소득분배 상태를 계측해본 결과 시장소득의 지니계수[7]는 2002년 0.3019에서 참여정부 출범 이후인 2004년에는 0.3111로 계속 악화돼온 것으로 나타났다. 가처분소득의 지니계수도 2002년 0.2931에서 2004년에는 0.3016으로 역시 악화돼온 것으로 드러났다.

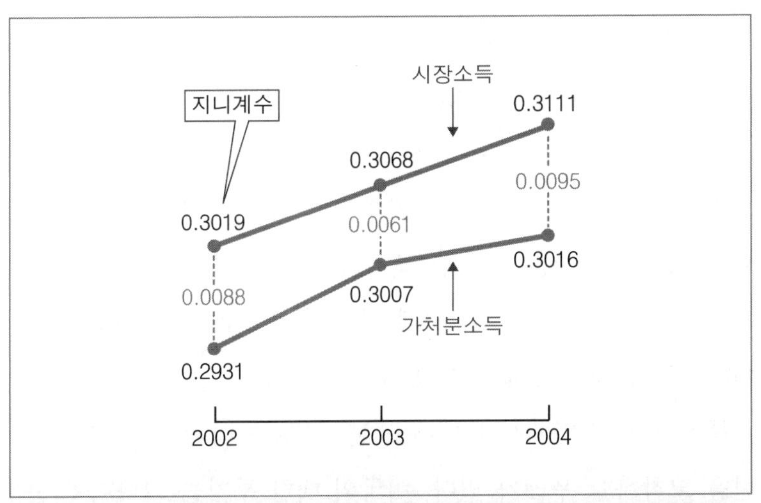

[도표 01] 소득분배의 지니계수 변화 추이(자료 : 한국보건사회연구원)

한미FTA는 비정규직 확산 등 고용조건 악화, 특히 서비스산업 구조조정으로 인한 실업, 의료비 및 교육비 부담 증가, 공공요금 인상으로 인한 물가불안, 사회복지 축소를 불러올 가능성이 높다. 그것은 단순히 의도하지 않은 결과, 불가피한 부작용 등으로 치부될 수 없다. 왜냐면 한미FTA를 관통하는 핵심은 결국 신자유주의로 압축되기 때문이다. 그러므로 한미FTA를 통한 사회양극화 극복이라는 사상 유래가 없는 프로젝트는 '신자유주의를 통해 신자유주의를 극복' 곧 신자유주의를 통해 벌어서 신자유주의의 결과를 치유하자는 것으로, 그저 더 이상 문제를 악화시키지 않기만 해도 성공한 것으로 평가될 일이다.

현 단계 한국경제의 구조적 조건에서 보면, 한미FTA로 인해 자동적으로 고용이 확대되고 성장이 촉진된다고 볼 근거는 거의 없다. 설사 FTA로 인해 총교역량(수입＋수출)이 증가하더라도, 그것이 고용유발효과가 매우 낮은 IT산업에 의해 주도되고, 금융부문의 구조적 취약성이 지속되며, 사회양극화가 심화되는 조건에서 그것은 성장, 고용 그리고 투자의 경제적 선순환으로 이어질 것으로 보이지는 않는다. 수출 증가가 오히려 더 많은 수입을 유발하는, 그래서 수출부문이 전체 경제 연관으로부터 분리·이탈되어버리는 현상을 초래할 수 있다.

특히 고용 측면에서 보더라도 한미FTA는 미국의 대한 투자 패턴을 고착화할 우려가 있다. 미국의 대한 투자는 그나마 고용창출 효과가 있는 한국 내 현지공장 설립형 직접투자보다는 단기차익을 노린 주식투자에 압도적으로 집중되어 있다. 이런 형태의 주식투자로는 고용이 창출되지는 않는다. 반면 한국의 대미 투자 성격은 전혀 다르다. 단적으로 현대자동차의 미국 현지공장 설립을 들 수 있다. 약 60만 대 규모의 미국 내 현지공장은 현대의 대

 한미FTA, 하나의 협정 엇갈린 '진실'

미 수출 물량에 맞먹는다. 지금까지의 투자만으로도 미국 현지에 1만 개 이상의 양질의 신규 일자리가 창출되었다. 한미FTA와 자본의 세계화, 또 그로 인한 일자리의 해외유출이라는 악순환으로 인해 국내 일자리 창출은 더욱 어려워질 수 있다는 말이다.

내가 한미FTA에 반대하는 가장 핵심적인 이유는 그것이 '불공정'하기 때문이다. 한미FTA 협상에서 미국이 가장 강력하게 요구했던 것이 자동차 문제다. 미국 쪽 불만의 핵심은 자동차무역이 '불공정'하다는 것이다. 70만 대 수출, 5000대 수입은 내가 보기에도 분명 불공정무역이다. 하지만 쇠고기를 포함한 한국 농산품, 만성적자인 대미 서비스무역, 거의 대부분 외국인 직접투자 FDI보다 주식, 채권 등 간접투자에 몰려 있는 미국의 대한 투자, 압도적으로 미국에 치우친 지적재산권 수지 역시 양국은 비교가 안 된다. 전자상거래, 정부조달, 경쟁 등도 마찬가지다. 과연 협상에서 무엇을 얻었는가.

이럴 때 정부에서는 '눈에 보이지 않는 이익'이 크다고 말한다. 하지만 이 주장은 '눈에 보이지 않는 불이익'이 크다는 말만큼 허망하다. 미국의 불공정은 시정되고, 우리의 불공정만 심화된다면 그 협상은 실패한 것이다.

한미FTA는 실패한 협상이다. 혹시 승진에 이해를 둔 일부 통상관료들이 '잘된 협상'이라고 우길지 모르지만 그것은 분명히 실패한 협상이다. 그런 이유에서 이는 이른바 '국익'에도 보탬이 될 수 없다.

1 **나프타**NAFTA(the North America Free Trade Agreement, 북미자유무역협정) ㅣ 1992년 미국, 캐나다, 멕시코 3개국 정부가 관세와 각종 무역장벽을 단계적으로 폐지한 자유무역지대를 창설한 협정이다. 1994년 1월부터 발효됐으며, 2007년까지 모든 투자장벽을 철폐하는 내용을 담고 있다.

2 **무역촉진권한**TPA(Trade Promotion Authority) ㅣ 미국은 무역협정권한이 의회에 있으며, 행정부가 통상협상에 합의한 뒤에도 의회는 협상 내용의 개정 등을 요구할 수 있다. 이런 절차는 협상의 효율적 추진을 어렵게 하는 난점이 있다. 무역촉진권한은 의회가 무역협상권을 일정 기간 행정부에 위임하여 행정부가 협상을 타결하면, 의회는 수정을 요구하지 않고 90일 안에 승인 여부만 결정하도록 규정한 것이다.
1974년 제정된 무역법에 '신속처리권한Fast Track Authority'이라는 조항으로 포함되어 20년 동안 한시법으로 운용된 뒤 폐지됐으나, 부시 행정부가 들어선 뒤 세계무역기구WTO 뉴라운드, 미주자유무역지역협정FTAA 교섭 등에 필요하다는 이유로 다시 도입되어 2007년 7월 1일까지 운용됐다.

3 **유럽자유무역연합**EFTA(European Free Trade Association) ㅣ 유럽경제공동체EEC 비가맹국인 영국, 덴마크, 노르웨이, 스웨덴, 스위스, 오스트리아, 포르투갈 등 7개국이 1959년 11월 스톡홀름협약을 맺어 자유무역지대를 창설한 데 뿌리를 두고 있다. 이후 영국 등이 탈퇴했으며, 2008년 현재 아이슬란드, 리히텐슈타인, 노르웨이, 스위스 등 4개국으로 구성되어 있다.

4 **아세안**ASEAN(Association of South-East Asian Nations, 동남아국가연합) ㅣ 1967년 8월 8일 필리핀, 말레이시아, 싱가포르, 인도네시아, 타이 등 5개국이 동남아시아연합ASA(1961년 설립)을 해체하고 설립했다. 동남아시아 지역의 경제·사회적 기반 확립과 각 분야에서 평화적이며 진보적인 생활수준의 향

상을 목적으로 하고 있다. 애초 경제·문화 등 비정치적 분야의 협력을 주
도하다, 1970년대 이후 지역안전보장기구 성격을 강화하고 있다. 1984년
브루나이가 가입하고, 1995년 베트남, 그 뒤 라오스, 미얀마, 캄보디아가
가입했다.

5   **도하개발의제**DDA(Doha Development Agenda) | 세계무역기구WTO는 1995
년 1월 출범했다. 1998년 5월 제네바 2차 각료회의에서 무역자유화를 위한
새로운 라운드(협상 테이블)를 출범시키기로 합의했고, 이듬해 12월 시애틀
3차 각료회의에 이어 2001년 11월 카타르 도하에서 열린 4차 각료회의에서
다자간 무역협상을 시작하기로 합의했다. 이 합의를 '도하개발아젠다'라
고도 한다. 그러나 자국 농업분야에 대한 보호정책을 유지하고 있는 미국
과 유럽연합 등이 농업보조금과 농산물 관세 감축 문제를 합의하지 못하면
서 협상이 교착상태에 빠져들었다. 2006년 7월 세계무역기구는 도하개발
의제 협상의 중단을 공식발표했다.

6   G7(선진 7개국) | 세계의 무역과 부를 지배하고 있는 7개 선진공업국인 프랑
스, 미국, 영국, 독일, 일본, 이탈리아, 캐나다를 말한다. 이들 국가들의 인
구는 세계 인구의 14퍼센트에 불과하지만, 전 세계 부의 60퍼센트를 점유
하고 있고, 전 세계 국내총생산의 56퍼센트를 차지한다. 1인당 소득은 세계
평균의 4배다. 세계정세에 대한 기본인식을 같이하고, 선진공업국간의 경
제정책조정을 논의하며, 협력과 단결의 강화를 목적으로 7개국과 유럽연
합 의장국이 참가하는 정상회담을 해마다 연다. 1997년 이후 러시아가 참
가하여 G8이 되었다.

7   **시장소득의 지니계수** | 이탈리아의 인구학자·통계학자·사회학자인 지니
Corrado Gini가 고안한 빈부격차와 계층간 소득분포의 불균형 정도를 나타
내는 지수. 0과 1 사이의 값을 갖는데, 0은 모든 사람이 똑같은 소득을, 1은
한 사람이 소득의 100퍼센트를 차지하는 것을 말한다. 수치가 클수록 불균
등 정도가 심하다. 대체로 지니계수가 0.4가 넘으면 소득분배의 불평등 정
도가 심한 것으로 본다. 소득만이 아니라 부동산이나 금융자산의 보유 분
포를 나타내는 데도 쓰인다.

PART 01

한미 FTA 막전막후, 그 숨은 그림 찾기

정인교

한미FTA에는 우리 경제의 성장과 선진화를 이끌 많은 개혁과 개방 조치가 포함되어 있습니다. 이들 조치는 국민의 복지 증진과 기업하기 좋은 환경 조성에 기여할 것입니다.

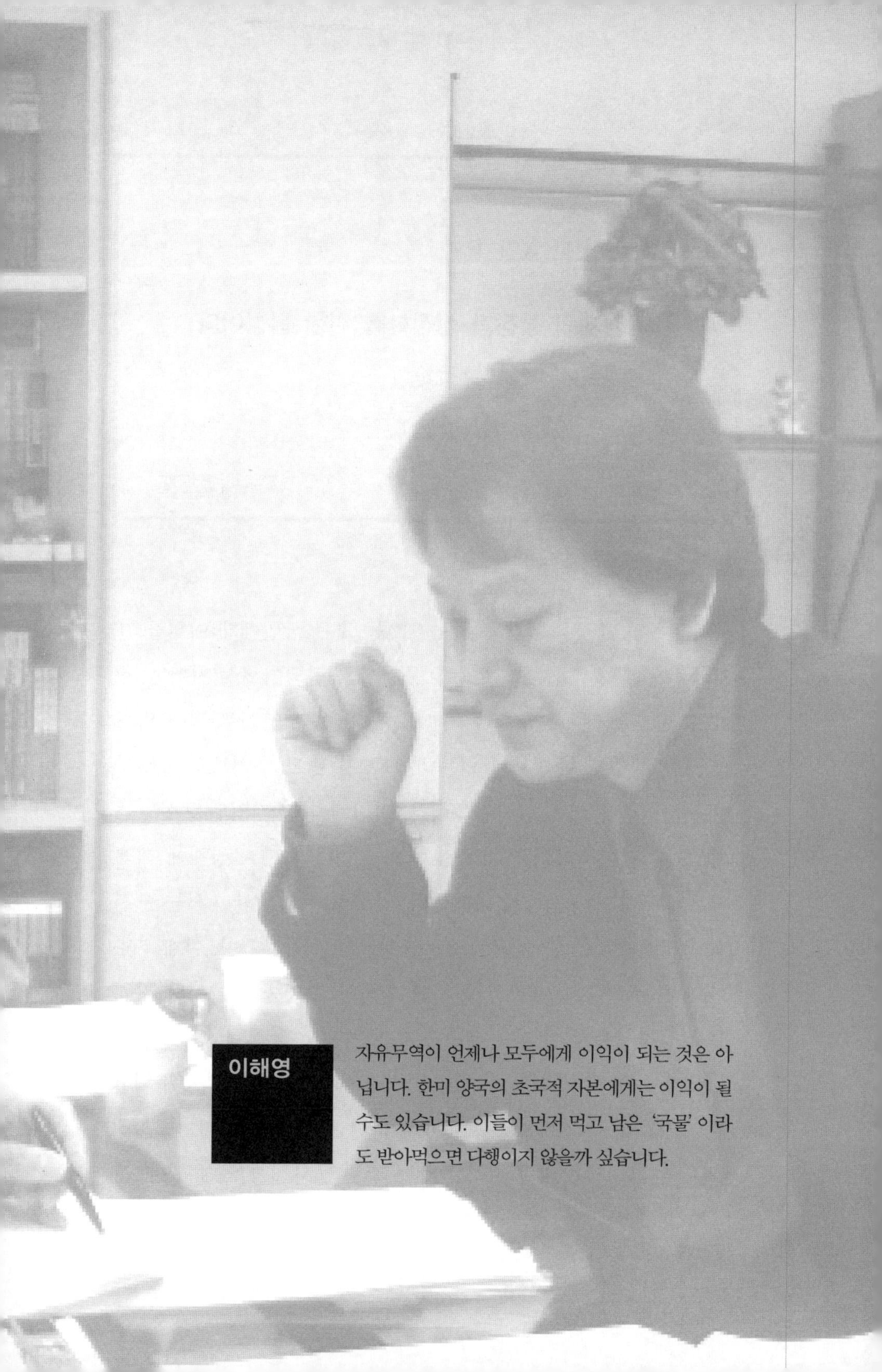

자유무역이 언제나 모두에게 이익이 되는 것은 아
닙니다. 한미 양국의 초국적 자본에게는 이익이 될
수도 있습니다. 이들이 먼저 먹고 남은 '국물' 이라
도 받아먹으면 다행이지 않을까 싶습니다.

누구를 위한 FTA인가

우리 경제의 성장과 선진화를 위한 협정이다

| 정인교 |

자유무역 달성을 목표로 하는 FTA는 모든 국민에게 이익을 가져다주게 된다. 값싸고 질 좋은 물건이 수입되어 소비자가 이용할 수 있도록 해주는 정책이기 때문이다. 하지만 이로 인해 피해를 보는 계층도 발생하게 되는데, 규제가 많고 무역보호를 많이 받는 산업에 종사하는 사람들이다. 일전에 어떤 기업인을 만났는데, 그분은 미국과의 FTA를 포함한 우리나라 FTA 정책에 대해 필자에게 불편한 심기를 나타냈다. 알고보니 그분의 회사는 순전히 국내시장에만 판매하는 제품을 생산하고 있었으며, 현재 부과되고 있는 높은 관세가 없어지면 외국산 수입품이 들어와 자기 회사와 경쟁하게 될 것을 우려하고 있었다.

여기서 "누구를 위한 한미FTA인가?"에 대한 답은, 자유무역을 보는 시각 또는 개인의 이해관계에 따라 달라질 수 있다. 어떤 정책이든 모든 국민에게 이익을 주는 정책은 사실상 없다. 또 모든 국민이 손해를 보는 정책을 도입하는 경우도 없다. 문제는 어떤 분야에서 어느 정도 손해를 보게 될 것인가 하는 것이고, 손해 보는 계층이 있다는 것을 알면서도 전체 국익 차원에서 필요할 경우 정책을 추진하게 되는 것이다. 또 협상 과정에서 피해를 최소화하기 위한 방안을 협정에 도입하기 위해 노력하고, 손해 보는 계층을 지원하기 위해 국내 보완대책을 별도로 세우게 된다.

예를 들어, 한-칠레FTA 추진 과정에서 농업분야 손실 가능성이 제기되었다. 협상단은 가능한 많은 품목에 대해 자유화 예외를 관철하기 위해 다각도로 노력하였고, 1999년 말에 시작된 협상이 1년 만에 중단되어 재개되기까지 1년 8개월을 필요로 했다. 필자도 우리 협상대표단의 일원으로 참가하여 우리 농민의 어려운 처지를 설명하였고, 농업 피해가 최소화되도록 최종 타결되었다. 또 농업인의 어려운 처지를 고려하여 '한-칠레FTA 특별이행법'을 제정하여 1조 2000억 원의 예산으로 농업분야를 지원해오고 있다. 칠레와의 FTA도 국민경제 성장 및 발전을 위해 필요했기 때문에 추진했으며, 결국 국민경제에 이로운 협정을 체결했다고 말할 수 있다.

한미FTA 경제효과는 한-칠레FTA와는 비교가 되지 않을 만큼 클 것으로 평가된다. 협정의 범위가 더 넓고, 자유화 속도가 빠르기 때문이다. 이로 인해 손실을 입는 사람들이 칠레 경우보다 많을 수 있고, 반발의 강도도 더 커지게 된다. 또 서비스와 투자 분야의 경우, 규제가 다수 철폐되거나 완화되었다. 규제가 강한 산업에 종사하는 사람들과 기업들은 지금의 규제가 다른 경쟁자 출현을 막아주기 때문에 개방과 개혁에는 반대하게 된다. 하지만 규제를 받는 산업에 종사하는 사람의 숫자는 전체 국민 중 극히 일부인데, 문제는 거리에서, 언론에서, 공개행사에서 이들의 반대 목소리만 들리고, 대부분의 국민들이 혜택을 보는 개방의 이익에 대해서는 침묵하고 있다는 것이다. 또 개방의 이익은 소비 행위를 통해 국민 모두에게 고루 배분되므로 개인별 이익은 작게 되는 반면, 보호를 받는 업종의 이익(경제지대)은 소수에게 집중되어 매우 커지게 된다. 따라서 소수의 반대론자들은 결집이 용이하고 정치적 영향력이 커질 뿐 아니라, 단체행동을 통해 자기 논리와 주장을 효율적으로 전달하게 된다.

협상가들이 아무리 노력해도 상대국이 요청하는 일부는 수용하지 않을 수 없고, 이로 인해 피해계층이 발생하게 된다. 어떤 의미에서는 지금까지 누려온 규제에 기초한 경제지대를 포기하는 것이 정상적인 판단으로 보이지만, 이해관계자들은 곧잘 자신들의 손실보다는 협상 타결을 위해 양보한 분야를 집중적으로 부각함으로써 협정 자체를 무산시키려 시도하게 된다.

한미FTA가 우리 경제의 성장과 선진화를 이끄는 동력이 될 것으로 전망하는 이유는 많은 개혁과 개방 조치가 포함되어 있기 때문이다. 또 이들 조치들은 국민의 복지를 증진시키게 될 것이고, 기업하기 좋은 환경을 만들어나가는 데 기여할 것이다. 보호와 규제로 일반 국민들은 손실을 보고 있는데, 이를 획기적으로 개선해나갈 수 있는 동력이 바로 한미FTA다. 이러한 정책적 판단이 서지 않았다면 한미FTA를 추진하지 않았을 것이다.

 한미FTA, 하나의 협정 엇갈린 '진실'

누구를 위한 FTA인가

한미 양국의 초국적 자본을 위한 협정이다

| 이해영 |

한-칠레FTA 이래 통상문제가 우리 사회의 핵심 의제로 부각되었음에 의문을 제기할 사람은 없을 것이다. '상거래를 통하다'는 뜻 정도로 풀이될 '통상'은 19세기에서 유래된 사실 좀 촌스럽고 전근대적인 개념이다. 그래서 많은 경우 그것의 진정한 '현대적'·현재적 의미를 놓치기 십상이다. 아마 이와 관련된 우리 사회의 평균적인 담론은 "수출의존도가 70퍼센트가 넘는데 자유무역은 곧 수출이고 또 그것은 불가피하지 않은가" 정도가 될 것으로 보인다. 그래서 FTA 곧 자유무역협정 자체는 어쩔 수 없으며, 우리 경제에 보탬이 되는 것 아닌가라고 말한다. 과거 개발독재 시절 '수출입국'을 외치던 시절의 이런 담론이 사안의 심각성을 놓치게 하고, 나아가 신모델 FTA에 내장된 고도의 위험성을 바로 보지 못하게 하는 데 단단히 일조하고 있다.

사실 FTA는 말 그대로 자유무역협정 그 이상도 이하도 아니다.

자유무역의 기본 발상은 리카르도의 '비교우위'설에서 출발한다. 곧 면화를 주로 생산하는 A나라와 소를 키우는 B나라가 관세장벽 없이 자유롭게 교역을 한다면 A, B 두 나라 국민들 모두에게 이익이 될 것이라는 가정이다. 분명 어떤 측면에서 이 가설은 틀리지 않다. 그러나 이 지극히 단순한 모델을 연상하면서 수만 개의 상품이 오고가는 현대 세계경제에서도 모든 자유무역이 반드시 이익이라고 맹신한다면 이야기는 달라진다. 리카르도와 그의 후계자들에 의해 계승된 자유무역론은 매우 비현실적인 일련의 강한 가정에서 출발한다. 예컨대 A, B 나라 각각의 시장은 완전경쟁상태여야 하며, 노동도 완전고용 상태를 유지해야 한다. 또 양국간의 무역수지도 완전균형상태여야 하며, 양국 저마다 모두 자본의 해외유출이 일어나지 않아야 한다. 그러나 현실경제에서 이러한 가정은 결코 충족될 수가 없다. 당장 한국과 미국만 보더라도 결코 시장은 독과점에 의해 결코 완전경쟁상태가 될 수 없고, 완전고용은 너무나 먼 이상일 뿐이다. 무역수지는 현저히 불균형상태며, 자본은 항시적으로 유출입을 반복한다. 오히려 한미FTA는 자본의 완전한 자유이동을 보장하기 위한 협정이다. 그렇게 본다면 우리가 수출로 먹고 산다 하더라도, 자유무역은 무조건 이익이라는 생각은 사실 허구에 기초한 가정에 불과할 뿐이다.

자유무역이 과연 누구에게 더 유리한지는 아주 자명하다. 세계은행IBRD이 세계무역기구WTO 도하개발의제DDA로부터의 기대이익을 추정해본 결과 약 960억 달러가 되는데, 그 중 선진 산업국가들이 799억 달러인 반면 개도국들은 161억 달러에 불과하다.

이를 전체 개도국 주민들의 개인소득으로 나누면 하루 고작 1~2만 원 정도의 소득증가에 해당된다. 나아가 유엔무역개발협의회 UNCTAD[1]가 도하개발의제의 실제 협상 과정에 기초해 예측한 바에 따르면, 무역자유화로 관세가 철폐될 경우 선진국들은 380억 달러의 관세 손실이 예상되는 반면, 개도국들의 손실은 634억 달러에 이른다. 쉽게 말해 자유무역의 결과 개도국에 비해 선진국이 훨씬 더 많은 기대이익을 챙기는 반면 관세 철폐로 인한 세수 손실은 개도국이 오히려 더 크다는 것이다. 정부재정의 대부분을 관세 수입에 의존하는 개도국으로서는 심각한 타격을 의미한다. 흔히 들먹이는 "자유무역은 강자의 보호무역주의"라는 말이 전혀 거짓이 아님을 여실히 보여준다.

또 하나, 흔히 "자유무역은 세계적 대세"라고 말한다. 하지만 미국의 《월스트리트저널》이 NBC 방송과 함께 실시한 미국 내 여론조사를 보면 아주 흥미롭다. 미국 공화당 지지자들만을 대상으로 자유무역이 미국에 이익이 되는지 아닌지를 물었을 때 1999년에는 37퍼센트가 이익, 31퍼센트는 손해라고 대답했다. 그러나 같은 질문을 2007년 10월에 물었을 때 32퍼센트가 이익이라고 한 반면에 59퍼센트가 손해라고 대답하고 있다. 그리고 2007년 3월 민주당 지지자들을 대상으로 물었을 때 21퍼센트가 이익, 54퍼센트는 손해라고 대답했다. 곧 1994년 발효된 나프타NAFTA(북미자유무역협정) 10년이 지난 현시점에서 멕시코인도 아닌 미국인이, 그것도 두 배나 더 많은 미국인이 자유무역이 미국에 손해라고 답하고 있다는 말이다.

　자유무역이 언제나 모두에게 이익이 되는 것은 아니다. 그것은 한미 양국의 초국적 자본에게는 이익이 될 수도 있다. 그렇다면 이들이 먼저 먹고 남은 '국물trickle'이라도 받아먹으면 다행이지 않을까. 그다지 가능성이 높아 보이지 않는다. 미국이 FTA로 통상 패러다임을 대선회했던 부시 대통령 집권 동안 기업의 수익은 72퍼센트가 증가하고, 미국의 최상위 0.1퍼센트의 실질소득이 51퍼센트나 급증했다. 반면 미국 노동자들의 실질임금은 오히려 제자리걸음이었다. 우리 역시 자칫하면 "국물도 없을 수 있다"는 말이다.

정인교 **Vs** 이해영

찬반 맞짱토론

제2막

일시 | 2007년 10월 20~21일

장소 | 시대의창 회의실

주제 | (한미)FTA의 의미, (한미)FTA의 대세론에 관하여, 수출의존도에 관하여, 개방과
경쟁의 상관관계, (한미)FTA와 소비자의 편익, 개방에서의 예외, 왜 미국인가

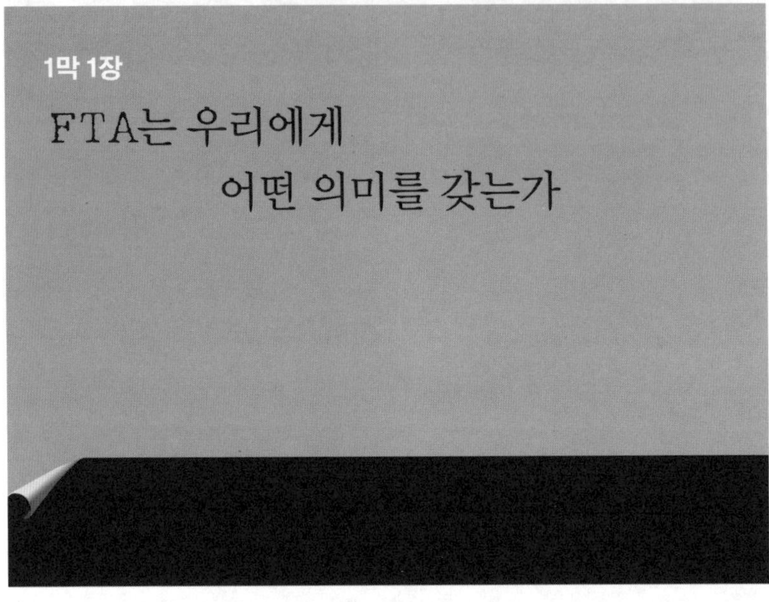

사 회 "우리나라는 미국과의 FTA로 교역증대, 투자증대를 통한 일자리 창출과 경제규모 확대, 재정수입 증대로 소외계층에 대한 사회안전망을 확대하고, 세계화의 효과를 극대화하기 위한 경제 시스템을 발전시켜 나아갈 것입니다. 또 미국과의 무역장벽을 대부분 제거하는 동북아 최초의 국가가 됨으로써 두 경쟁국인 일본, 중국보다 앞서나갈 수 있는 기회를 갖게 되었습니다."

자유무역협정 국내대책위원회가 밝힌 한미FTA 체결의 의미입니다. 지난 2007년 5월 20일 우리 정부는 한미FTA 협정문에 공식 서명했습니다. 이제 우리 국회가 비준에 동의하고, 미국 의회가 비준하면 협정이 발효됩니다.

하지만 협상이 진행되는 과정에서도 그랬고, 협정문에 서명한 뒤에도 이를 둘러싸고 찬반 논란이 끊이지 않습니다. 찬성하는 쪽에서는 한미FTA는 우리 경제가 한 단계 도약할 수 있는 계기가 될 것이라고 주장합니다. 반대하는 쪽에서는 그 협정이 우리나라에 재앙이 될 것이라고 목소리를 높이고 있습니다. 똑같은 사안에 대해 전문가들의 평가조차 이렇게 정반대이니, 일반인들은 혼란스러울 수밖에 없습니다.

두 분은 각각 찬성과 반대 의견을 대표하는 학계의 전문가이십니다. 구체적인 이야기를 하기 전에, 먼저 한미FTA가 현재 우리 경제 상황에서 어떤 의미를 갖는지 의견을 듣고 싶습니다.

정인교 교수님은 한미FTA 체결을 적극 지지하고, 실제 협상을 위한 정부의 준비 작업에도 참여하셨는데, 현재 우리 경제 상황을 어떻게 보십니까? 그리고 한미FTA가 우리 경제에 어떤 의미를 갖는다고 보십니까?

정인교　먼저 저는 우리나라가 개도국(개발도상국)인가 선진국인가 하는 질문을 던지고 싶습니다. 우리 국민 가운데 많은 사람이 우리나라는 아직도 개도국이라고 생각하고 있는 듯합니다. 개도국으로서 아주 모범케이스라거나 개도국 가운데서 좀더 잘 나가는 나라 정도로 알고 있는 분들도 많습니다. 그동안 알게 모르게 그런 말을 많이 들어왔기 때문일 것입니다. 그런데 외국 또는 외국인의 시각에서 보면 대한민국은 선진국입니다.

물론 선진국인가 개도국인가를 구별하는 명확한 기준은 없습니다. UN(국제연합)이나 OECD(경제협력개발기구)[2] 같은 국제기구의 기준에 따르면, 한국은 지금까지 국제적으로 활용되는 어떤 기준으로 봐도 개도국은 아닙니다. 이미 선진국이지요.

외국인들이 그렇게 볼 만한 이유는 충분합니다. 우선 경제규모(국내총생산액 규모)부터가 매우 큽니다. 우리나라는 인구로 보면 세계 39위쯤 되는데, 경제규모는 12위입니다. 교육 수준도 매우 높습니다. 무엇보다 산업구조로 보면 우리나라보다 뚜렷하게 나은 나라가 세계적으로 몇 나라 되지 않습니다. 제조업은 미국, 독일, 일본 정도가 우리보다 월등히 낫고 나머지는 뚜렷이 낫다고 하기 어려울 것입니다. 또 우리 국민들의 소비 패턴이라든가 생활양식을 보면 상당부분 선진화되어 있습니다. 그런 면에서는 선진국이 틀림없습니다.

문제는 우리 국민들의 사고방식이나 경제제도, 관행은 아직 낙후된 부분이 많다는 것입니다. 하드웨어적으로는 상당히 선진화되어 있는데 소프트웨어가 문제라는 거죠. 이 소프트웨어를 어떻게 개선해나갈 것이냐가 중요한 과제입니다. 그동안 정부 차원의 규제 철폐나 완화 같은 게 있었지만 사실 근본적인 해결은 되지 않았습니다.

한미FTA뿐 아니라 다른 나라와 맺는 FTA에도 우리 경제제도를 선진화하고 의식개혁을 촉발할 수 있는 내용들이 많이 포함되어 있습니다. 우리나라는 1998년부터 FTA를 추진해왔고, 다소 실적도 냈습니다. 이번 한미FTA도 시기적절하게 체결했고, 그 내용도 국민경제에 상당한 도움이 될 것입니다.

사 회　　우리 경제는 하드웨어적으로는 선진국 수준에 이미 도달해 있는데, 제도나 관행, 사고방식 같은 소프트웨어가 많이 뒤떨어져 있다. 이제 제도와 관행을 선진화하고 국민의 의식을 선진화하는 계기를 마련해야 정말 제대로 된 선진국 수준에 도달할 수 있다. 그런 측면에서 지금 FTA가 중요하다는 말씀이시죠?

정인교　　그것이 FTA의 가장 큰 이점이라고 봅니다. 규제완화, 제도선진화 및 투명화 없이는 선진경제로의 도약이 어렵습니다. 하지만 이러한 개혁이 쉽지 않습니다. FTA와 같이 국제협정을 통하는 방안이 가장 효율적인 접근방법입니다.

사 회　　그런데 우리가 안고 있는 문제점도 함께 생각해야 하지 않겠습니까? 우리 경제는 그동안 많이 성장해, 1인당 국민소득 2만 달러[3]를 눈앞에 두고 있습니다. 하지만 국민의 삶의 질이 그만큼 높아졌느냐에 대해서는 회의적인 시각도 적지 않습니다. 특히 이른바 양극화 곧 계층간 소득격차는 갈수록 심해지고 있습니다. 한미FTA가 이런 문제들까지 자연스레 해소해줄 수 있을까요?

정인교　　양극화에 대해서는 사실 별도의 논의가 필요합니다. 일반적으로 시장개방이 확대되고, 시장경제 원리가 많이 도입될수록 소득분배의 불균형은 높아질 가능성이 큽니다. 또 다른 나라의 사례도 그랬고요. 하지만 어떤 기준으로 보느냐에 따라서 소득불균형이 뜻하는 내용도 달라질 수 있습니다.

제 견해로는, 최저생활계층 곧 극빈층에 대한 사회적 지원을 어떻게 해나갈 것이냐를 소득불균형 문제에서 가장 중요하게 고려해야 한다고 봅니다. 그런 점에서 본다면 경제성장을 지속적으로 이뤄내는 것이 가장 중요합니다. 그래야 최저생활계층의 생활 수준도 나아지고, 그들의 처지를 개선하려는 정부 정책도 공감을 얻을 수 있습니다. 환경문제와 같은 이치인데요. 개발도상국, 후진국에 가서 환경문제 아무리 얘기해봐야 통하지 않습니다. 소득 수준이 높아지면 자연히 환경문제에 대한 인식이 달라집니다. 우리나라도 그래왔습니다.

사　회　이해영 교수님께서는 한미FTA가 현재 우리가 당면한 심각한 문제를 더욱 악화시킬 것이라고 우려하시는 쪽입니다. 교수님께서는 우리 경제가 지금 해결해야 할 가장 시급한 문제를 무엇으로 보고 계신지? 또 한미FTA는 그것과 어떤 관련이 있다고 보시는지요?

이해영　먼저 어떤 나라를 선진국이라고 할 것이냐에 대해서부터 얘기해야 할 듯합니다. 1980년대 초에 전두환 정부가 출범할 때도 '선진조국 창조'가 목표라고 했습니다. 그런데 20년도 넘게 지난 노무현 정부에 와서 '선진화'라는 말이 새롭게 다시 부각됐습니다. 오래 전 정치적 목적으로 썼던 용어를 다시 끄집어낸 이유가 뭔지, 저는 조금 의심스럽습니다.

선진국이냐 아니냐는, 국내총생산이 세계 몇 위에 속하는지 등을 기준으로 보는 사람도 있고, 북유럽 국가들이 중시하는 국민의 삶의 질을 기준으로 보는 사람도 있습니다. 하지만 우리 국민들 사이에는 이런 논란에 대해 합의된 기준이 없습니다. 그런데 노무현 정부는 현재 세계 10위권인 국내총생산 규모를 5위권 안으로 높인다든지 하는 주로 양적인 지표를 가지고 이야기해왔습니다. 21세기에 살면서도 19세기적인 잣대로 선진국을 이야기하고 있습니다. 그것이 마치 진실인 것처럼 말이죠.

대통령 선거를 앞두고 사람들은 온통 '경제' 이야기만 합니다. 물론 국민의 삶의 질은 제쳐두고, 성장률이나 국내총생산 규모 같은 양적인 측면만 갖고 이야기합니다. 여야 정치권도 비슷합니다. 어처구니 없는 일입니다. 이런 식으로 선진국을 정의하는 것은 크게 잘못되었다고 생각합니다. 선진국에 대한 정의부터 달리 봐야 합니다. 정말 중요한 것은 우리가 어떤 나라를 만들어갈 것인가 하는 것입니다. 지금 우리나라가 선진국이냐 아니냐는 그렇게 중요한 논점이 아닙니다. 저는 당연히 국민의 삶의 질이 높은 나라가 선진국이라고 보고, 그 길이 우리가 앞으로 나아가야 할 방향이라고 생각합니다. 선진국으로 나아가는 데 꼭 FTA가 필요하냐? 저는 그렇게 말할 근거가 분명하지 않다고 봅니다.

정인교 어떤 나라가 선진국이냐에 대해서는 국제적으로 명확한 기준은 없지만 국제기구가 흔히 쓰는 것은 몇 가지가 있습니다. 1인당 국민소득은 지나치게 양적인 측면에 초점이 맞춰져 있습니다. 질적 측면은 보는 시각에 따라 평가가 얼마든지 왔다 갔다 할 수 있습니다. 그래서 이를 객관화하려고 인간개발지수[4]라는 게 나와 있습니다. 이걸 보면, 한국은 분명히 선진권에 들어가 있다고 봅니다.

어느 사회든 문제는 있습니다. 미국도 그렇고 유럽도 그렇습니다. 모든 문제를 다 해결한 유토피아 사회는 없습니다. 중요한 것은 그런 문제를 개선하려는 노력이지요. 개선 방법은 여러 가지가 있겠습니다마는 대개는 적잖은 돈이 들어갑니다. 그럼 이 돈을 누가 댈 거냐가 가장 중요한 화두가 됩니다. 개인들이 기부를 해서 사회운동으로 해결하는 방법도 있지만, 한계가 있습니다. 결국 문제해결은 제도적으로 접근해야 합니다. 곧 정부재정을 투입해야 한다는 얘기입니다. 하지만 정부가 세금을 많이 걷으면, 또 그만큼 민간부문이 위축됩니다. 정부가 마냥 재정을 투입하는 식으로는 해결이 안 됩니다.

결국 경제규모를 계속 키워가면서, 정부재정도 늘어날 수 있는 여건을 만들어야 합니다. 물론 FTA에 반대하는 분들 말씀처럼 수출 대신 내수를 살리면서 방법을 찾을 수도 있습니다. 하지만 거기에는 분명 한계가 있습니다. 우리 경제 구조에 맞게 대외지향적인 방식으로 해법을 찾아야 합니다.

우리가 밖으로 나가려면 상대국이 우리나라에 들어올 수 있게 허용해야 합니다. 또 밖에 나가 물건을 많이 팔려면 우리 제품의 질을 높여야 하는데, 그러기 위해서도 우리 내부적으로 경쟁을 활성화해야 합니다. 경쟁을 좋아할 사람은 없지만, 경쟁이 벌어질 때 더 많이 개선하려는 노력이 일어납니다. 개방은 경쟁을 촉

 한미FTA, 하나의 협정 엇갈린 '진실'

진합니다. 경쟁을 가로막는 제도도 고쳐야 합니다. 그런 일이 우리 안에서 서로 합의해서 일어난다면 좋겠지만, 현실적으로는 매우 어려운 일입니다.

다른 나라들로 눈을 돌려보면, 그런 개혁에 성공한 사례가 몇 가지 있습니다.

첫째, 아일랜드에서 한 것과 같은 '사회적 합의' 방식이 있습니다. 아일랜드는 100년 넘게 그야말로 최악의 빈곤상태를 보냈습니다. 그래서 더는 이래서는 안 된다는 데 노동자와 사용자, 정부가 합의를 했습니다. 서로 한 발씩 양보해서, 모두에게 득이 되는 합의를 했습니다. 우리나라에서도 아일랜드를 벤치마킹해서 노사정이 모여 논의를 해오고 있지만, 어느 쪽도 양보를 하지 못해 합의 도출이 어려운 상황입니다.

둘째, 싱가포르에서 한 것과 같은 정부 주도 모델이 있습니다. 하지만 싱가포르는 이광요 일가가 주도한 개혁이었고, 또 그 절차도 민주주의 기본원칙에 어긋난다는 문제가 있습니다. 우리 실정에 맞지 않습니다.

끝으로 칠레 사례를 들 수 있습니다. 칠레는 우리나라와 비슷한 상황이었는데, FTA를 통해 선진화된 제도를 받아들여서 자국의 제도와 관행을 점진적으로 고쳤습니다. 그래서 오늘날에는 남미에서 칠레라고 하면 가장 서구화된 나라, 남미의 유럽이라는 말을 듣습니다. 실제로 거기서 사업을 하는 우리 기업인들한테 얘기를 들어봐도 그냥 법대로만 하면 되는 사회입니다. 우리가 추진하는 FTA도 그런 측면에서 바라봐야 하지 않나 생각합니다.

사 회 정 교수님은 한미FTA를 제도선진화의 계기로 보시는데, 이 교수님은 더 나빠지는 것으로 해석하시는 듯합니다.

이해영 한미FTA를 체결한 2007년은 우리나라 민주화의 결정적 분기점이 된 1987년 6월항쟁이 일어난 지 20년이 되는 해입니다. 1987년 이후 10년간은 노태우 정부, 김영삼 정부 시기였고, 이후 10년간은 김대중 정부, 노무현 정부 시기입니다. 그 가운데서도 후반부 10년간은 우리 사회에서 신자유주의[5]적인 정책들이 폭넓게 시행된 시기입니다. 오늘날 우리 사회에서 비정규직의 급격한 증가, 계층간 소득격차의 확대 같은 심각한 사회문제는 상당부분 이 신자유의적인 정책이 낳은 결과입니다. 지금은 지금껏 걸어온 길을 근본적으로 재검토해야 할 때입니다.

그런데 매우 유감스럽게도 노무현 정부가 채택한 전략은 오히려 더 신자유주의적이라는 데 심각한 문제가 있습니다. 한미FTA도 바로 그런 정책의 일환입니다. 노무현 정부는 한미FTA를 선진화의 길로 포장하고 있습니다. 미국과 FTA를 맺는다는 것은, 전형적인 신자유주의 제도와 관행, 법규, 규범을 고스란히 도입하는 것입니다. 그 결과는 지금 우리가 겪고 있는 사회문제를 더욱 심화시킬 것입니다.

물론 우리의 낡은 제도와 관행을 새롭게 하는 것, 곧 소프트웨어를 선진화하는 것은 필요한 일입니다. 문제는 그것을 왜 FTA를 맺는 방식으로 이루려는 것이냐, 특히 신자유주의적인 미국식 제도를 도입하는 방식으로 해야 하느냐는 것입니다.

저는 우리도 이제는 성장의 한계를 인정해야 한다고 봅니다. 정치인들이 우리나라 경제를 앞으로 7퍼센트 성장시키겠다느니 하면서 높은 수치를 대고 있지만, 성장률에 매달릴 때가 아닙니다. 우리나라 국민소득 수준이면, 이제 연간 4~5퍼센트 성장률도 높은 것입니다. 이제는 양적 성장 이데올로기에서 벗어나야 할 때입니다. 국민의 삶의 질을 높이는 질적 성장이 중요한 때입니다.

물론 FTA가 아니고, 무엇으로 질적 성장을 이뤄낼 수 있느냐 하는 질문에 대해서는 따로 대답이 있어야 할 것입니다.

사 회　　요약하면, 우리나라가 민주화된 이후에 나라를 이끌어온 사람들이 신자유주의적인 정책을 폈고, 지금 그로 인한 문제가 매우 심각하다. 한미FTA는 신자유주의적 제도를 더욱 심화시키는 것으로, 사태를 더 악화시킬 것이 뻔하다. 따라서 옳은 처방이 아니다. 이런 말씀이시군요.

이해영　　사실 우리나라에서 신자유주의라는 개념이 등장한 것은 1990년대 중반입니다. 저도 처음으로 이 신자유주의 문제를 지적한 사람 가운데 하나입니다. 그때 저는 막 유학을 마치고 돌아왔을 때인데, 이미 서구사회에선 신자유주의가 가장 중요한 화두가 돼 있었습니다. 우리나라에서 신자유주의적인 정책이 더욱 빠른 속도로 펼쳐진 것은 1997년 외환위기 이후입니다.

신자유주의 정책은 첫째로 철저하게 친기업적입니다. 기업활동에 방해가 되는 모든 규제를 철폐하라고 하지요. 둘째, 규제 가운데서도 노동자를 보호하기 위해 만든 규제를 집중적으로 공격합니다. 이른바 "노동시장을 유연화하라"는 것이죠. 실제로 우리나라는 노동자를 쉽게 해고할 수 있게 법을 바꾸고, 노동자에 대한 각종 보호장치를 허물면서 비정규직 노동자가 급격하게 늘었습니다. 셋째, 공기업을 민영화하는 것도 신자유주의 정책이 중요하게 여기는 일입니다. 공공부문의 축소는 국민의 공공서비스 이용을 어렵게 만들었습니다. 우리 사회의 양극화는 이런 신자유주의적인 정책의 결과이지, 다른 곳에서 생긴 게 아닙니다.

우리 경제의 성장잠재력이 고갈돼간다는 이야기가 많이 들립니다. 그런데 왜 그럴까요? 저는 신자유주의적 정책 자체가 성장의 걸림돌이 되고 있다고 봅니다. 신자유주의적인 정책을 걷어내기만 해도, 추가 성장 동력이 생긴다고 봅니다.

사 회 신자유주의 정책을 걷어내기만 해도 새로운 성장 동력이 나온다는 말씀은, 해법이라고 하기에는 너무 소극적인 듯합니다.

이해영 해법의 차원에서 드리는 말씀이 아니라 초점이 한미FTA이기 때문에, 논점을 거기에 집중하려는 것입니다. 심지어 노무현 대통령조차도 협정에 반대하면 "쇄국이다" "흥선대원군 같은 시대착오적인 사람들이다" 하는 식으로 몰았습니다. 저급한 대중선동이라고 봅니다. 한미FTA에 반대하는 것이 개방을 반대하고 자급자족을 하자는 것은 결코 아닙니다. 개방을 할 것이냐

말 것이냐는 선택의 여지가 없습니다. 개방은 당연히 해나가야
합니다. 하지만 개방하자는 것이 곧 신자유주의적인 세계화를 받
아들이자는 것은 아닙니다. 바람직한 개방을 해야지요.

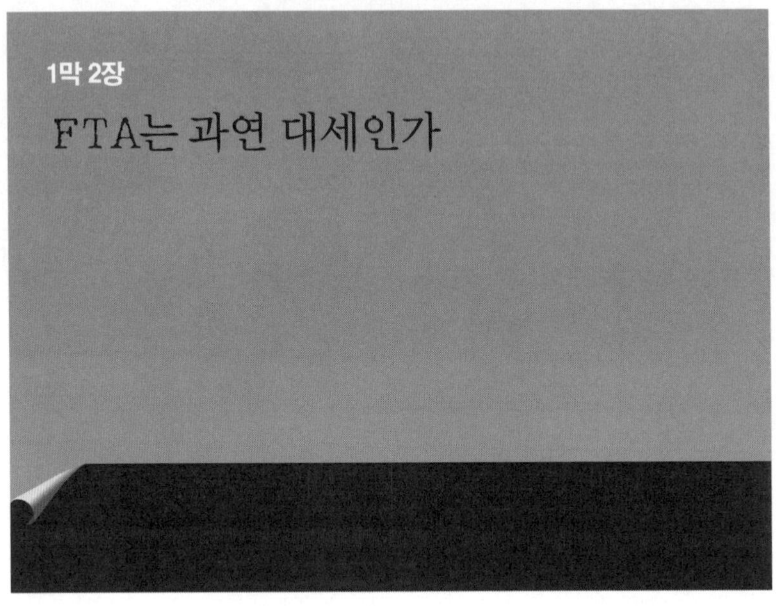

사 회   FTA는 체결국끼리 서로에게 배타적인 무역특혜를 베
푸는 협정입니다. FTA는 1995년 WTO가 출범한 뒤 빠른 속도로
늘어나고 있습니다. WTO 출범 이전에 국제무역질서를 관장하던
GATT(관세 및 무역에 관한 일반협정) 체제 아래서는 47년간 127건의
FTA가 체결됐습니다. 그런데 WTO 체제가 들어선 이후에는 초
기 9년 동안에만 176건의 FTA가 체결됐습니다. 2007년 7월 현재
발효 중인 197건의 FTA 체결 시기를 살펴보면, 1970년대 이전의
것이 5개, 1970년대 12개, 1980년대 10개에 불과했는데, 1990년
대 64개, 2000년 이후에는 106개가 체결되었습니다. 시간이 갈수
록 FTA 체결 건수가 늘어나고 있습니다. 2005년 기준 전 세계 교

   한미FTA, 하나의 협정 엇갈린 '진실'

역량의 50퍼센트 이상이 FTA 체결 국가간 교역에 포함되는 것으로 추정되고 있습니다.

왜 이렇게 FTA가 늘어나고 있는 것입니까? 또 이런 흐름에서 우리만 소외되어선 안 된다는 주장이 있는데, 이를 어떻게 봐야 할까요?

이해영 1990년대 후반 이후 FTA 체결 건수가 빠른 속도로 증가하고 있는 것은 사실입니다. 그러나 숫자가 그렇게 중요한 것은 아닙니다. 이런 움직임의 핵심은 그동안 다자간무역협정(다수의 가맹국이 모여 하나의 결론을 도출한 뒤, 이를 가맹국 모두에 적용하는 협정)에 치중하던 미국이 부시 행정부 등장 이후 FTA에 적극적인

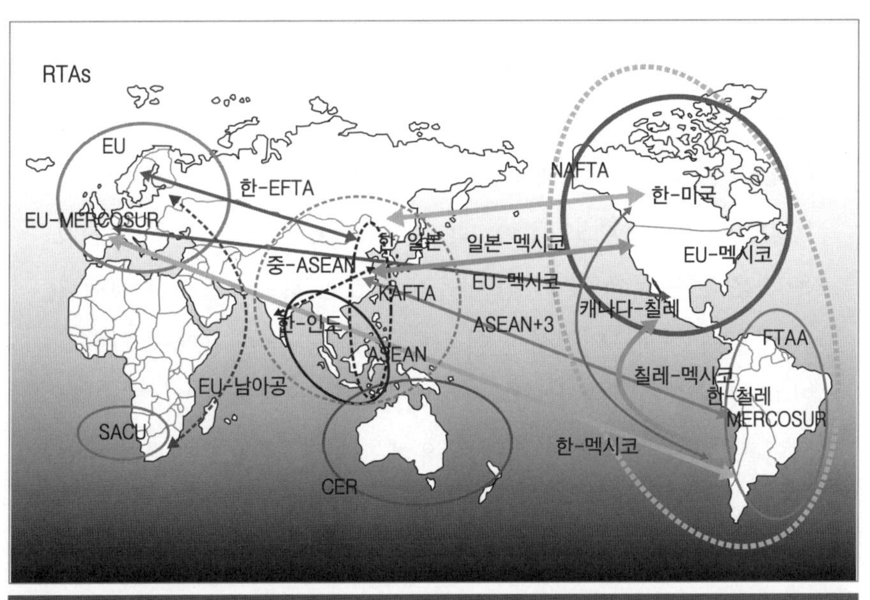

[도표 02] 전 세계 FTA 추진 현황(자료 : 외교통상부)

태도로 돌아섰다는 것입니다. 여기에 뒤질세라 이미 1992년에 시장통합을 성사시킨 유럽연합도 다시금 새로운 경제 통합으로 나서고 있습니다. 현재 미국이 FTA를 주도하고 있고, 중국과 인도 같은 초거대시장들이 여기에 적극적인 자세를 보이고 있는 것입니다.

사 회　말씀대로 미국은 FTA를 맺는 데 매우 적극적인 것으로 보입니다. 2004년에는 싱가포르와 칠레, 2005년에는 오스트레일리아와 맺은 협정이 발효됐고, 2006년에는 중남미의 엘살바도르, 온두라스, 니카라과, 과테말라, 중동의 바레인, 20007년에는 도미니크와 맺은 협정이 발효됐습니다. 페루, 오만, 콜롬비아, 파나마, 코스타리카 등과도 협상이 타결돼 발효를 앞두고 있습니다. 미국은 왜 이렇게 FTA에 적극적으로 나서고 있는 것입니까?

이해영　미국은 FTA에 그다지 적극적이지 않은 나라였습니다. 1980년대까지만 해도 FTA를 잘 맺지 않았습니다. 이스라엘과 맺은 것은 다른 국제정치적인 이유가 있었던 것이고요. 2차 세계대전 이후에 세계무역질서를 이끈 GATT를 만들 때 FTA에 친화적인 나라는 오히려 유럽 국가들이었습니다. 미국은 굳이 FTA라는 예외를 GATT 안에다 포함할 이유가 없었던 나라고 오히려 유럽 쪽이 자국의 시장을 방어하기 위해서 예외조항으로 만들어 놓은 게 FTA였습니다.

그런데 1990년대에 와서 유럽이 EU로 시장통합을 이루어내고 그 통합을 수순대로 밟아가면서, 미국 역시 다른 대안을 모색하기 시작했습니다. 그 과정에서 미국이 FTA를 통상정책의 한 부분으로 적극적으로 받아들이기 시작한 겁니다. 따라서 FTA가 크게 늘어나는 흐름을 돌이킬 수 없는 큰 물결, 이른바 '대세'라고 보는 것은 과장된 주장입니다.

정부는 "FTA는 세계적인 대세인데 우리만 안 하면 어떻게 하느냐"는 식으로 국민의 불안감을 자극하고 재생산해왔습니다. 이른바 '대세론'인데, 결코 그렇게 볼 사안은 아닙니다. 미국 안에서도 FTA를 통한 적극적인 시장개방에 반대하는 움직임이 뚜렷해지고 있습니다. 《월스트리트저널》 최근 기사에 따르면, 민주당 지지자들뿐 아니라 공화당 지지자들 사이에서도 자유무역 때문에 미국이 손해를 봤다고 생각하는 사람이 득을 봤다고 생각하는 사람의 두 배인 60퍼센트나 됩니다. 통상 문제가 새로이 미국의 정치적 이슈로, 차기 미국 대선의 쟁점으로 부각하고 있는 흐름을 정확히 볼 필요가 있습니다. "FTA가 대세"라는 말은 이런 현실의 구체적인 움직임을 놓치고 있습니다.

사 회 미국이 FTA를 주도하기는 했지만, 미국과 협정을 맺은 나라들도 협정이 자국에 도움이 된다고 보지 않았겠습니까? 손해를 본다고 생각하지는 않았을 것 아니겠습니까?

이해영 이것은 오래된 논쟁거리입니다. FTA가 서로에게 득이 되는 윈윈win-win인가? 저는 윈윈일 수로 있고 아닐 수도 있다고 봅니다. 무슨 말이냐면 한 나라 안에서도 FTA를 통해서 이익을 보는 쪽이 분명히 있습니다. 반면에 손해를 보는 쪽도 있습니다. 이를 함께 살펴야 합니다. 한 나라 안에서 FTA의 사회·정치적 결과가 어떻게 갈리느냐 하는 것도 매우 중요합니다. FTA를 통해서 서로 윈윈할 수 있는 집단은 한국에도 있고 미국에도 있습니다. 저는 그것이 초국적 기업이라고 봅니다. 초국적 대자본들이죠. 우리나라에서는 쉽게 말해서 재벌기업들이 득을 봅니다. 미국의 글로벌 기업과 한국의 글로벌 기업들은 FTA를 통해서 손해 볼 것이 없고 오히려 이익 볼 수 있습니다. 그렇지만 그것이 국민경제의 이익이냐 하는 건 전혀 다른 문제입니다.

사 회 그렇게 볼 수도 있겠습니다. 또 하나 살펴봐야 할 게 있습니다. FTA는 상대국에게 서로 배타적인 무역혜택을 주는 협정입니다. 이렇게 많은 나라들이 배타적으로 상호이익을 추구하다 보면 FTA에서 빠져 있는 나라들은 상대적으로 다른 나라 시장 접근에 어려움을 겪지 않겠습니까? 이런 상황에서는 그 나라의 글로벌 기업뿐 아니라 국민 모두가 손실을 보게 되지 않을까요?

이해영 현대자동차를 예로 들어 설명해보지요. 1994년 1월, 나프타NAFTA가 발효되었습니다. 아까 말씀하신 대로 FTA는 배제효과가 있기 때문에 우리 자동차 기업이 시장접근에서 소외당할 것이라는 우려가 분명히 있었습니다. 그런데 실제 결과를 보면 이상하게도 현대가 미국 시장에 본격적으로 진출하게 된 게 나프타 체결 이후입니다. 일본도 나프타로 인한 배제효과가 있어야 하는데, 일제 자동차는 미국 자동차 시장의 거의 30퍼센트를 차지하고 있습니다. 배제효과는 엄밀하게 따져봐야 합니다. 배제효과가 초래하는 막연한 대중적 불안감을 정치적으로 이용해선 곤란합니다.

사　회　정인교 교수님께서는 우리만 FTA에서 소외되는 것은 곤란하다는 견해를 갖고 계시지요?

정인교　2007년 10월 현재 WTO의 지역무역협정RTA[6] 위원회에 등록된 FTA가 204개로 되어 있는데, 200개 이상이라는 FTA 숫자는 WTO 회원국보다도 무려 25퍼센트나 많은 것입니다. 게다가 이들 협정의 체결 국가가 복수라는 점을 고려해야 합니다. 이걸 보면 우리가 FTA에서 배제되었을 때는 큰 문제가 발생할 수 있다는 것을 금방 알 수 있습니다.

물론 204개의 FTA 가운데는 알맹이가 없는 부실한 협정도 분명히 있습니다. 하지만 세계 경제대국이라고 하는 국가들이 다들 참여하고 있고, 한편으로는 지난 10년 사이의 체결 건수가 기하급수적으로 늘어났기 때문에 우리나라처럼 대외부문에 크게 의존하고 있는 경제가 확산되는 FTA에 대처하지 않는다는 것은 명백하게 경제적 손실로 이어질 수밖에 없는 상황입니다.

그럼 왜 이렇게 FTA가 많이 체결되고 있는가? 국제적 배경을 생각해본다면, 이 교수님 말씀처럼 선진국들이 FTA에 적극적으로 나선 게 사실입니다. 가장 먼저 촉발시킨 것은 사실은 유럽입니다. 유럽지역이 1980년대부터 유럽연합EU으로의 발전을 위한 논의를 시작했습니다. 우루과이라운드UR[7] 협상이 진행되던 상황이었습니다. 그런데 우루과이라운드 협상이 부진을 면치 못하고 있는 상황에서 유럽이 자기들끼리 지역통합을 이끌어 나갔습니다. 북미지역에서도 미국의 주도로 뭔가 해야겠다는 그런 위기의식이 일었습니다. 그것이 1990년대 초반에 나프타로 이어졌습니다. 전 세계에서 가장 큰 경제권인 유럽과 북미지역이 지역무역협정RTA을 체결한 게 다른 나라들을 FTA에 참여하도록 유인했습니다.

그 이후에도 FTA가 자꾸 늘어가게 된 것은 동아시아에서 FTA 논의가 본격화되었기 때문입니다. 중국마저 FTA에 본격적으로 뛰어들었고, 최근 몽고도 FTA를 검토함으로써 WTO 회원국 중 FTA에 참여하지 않는 국가는 없다 해도 과언이 아닙니다.

사실 많은 국가들이 FTA를 체결하려 해도 쉽게 할 수 없는 여러 가지 걸림돌을 안고 있습니다. 대표적인 걸림돌이 통상전문 인력의 부족인데요. 통상협력을 할 수 있는 인적자원이 우루과이라운드 협상 때 상당부분 확보되었습니다. 이후 서비스시장 개방, 교육시장 개방 협상 등을 거치면서 후진국·개도국의 전문 인력들이 선진국에서 교육을 받고 통상전문 인력을 대거 확충했습니다. 그것도 지난 10년 사이 FTA 체결이 전 세계적으로 늘어난 배경이 되었다고 봅니다.

요즘 미국을 보면, 부분적으로 자유무역주의에 대한 시각이 퇴조하는 것처럼 보일 수는 있겠습니다. 하지만 전반적으로는 미국도 여전히 FTA로 나가고 있습니다. WTO도 현재 추진되고 있는 FTA를 전 세계의 무역자유화 촉진에 활용하려고 노력하고 있지 이걸 꺾으려 하지는 않습니다. 이를 보면, 앞으로도 FTA 추세는 이어질 거라고 봅니다. 그런 측면에서 우리 정부가 단계별로 FTA를 추진해가는 건 다행이라고 생각합니다.

사 회　이 교수님께서는 배제효과라는 게 과장된 것이라고 사례를 들어 말씀해주셨습니다. 정 교수님께서는 계속 배제효과를 강조하시는데요. 구체적인 사례를 들어주실 수 있겠습니까?

정인교　이론적으로 설명하면 '무역전환효과'라고 하는 것입니다. 우리나라가 특정 국가에 갖고 있던 시장의 일부가, 그 나라가 FTA를 맺은 다른 나라의 몫으로 넘어가게 된다는 건데요. 실제로 우리나라가 여러 FTA에서 배제됨으로써 입은 불이익이 적지 않았습니다.

　예를 들어보죠. 나프타에 가입한 멕시코는 관세율이 상당히 높은 나라입니다. 멕시코는 긴급수입제한조치[8], 이른바 세이프가드를 자주 발동합니다. 그런데 그럴 때 보면 항상 FTA를 맺은 나라들은 빼고 적용합니다. 우리나라 금호타이어가 2005년에 멕시코로 가는 수출 물량을 싣고 태평양을 지나다가 긴급수입제한조치 때문에 돌아온 사례도 있습니다. 미국도 세이프가드를 때릴 때 FTA 회원국은 배제했기 때문에 우리가 철강 수출에서 피해를 본

일이 적지 않습니다. 언론에 많이 보도됐었죠. 유럽에 진출한 우리나라 기업들이 현지 생산을 하면서 관세혜택을 볼 수 있었는데, 동구권이 유럽연합에 편입돼 동유럽 상품들이 싼값에 들어오자 결국 철수하는 사례도 있습니다. 하지만 그동안은 우리 기업들이 이런 일로 정부에 상호개방을 하자고 호소할 분위기가 못되었습니다. 개방에 반대하는 정서가 강했기 때문에 말을 잘못 꺼냈다가는 불매운동을 당할 수 있음을 걱정하면서 가슴앓이만 했습니다.

사 회 일본은 세계 2위의 경제대국입니다. 그런데 FTA에는 굉장히 소극적입니다. 그 이유를 어떻게 봐야 할까요?

정인교 저는 "왜 소극적이냐"고 묻는 것은 적절하지 않다고 봅니다. 소극적이라기보다는 결과가 부진한데, 왜 부진한지를 물어야 옳다고 봅니다. 일본은 FTA에 그렇게 소극적이진 않습니다. 하지만 결과가 부진해서 일본 통산관계자들은 엄청 골치를 썩고 있습니다.

저는 한일FTA 협상에서 정부 대표단의 일원으로 일한 적이 있습니다. 일본은 참으로 갑갑합니다. 통상 문제에 대해서는 일본이 참 문제구나라고 피부로 느꼈습니다. 한일FTA 협상이 무산된 핵심은 일본이 변화하기엔, 그러니까 새로운 시스템을 도입하기엔 너무나 어려운 사회·정치구조를 가지고 있다는 겁니다. 협상 담당자들도 "우리도 그렇게 했으면 좋겠는데 도저히 먹혀들지 않는다"고 자주 이야기했습니다. 그런 내부 문제가 있기 때문에 다른

 한미FTA, 하나의 협정 엇갈린 '진실'

나라에 FTA도 적극적으로 제안하지 못합니다. 또 상대국도 그런 정황을 잘 알고 있습니다. 일본은 알맹이가 없는 무늬만 FTA는 할 수 있을지 몰라도 어느 정도 내용이 있는 실질적인 FTA를 할 수 없다는 것을, 일본 자신도 미국도 알고 있습니다. 그래서 미국의 통상 관계자들도 일본과의 FTA는 언젠가는 할 수 있겠지만 앞으로 한동안은 검토 대상이 될 수 없다고 얘기를 합니다.

그럼 일본은 이렇게 FTA에서 배제되고 있는데, 그로 인한 불이익이 없느냐? 분명히 있을 수 있습니다. 다만, 일본의 산업구조가 완제품을 수출하는 것은 그리 많지 않습니다. 특히 개발도상국에는 부품·소재를 많이 수출합니다. 알짜배기 산업구조를 가진 나라의 전형적인 패턴이죠. 부품·소재는 수입이 많이 늘어도 그 나라 국민이 저항감을 크게 갖지 않습니다. 그래서 일본은 FTA에서 배제돼도 그다지 큰 손실을 보지 않습니다.

한미FTA가 일본에 어떤 영향을 줄지는 좀더 지켜봐야 할 것 같습니다. 미국이 우리나라에 수출하는 제조상품 가운데는 95퍼센트가 부품·소재입니다. 미국과의 무역장벽이 사라지면 미국으로부터 부품·소재가 많이 들어올 것이라는 분석도 있습니다. 그러면 우리는 다른 나라에서 수입하던 것을 줄일 가능성이 있지요. 그게 일본이 될지, 다른 나라가 될지는 아직 예측하기 어렵습니다. 어쨌든 일본은 아직은 세계 각국의 FTA가 증가하는 데 따른 어려움이 크지 않지만, 내심 걱정은 하고 있습니다. 우리나라가 유럽과 FTA를 추진하자 일본은 바짝 긴장하고 있습니다. 우리 수입품 가운데는 유럽과 일본이 겹치는 부분이 많기 때문입니다.

사 회 이 교수님께서는 일본의 FTA를 어떻게 보십니까?

이해영 FTA가 그렇게 좋은 것이라면 왜 일본은 미국과 FTA를 맺지 않는가? 매우 재밌고 중요한 문제제기입니다. 결론은 이익이 되지 않고 서로에게 너무 불확실한 게임이라는 것입니다. 일본 같은 경우는 농업이 미국과 경쟁이 되지 않으니까, 이에 대한 대안이 나오기 전까지는 하지 않겠다는 게 표면적인 입장입니다. 나름대로 맞는 말이라고 봅니다.

한편으로 일본은 다른 나라와 경제협력협정EPA[9]을 맺고 있습니다. 엄격한 의미에서 본다면 일본이 FTA를 반대하는 것은 전혀 아닙니다. 하지만 자국의 이익에 부합하는, 좀 다른 형태의 통상 모델을 고민하고 있습니다. 저는 그것이 중요하다고 생각합니다. 우리 현실에 부합하는, 우리의 경제적 과제나 문제를 해결하기에 적합한 통상 모델을 만들자는 것입니다. 여기에는 아무도 반대할 사람이 없을 겁니다.

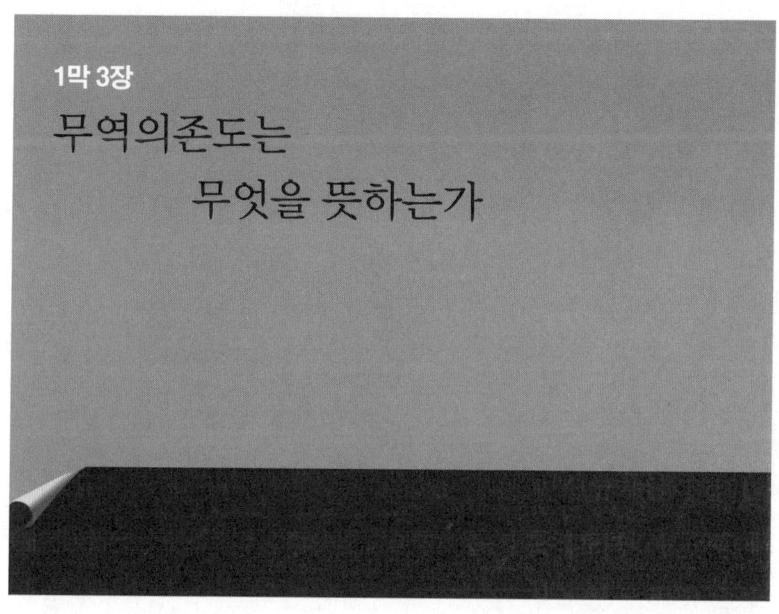

사 회 우리나라는 수출산업을 키워 경제를 성장시켜온 나라입니다. 원유를 거의 전량 외국에서 수입해서 써야 하는 등 천연자원이 풍부하지 않은 탓에 원자재와 부품·소재를 수입하고 완제품을 외국에 수출하는 산업을 발달시켜 왔습니다. 수출을 많이 하는 만큼 수입도 많이 하고 있습니다.

수출과 수입을 합친 무역액이 연간 국내총생산에서 차지하는 비율을 무역의존도라고 합니다. 우리나라의 무역의존도는 2006년에 70퍼센트를 넘습니다. 이렇게 무역비중이 높다보니, 수출을 많이 하려면 외국으로 하여금 시장을 개방하게 해야 하고, 그에 맞춰 우리도 시장을 개방할 수밖에 없다는 주장이 있습니다. 이는 한미FTA를 찬성하는 논거 가운데 하나이기도 합니다. 이에 대해 의견을 나눠보겠습니다.

이해영　학자들 가운데는 무역의존도를 대외개방도로 표현하는 사람도 있습니다. 그렇다고 할 때 우리나라의 대외개방도가 70퍼센트라는 말은 이미 과도하게 개방돼 있음을 의미합니다. 오히려 우리 통상구조의 문제는 수출 비중은 자꾸 커지고 내수 비중이 앞으로도 줄어드는 내수-수출의 불균형이 FTA로 인해 더욱 심화될 것이라는 점입니다. 그것이 우리나라의 성장잠재력을 떨어뜨리는 원인 가운데 하나입니다. 시장접근을 너무 많이 허용하고 있어서 문제지, 개방이 부족해서 문제는 아니라는 말씀을 드리고 싶습니다.

사　회　무역의존도가 높은 나라이니 시장을 개방해야 한다는 주장에 동의할 수 없다. 오히려 개방도가 너무 높은 게 문제라는 말씀이시군요.

이해영　무역의존도 70퍼센트라는 것은 우리 경제의 문제점이 어디에 있는지를 잘 보여주는 지표입니다. 저는 수출 증가에 반대하는 것이 아닙니다. 그러나 수출을 위해 모든 것을 희생하는 낡은 성장 패러다임에서 벗어나 내수와 수출의 새로운 균형을 모색하자는 것이지요. 그런 균형을 모색하는 데 한미FTA는 적절한 정책 수단이 될 수 없다고 봅니다. 나아가 우리가 추진해야 할

FTA는 우리 경제가 가지고 있는 구조적 문제점들을 치유하는 것이어야 한다고 봅니다.

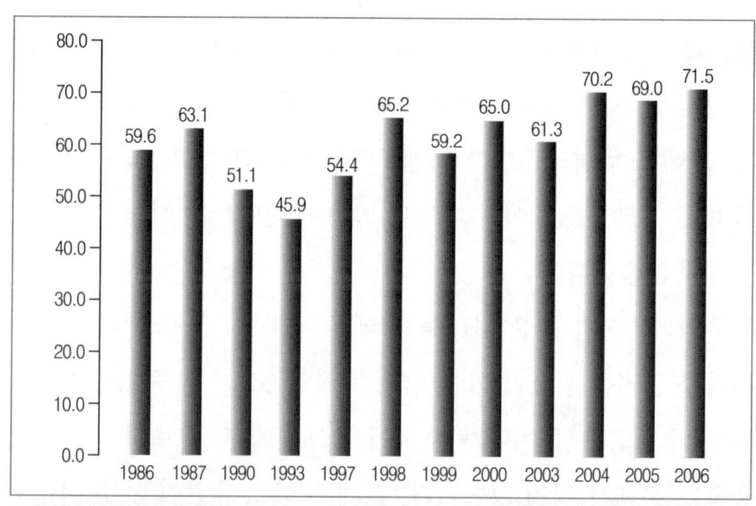

[도표 03] 우리나라의 무역의존도 추이(%)

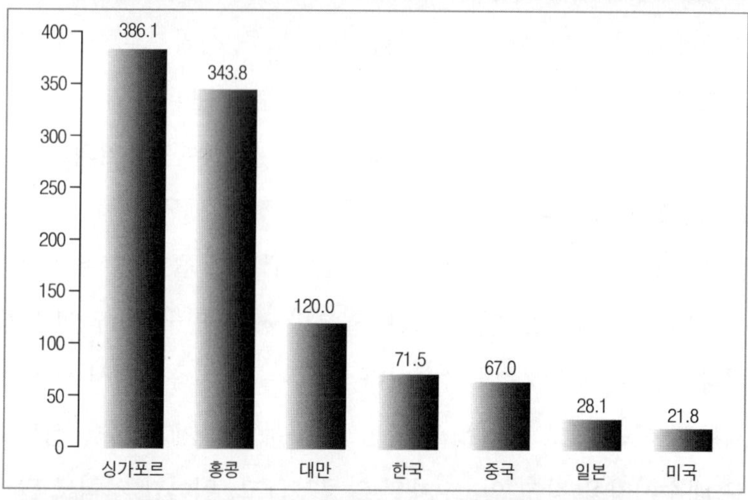

[도표 04] 2006년 주요국의 무역의존도(%)

사 회　정 교수님께서는 우리나라의 무역의존도가 70퍼센트를 넘는 것을 어떻게 보십니까?

정인교　무역의존도가 우리나라보다 높은 나라도 다수 있습니다. 또 우리나라보다 무역의존도가 아주 낮은 선진국도 있습니다. 그래서 무역의존도 70퍼센트라는 수치만 갖고, 이 수치가 높기 때문에 FTA를 해야 한다느니 말아야 한다느니 하는 주장은 적절하지 않습니다.

무역의존도가 높은 나라들은 왜 높은가, 낮은 나라들은 왜 낮은가를 살펴볼 필요가 있습니다. 무역의존도가 아주 높은 나라들은 외국 상품을 들여다가 자국에서 그다지 손을 보지 않고 재수출하는 사례가 적지 않습니다. 관세가 없고 통관이 아주 쉬운 자유항을 갖고 있는 경우가 특히 그렇습니다. 이런 나라들은 수출 통계에 상당한 허수가 끼어 있습니다. 홍콩, 싱가포르 등 무역의존도가 100퍼센트를 넘는 나라들은 대부분 그런 나라입니다.

우리가 잘 아는 선진국 가운데 미국이나 일본은 무역의존도가 20퍼센트 대입니다. 그럼에도 불구하고 경제가 꾸준히 성장해왔는데, 그런 나라들은 대체로 내수시장 규모가 큽니다. 우리나라는 인구가 5000만도 안 되지만, 일본만 해도 인구가 1억이 넘습니다. 미국은 인구가 더 많습니다. 미국은 어떤 측면에서 보면 국제무역을 안 해도 산업을 일구는 데 아무런 문제가 없을 정도로 큰 내수시장을 갖고 있고, 자원도 풍부하고, 뛰어난 인력도 많이 갖고 있습니다. 따라서 미국과 비교하기는 어렵겠고요.

무역대국으로 성장해온 일본은 1960~70년대까지만 하더라도 무역 비중이 굉장히 높았습니다. 그런데 1985년에 플라자 합의[10]가 이뤄지면서 달러가치에 견줘 일본 엔화 가치가 매우 비싸졌습니다. 그때부터 일본 기업들이 외국에 대거 진출하기 시작했습니다. 외국에 나가 현지공장을 지어 생산된 물품을 제3국으로 수출하는 경우, 현지 국가 교역통계로 다 잡힙니다. 사실상 일본의 무역인데요. 그런 부분을 일본의 무역으로 반영한다면, 아마 무역의존도가 우리와 비슷할 것입니다.

내수와 수출의 조화로운 성장을 추구해야 한다는 주장은 누구도 반대할 수 없습니다. 무역의존도가 지나치게 높아지는 것도 경계할 필요가 있습니다. 하지만 현재 우리가 처한 상황에서 잠재적인 부실을 키우지 않고 내수를 의미 있게 키워나갈 수 있느냐가 큰 고민거리입니다. 좁은 국내시장만 보고 시작했다가 무너지지 않고 계속 성장할 수 있는 기업이 과연 얼마나 있겠느냐는 것입니다. 내수를 키우는 데 뚜렷한 묘책은 없고, 수출은 우리가 잘 할 수 있으니까, 수출 증가에 매진할 수밖에 없지 않느냐는 얘깁니다.

물론 정부나 언론이 FTA의 필요성을 강조하면서, 우리나라의 무역의존도가 높다는 이야기를 많이 했습니다. 또 수출이 늘어날 것이란 얘기도 많이 했는데, 수출 증가는 FTA의 한 부분으로 봐야지 그것이 마치 전부인 것처럼 비춰지는 것은 FTA의 의미를 잘못 파악한 것이 아닌가 생각합니다.

사 회 우리나라의 무역의존도는 1990년대 중반에는 50퍼센트를 넘지 않았습니다. 그런데 1990년대 중반 들어 높아지기 시작했고, 1997년 말 외환위기를 거친 뒤에는 더욱 급격히 높아지면서 2006년에 71.5퍼센트까지 올라갔습니다. 문제는 이렇게 무역의존도가 높아지는 동안 많은 국민이 우리나라 경제 상황에 불만스러워하고 있다는 겁니다. 수출만이 살길이라며 수출을 급격히 늘렸지만, 보통사람들의 삶은 나아지기는커녕 오히려 어려워졌습니다.

옛날에는 수출이 늘어나면 수출 대기업이 돈을 벌고, 대기업에 납품하는 중소기업들도 그 혜택을 봤습니다. 하지만 지금은 대기업들이 수출 증가로 돈을 많이 벌어도 중소기업이 혜택을 못보고, 노동자의 대부분을 차지하는 중소기업 노동자들도 혜택을 보지 못하고 있습니다. 그런데도 수출을 늘리는 데 힘쓰는 방향으로만 계속 가다보면 문제가 더 악화될 것이라는 우려가 적지 않습니다. 정 교수님께서는 수출을 늘리는 정책의 중요성을 강조하시는데, 이런 우려에 대해서는 어떻게 생각하십니까?

정인교　　1990년대 들어서 금융위기 전까지는 우리나라의 무역의존도가 점점 낮아졌습니다. 무역수지 흑자도 내고, 우리나라 원화가치가 강세를 보이던 시기입니다. 수입품이 가격이 많이 싸졌고 국민들이 경제에 대한 자신감을 가졌습니다. 국민의 씀씀이도 커졌습니다.

그런 상황에서 1997년 태국을 비롯한 동남아시아 국가들에서 금융위기가 일어났습니다. 그것이 우리나라에까지 전염되고 말았습니다. 우리도 금융위기를 겪었습니다. 원-달러 환율이 폭등했지요. 금융위기 뒤에 우리나라의 무역의존도가 높아진 것은 초기에는 환율이 많이 오른 데 따른 영향이라고 할 수 있습니다. 2001~2002년까지는 수출을 많이 해서 재미를 봤습니다.

그 이후에 우리 산업에 구조조정다운 구조조정이 처음으로 이루어졌습니다. 그 전에는 정부가 기업 활동에 적극 개입해서라도 기업들이 가능하면 국산 부품을 많이 쓰도록 해왔습니다. 하지만 이런 정부의 개입이 금융위기를 계기로 다 없어집니다. IMF(국제통화기금)도 우리나라에 달러를 빌려주면서 이런 관행을 없애도록 요구했습니다. 이때부터 기업들은 부품을 꼭 국내에서 조달하지 않고 해외에서 조달하는 데 눈을 돌리게 되었습니다. 더 싸고 품질 좋은 부품이 있다면 어느 나라 제품이냐를 따지지 않고 쓰게 된 것입니다. 글로벌 아웃소싱이라고 하지요. 이렇게 되면서 대기업의 가격경쟁력과 품질경쟁력이 높아졌습니다. 수출도 잘 되고 있습니다. 하지만 대기업과 중소기업의 관계는 악화된 게 사실입니다. 중소기업들이 어렵다보니 성장은 해도 고용은 그다지 늘지 않고, 국민이 느끼는 체감경기도 별반 나아진 게 없습니다. 그래서 개방정책에 대한 반대여론도 생기고, 이게 제대로 된 방향으로 가는 것인가, 우려하는 사람도 있습니다.

한마디로 결론을 내리긴 어려운 듯합니다. 어떤 측면에서 보면, 금융위기를 거친 뒤 분명 대기업들에게 유리한 통상환경이 만들어진 건 사실입니다. 그럼 그것이 우리 경제 전체로 봤을 때 나쁜 것으로 단정할 수 없습니다. 대기업더러 옛날처럼 중소기업을 업고 가라고 하는 것이 미래지향적인 해법은 아닙니다. 중소기업 가운데도 세계시장에 진출할 수 있는 가능성을 가진 곳이 꽤 있습니다. 정부가 기술개발지원을 한다든가, FTA에 의해 새롭게 열리는 기회를 보다 잘 활용할 수 있도록 지원하는 것이 현실적인 대안이라고 생각합니다.

사 회　이 교수님께서는 외환위기 이후 무역의존도가 계속 높아져온 것을 어떻게 평가하십니까?

이해영　수치로 확인할 수 있듯이, 1987~88년 대호황기 때부터 10년 가량 무역의존도가 낮아지다가 외환위기 이후에는 무역의존도가 다시 높아져왔습니다. 방금 정 교수님께서 언급하신 것처럼 글로벌 아웃소싱을 비롯해 세계화의 진척에 따라 한국경제가 커다란 구조변화를 겪게 되었습니다. 대기업과 중소기업, 수출기업과 내수기업, IT(정보기술) 업종과 비IT 업종 기업 사이의 양극화가 일어났습니다. 이로 인해 수출은 늘고 성장은 이어져도 내수와 고용은 늘지 못하고, 계층간 소득격차가 갈수록 벌어졌습니다. 과거처럼 수출이 늘면 생산이 늘고 따라서 고용, 소득, 저축, 소비 등 경제 전반이 동반 성장하는 효과를 보지 못하고 있습니다. 이를 '산업연관의 약화'라고 부릅니다. 곧 경제라는 몸통을 이루는 관절과 관절 사이를 이어주는 연골이 파괴됐다고 할까요? 이는 신자유주의 세계화의 결과이기도 합니다. 제가 한미FTA를 계속 비판하는 이유가 여기 있습니다. 적어도 한미FTA는 이런 문

제를 푸는 해법이 못 된다는 것입니다. 오히려 사태를 더욱 악화
시킬 것이라고 봅니다.

사 회　정 교수님께서 대답해주셔야 할 듯합니다.

정인교　저는 우리나라의 산업구조가 고도화되어가고 있다고
평가합니다. 그 과정에서 중소기업 업종과 대기업간의 연결고리
가 약해진다는 걸 매우 심각한 문제로 보는 분들이 있는데, 저는
문제점뿐 아니라 그 혜택을 함께 검토해야 한다고 봅니다. 경쟁
에 취약한 업종이 퇴출되고, 새로운 유망업종이 발전하도록 하는
것이 산업구조조정이고, 구조조정을 통해 경제가 발전합니다. 이
게 바로 정부의 바람직한 산업정책 방향이지요. 이런 부분에 기
여하게 되는 FTA를 부정적으로만 볼 것이 아닙니다.

　경쟁력을 갖추지 못한 중소기업들은 늘 구조조정 압력에 노출
돼 있습니다. 그것은 불가피합니다. 시장개방 또는 FTA로 인해
특정 중소기업 업종이 겪게 될 어려움을 마치 FTA의 전부인 양
말하는 것은 경계해야 합니다. 중소기업들의 불만이 없는 나라는
없습니다. 지원을 하지 않는 나라도 없습니다. 다행히 우리나라
는 산업정책을 펴는 데 쓰는 자금의 GDP 대비 비중이 OECD(경
제협력개발기구) 국가 가운데 가장 많습니다. 중소기업에 대한 지
원도 어느 나라보다 많이 한다는 의미입니다.

　사실 어떤 의미에서는 너무 많이 지원해주는 것으로 볼 수 있
는 중소기업 정책도 이제는 바뀌어야 합니다. 산업별로 기준이

조금 다르긴 합니다만, 대체로 종업원 500명 미만인 기업을 중소기업으로 보고 지원합니다. 그런데 중소기업 혜택을 받기 위해서 기업들이 인원을 500명 이상으로 안 늘리는 사례도 적지 않습니다. 또 아웃소싱 방식으로 고용함으로써 실제 종사자는 500명이 넘어서지만 서류상으로는 500명 이하로 만들어놓는 경우도 있습니다. 중소기업 지원정책이 피부로 느낄 수 있는 혜택이 있기 때문에 그러는 겁니다. 흔히 중소기업이 우리나라 고용의 대부분을 차지한다고 얘기하는데, 이런 점을 감안하면 통계상의 착시도 꽤 있습니다. 하여튼 중소기업에 대해서는 개방 확대에 따라 지원정책을 종합적으로 재검토해서 최적의 지원 방안을 찾는 식으로 해법을 이끌어내야 합니다. 어려움을 겪게 된다고 해서 대외통상 변화에 눈 감고 지낼 수는 없습니다.

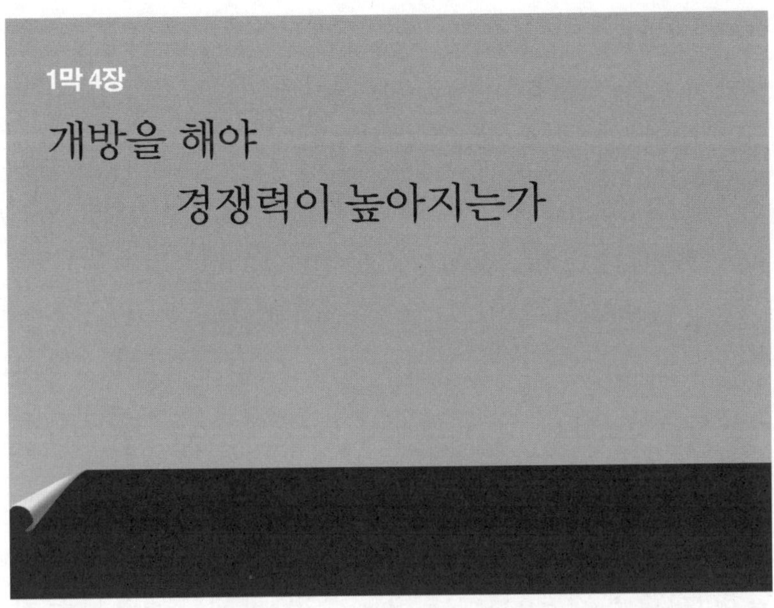

개방을 해야 경쟁력이 높아지는가

사 회 건전한 경쟁은 서로에게 도움이 됩니다. 경쟁에서 이기기 위해 각자가 자신을 발전시키려는 의욕을 불러일으키기 때문입니다. 나아가 사회 전체에도 이득을 가져다줍니다.

보호무역도 그런 예인 듯합니다. 보호무역은 취약한 국내 산업이 경쟁력을 키울 수 있도록 보호하여 시간을 벌어줍니다. 하지만 경쟁을 가로막아 국내 산업을 지나치게 보호하다보면 세계시장에서 이겨낼 만한 실력을 쌓지 못한 채 기업들이 국내시장에서 쉬운 돈벌이에 안주하게 될 수도 있습니다. 우리 안에 갇혀 사람들이 주는 고기만 먹고사는 야생동물이 점차 야성을 잃어버려 우리를 벗어나면 살 수 없게 되는 것과 마찬가지겠지요. 하지만 경쟁이 반드시 순기능만 하는 것은 아닌 듯합니다. 무한경쟁이 벌어져 가장 강한 하나만 끝까지 살아남는 승자독식은 경쟁에서 패배한 수많은 이들을 나락에 빠뜨립니다. 급격한 시장개방은 경쟁을 통한 발전보다는 아직 걸음마 단계에 놓여 있는 산업을 힘센 외국 기업에 다 내주는 결과를 낳을 수도 있습니다.

한미FTA는 이런 측면에서 과연 어떤 결과를 낳을까요? 정 교수님은 한미FTA가 가져올 효과로 경쟁 활성화에 따른 생산성 증대를 특히 강조하십니다. 어떻게 해서 그렇게 된다는 것인지요?

정인교　경쟁이 생산성을 촉진시키는 메커니즘을 구체적으로 설명하기란 참 어렵습니다. 산업별 특성에 따라서 여러 다른 원리가 작동하기 때문입니다.

하지만 어느 산업이든 개방으로 인한 경쟁의 활성화가 생산성 향상을 촉진하는 가장 핵심적인 메커니즘은 그것이 기업인들의 의식을 바꾸게 된다는 것입니다. 기업하는 분들 입장에서 본다면 경쟁이 치열해지는 환경에서 기업이 살아남아야 한다는 위기의식을 누구보다 많이 갖게 될 겁니다. 국내시장이 외국에 개방돼 있지 않고 보호받는 정반대 상황을 생각해봅시다. 그런 상황에서는 이런 일이 벌어집니다. 잘 나가는 산업의 기업인들은 위기의식을 갖지 않고, 정부도 그런 산업을 알짜배기로 봅니다. 그래서 그 산업분야에 조업하는 기업 숫자를 줄여 경쟁을 억제하기까지 합니다. 까다로운 허가 조건을 붙여 경쟁자들이 새로 뛰어들지 못하게 하기도 합니다. 그렇게 되면 그 기업은 혁신이나 경쟁력

　한미FTA, 하나의 협정 엇갈린 '진실'

강화를 위한 노력을 하지 않게 되고, 손실이 우려되면 값을 올려 소비자에게 비용을 전가하게 됩니다.

그런데 개방을 하면 외국 기업만이 아니라 국내의 누구라도 돈 되는 사업을 할 수 있게 됩니다. 강화된 시장경쟁 상황에서 살아남기 위해 기업들이 결국 경쟁력을 높이지 않을 수 없습니다. 신기술을 개발을 하거나 가격을 낮추어서 제품경쟁력을 높이는 노력을 어떤 형태로든 하게 됩니다.

서비스업의 경우에는 관세 같은 게 없으니까, 개방이란 게 대부분 규제완화입니다. 규제는 따지고 보면 그 시장에 진입하지 못하도록 하는 방패막이 구실을 합니다. 분명히 시장은 있는데 진입을 못하게 하면, 기존 사업자들은 사업을 땅 짚고 헤엄치기로 할 수 있습니다. 그렇게 되면 통상환경이 어떻게 바뀌든 그 산업은 예전 방식 그대로 사업을 해도 문제가 없습니다. 우리가 외국에 진출도 안 하고, 수출도 안 하고 문을 닫아둔 채 살 수 있다면 별 문제가 없겠지만, 우리 처지는 그렇지가 않습니다. 해외 진출을 하지 않을 수 없고, 그럴려면 상대국에게도 우리 시장을 열어주지 않을 수 없습니다. 결국 서비스업도 규제완화를 통해 품질경쟁력을 높이는 노력을 하지 않을 수 없습니다.

사실 서비스업은 기존의 사업 방식을 바꾸는 게 참 어렵습니다. 하지만 외국 업체가 하나 둘 국내에 들어와서 사업하는 걸 보면 우리 기업들이 선진적인 기법을 쉽게 배울 수 있습니다. 그것이 개방의 이점이지요. 한미FTA도 서비스시장 개방을 우리나라 서비스산업 선진화로 연결시켜 나가자는 목표를 담고 있습니다.

사　회　개방을 해서 경쟁이 활성화되면 경쟁력도 키우고 생산성도 높일 수 있다는 원리는 누구도 부정하기 어려울 것입니다. 하지만 개방에 그런 이득이 있다고 해서 어떤 나라도 한꺼번에 시장을 다 열지는 않습니다. 적절하게 관리할 수 있는 수준, 그러니까 충격은 덜하고 이득은 큰 수준에서 개방을 관리합니다. 지금 수준에서는 과연 얼마만큼 열어야 하느냐가 고민 아니겠습니까?

정인교　그렇습니다. 우리 현실을 고려해서 개방을 해야지 무턱대고 전면개방을 하는 건 바람직하지 않다는 지적인데, 실제로 통상 협상을 할 때 그런 부분에 가장 신경을 씁니다.

　개방에 정말로 취약한 분야는 극단적인 경우 아예 시장개방을 예외로 설정합니다. 우리 산업들이 대응할 수 있는 시간을 좀 벌어주기 위해 협정 이행 기간을 길게는 15년에서 20년까지 두는 경우도 있습니다. 농산물시장이 그런 경우입니다. 그렇다고 모든 업종, 모든 품목에 대해 전면개방을 하는 경우는 아예 없습니다. 특히 한미FTA의 경우 산업별·품목별로 개방 조건을 철저하게 따졌는데, 관세 하나만 해도 개방의 종류가 26가지나 됩니다. 그동안 체결된 세계 각국의 FTA 가운데 이만큼 복잡한 것은 없었습니다. 미국이라는 경제대국과 FTA를 하기 때문에 그만큼 많은 고려를 하기도 했지만, 정부 당국이나 협상 담당자들이 우리 산업에 미치는 영향을 세심하게 따져서 협상에 임했다고 평가할 수 있는 부분입니다.

사　회　이 교수님께서는 개방의 폭이 지나치다고 평가하시는 듯합니다.

이해영　한미FTA를 반대하는 것이 개방 자체를 반대하는 것은 아닙니다. 전략적 개방, 관리된 개방을 주장하는 것입니다.

원론적인 얘기를 좀더 해보겠습니다. 개방효과가 있으면 개방 역효과도 있다는 걸 기억해야 합니다. 마찬가지로 경쟁 역시 경쟁효과와 역효과가 있습니다. 경쟁 활성화에 따른 생산성 향상도 가능하지만 부작용도 생기는 법입니다. 그래서 양자의 균형을 어떻게 모색할 것인지를 고민해야 하고, 설령 긍정적 효과가 크더라도 부정적 효과를 줄이는 대책이 중요합니다.

흔히 개방을 하면 경쟁이 활성화되고 이로 인해 경쟁력이 강화된다고 말하지만 현실적으로 그런지는 의문입니다. 현실에서는 그 분야에 어느 정도 경쟁력을 갖췄을 때 비로소 국내시장을 외국에 개방하고 해외에도 진출하는 것이 더 일반적입니다. 대형 유통업체인 이마트 사례가 여기에 적합하다고 보는데요. 정부는 "이마트를 보라. 개방을 하니까 외국 경쟁기업들을 다 물리치고 오히려 경쟁력이 더 올라가지 않았느냐"고 이야기합니다. 하지만 이마트는 재벌자본으로 자본경쟁력을 충분히 갖고 있었고, 국내시장에서 경영 노하우도 갖추고 있었습니다. 이렇게 기본이 되어 있었기 때문에 시장을 개방했을 때 성공할 수 있었다고 봅니다.

개방과 경쟁력의 관계를 이야기할 때는 '자유경쟁' 관점만이 아니라 '공정경쟁' 관점에서도 함께 봐야 합니다. 국내시장만 놓고 보면, 공정거래위원회를 비롯한 국가기관이 공정경쟁을 위해 시장에 개입할 수 있는 여지가 있습니다. 하지만 국제교역에까지 공정성의 잣대를 가지고 개입할 수 있는 여지는 거의 없습니다. 따라서 처음부터 공정한 경쟁이 가능한 수준의 개방이 이뤄져야 합니다.

"개방하면 경쟁력이 강화될 수 있다"는 건 하나의 신화일 수 있습니다. 오히려 경쟁력이 갖춰졌을 때 외국 기업의 국내시장 진입을 허용하는 게 옳은 순서입니다. 방금 정 교수님께서 서비스업에 대해 말씀하셨는데, 우리나라의 서비스업 경쟁력은 미국의 절반에도 못 미칩니다. 유럽하고 비교해도 마찬가지입니다. 경쟁력이 이렇게 떨어지는 상황에서 외국 기업의 시장진입을 대거 허용하면 과연 국내 기업의 경쟁력이 강화될 수 있을까요? 그렇다는 경험적이고 실증적인 근거는 어디에도 없습니다.

정인교　　이 교수님께서는 미국에 견줘 우리 서비스산업의 경쟁력이 절반도 안 되는 상황에서 FTA로 시장을 여는 것은 지나친 개방이 아니냐고 말씀하셨는데, 이번에 한미FTA에 포함된 서비스업 개방 내용 가운데 과연 미국에 경쟁력이 크게 뒤처지는 분야가 얼마나 되는지 저는 오히려 반문하고 싶습니다.

개방에 포함된 가장 의미 있는 분야인 법률서비스나 회계서비스, 사업서비스 부분은 사실은 한미FTA와 무관하게 우리 정부가 개방하기로 이미 계획을 잡아놓고 있었습니다. 개방의 필요성이 그동안 많이 거론됐던 분야입니다. 경쟁력이 너무 떨어지는데 개

　한미FTA, 하나의 협정 엇갈린 '진실'

방하는 거 아니냐는 이 교수님의 우려에 대한 사례로는 적절하지 않은 듯합니다. 저는 기본적으로 한미FTA 협상에서 서비스시장 개방이 좀더 진전되었어야 한다고 봅니다.

이해영 개방에 대한 찬반을 떠나 순수 경쟁력 측면에서 보았을 때, 일부 공공부문이나 운송부문을 제외하고 법률, 회계, 교육, 의료, 문화, 사업서비스 전반에서의 대미 경쟁력은 절반에 불과합니다.

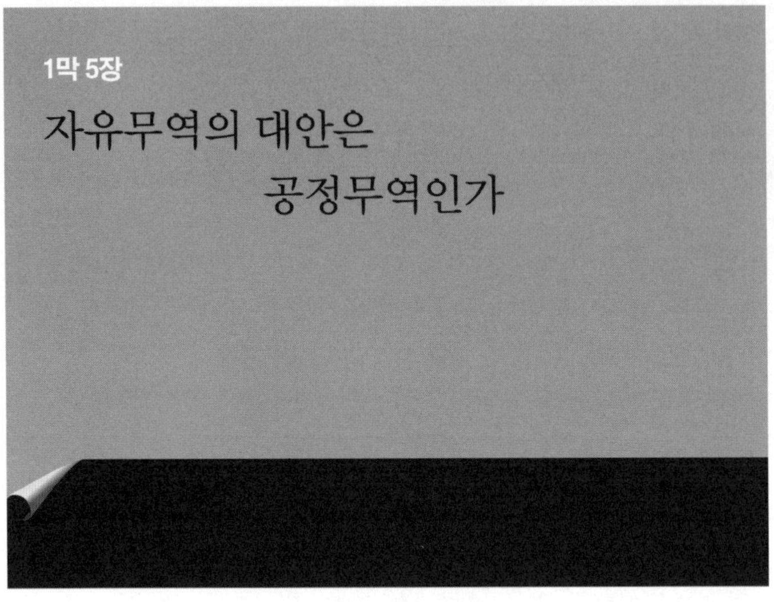

자유무역의 대안은 공정무역인가

사 회 자유무역은 관세장벽이나 비관세장벽을 이용한 국가의 간섭이 없는 무역을 말합니다. 자유무역론자들은 자유무역의 확산이 모두에게 좋은 결과를 낳을 것이라고 주장합니다. 하지만 세계 각국에서 자유무역에 대한 저항도 거셉니다. 자유무역이 불공정무역이라고 주장하는 사람들은 자유무역을 대체할 새로운 통상방식으로 '공정무역'을 이야기합니다. 공정무역이 무엇을 뜻하는 것인지, 현실에 적용할 수 있는 가능성은 어느 정도인지 말씀을 나눠보겠습니다. 공정무역의 철학과 논리에 대해서는 이 교수님께서 먼저 설명해주시면 고맙겠습니다.

이해영 공정무역이란 이름으로 지금도 국제교역이 일부 이뤄지고 있기는 합니다. 대안무역이라고 부르기도 합니다만. 예를 들어 영국의 옥스팜[11]은 친환경적인 방식으로 생산한 상품, 노동자에게 제대로 된 보상을 해주고 생산한 상품에 대해 그만한 값을 붙여 사들이고, 소비자들에게 공정무역 인증을 붙여 판매하고 있습니다. 우리나라에서도 이를 본받아 몇몇 단체가 공정무역 커피나 옷을 들여다 팔고 있습니다.

이런 교역의 기본 발상은 못사는 제3세계 농민들에게 1차 상품에 대해서 제값주기 운동이라고 할 수 있는데요. 그러다보니 지금까지의 공정무역은 매우 품목이 제한돼 있고, 조금은 시혜적인 측면이 있으며, 또 상품 유통에 거의 국한되어 있습니다. 그렇기 때문에 이건 자유무역에 대응하는 거시적인 경제정책으로서 의미를 갖는 것은 아니었습니다. 21세기 신자유주의시대의 자유무역에 대응하는 대항적 프로젝트로서 공정무역을 구상할 필요가 있습니다. 물론 간단한 일이 아닙니다만, 어쨌든 공정무역의 축은 첫째로 교역조건이 공정해야 한다는 것, 둘째로 경쟁조건이 공정해야 한다는 것입니다.

사 회 교역·경쟁조건이 공정해야 한다는 말은 어떤 뜻입니까?

이해영 미국산 쌀 가격은 한국산 쌀 가격의 5분의 1에 불과합니다. 미국은 땅값이 싸서 쌀 생산비가 낮은 게 가장 큰 이유겠지요. 두 나라의 쌀 생산자가 같은 시장에서 그대로 가격경쟁을 한다면 결과는 뻔합니다. 과연 그 경쟁이 공정하다고 할 수 있겠습니까?

미국 민주당은 "한국이 미국에 자동차를 연간 70만 대씩 수출하면서도 미국 자동차는 4000대밖에 수입하지 않는다"며 그게 과연 공정하냐고 문제제기를 하고 있습니다. 이런 문제도 함께 논의할 일입니다. 이런 문제를 해소해나가는 방향으로 새로운 무역질서 곧 공정한 무역질서를 만들어가야 한다고 생각합니다.

사 회 저는 옥스팜이 이끌고 있는 무역이 과연 '공정무역'이라고 이름붙일 수 있는 것인가, 의문을 갖고 있습니다. 공정무역이란 이름으로 교역되고 있는 상품을 보면 제3세계 국가의 천연소재로 된 옷이라든지, 유기농 커피라든지 이런 것들입니다. 제3세계 생산자(농민)들에게 제값을 주고 산다고 하는데, 따지고보면 생산자들이 환경을 보존하는 데 대해 특별한 보상을 해주는 것 아닌가 싶습니다. 직거래를 하기 때문에 유통비용이 절감되고, 시민단체가 교역을 중개하니까 이윤을 얻지도 않으니 이런 일이 가능할 것입니다. 하지만 이런 일에 과연 '공정'이란 표현을 붙일 수 있을까요? 엄밀하게 말하면, 그것을 사는 소비자들이 제3세계 생산자들에게 환경보조금을 주는 방식의 교역이라고 생각합니다만.

이해영 옥스팜이 지금까지 공정무역의 이름으로 해온 것은, 사회자께서 말씀하신 것처럼 일종의 민간보조, 민간의 자율적인 보

 한미FTA, 하나의 협정 엇갈린 '진실'

조금 지급이라고 볼 수 있을 것입니다. 물론 그것은 WTO가 정의하고 있는 보조금, 국가나 지방정부에서 주는 보조금과는 다른 새로운 형태의 보조금이지요. 그렇기 때문에 저는 그런 아이디어는 살려가야 한다고 봅니다. 지금까지 '공정무역'이란 이름으로 교역해온 방식은 시장논리대로 하면 지나치게 낮게 거래될 수밖에 없는 특정상품의 가격을 소비자가 일부 보전해주는 의미가 강했다고 봅니다. 그러나 가격을 중심으로 접근해서 공정무역을 확대해나가기에는 한계가 있습니다. 시혜적일 수밖에 없습니다.

사 회　아이디어를 살리는 것은 좋습니다. 그런데 시민사회의 운동단체가 이런 교역을 이끌 수는 있어도, 국가간 통상에 이런 교역방식을 과연 적용할 수 있겠는가 하는 의문이 듭니다. 어떤 공정무역이 가능할까요?

이해영　우리가 '공정무역'이라고 하면 '공정하다'는 표현 때문에 규범적이라는 지적이 나오곤 합니다. 하지만 정반대로 '자유무역'의 '자유'도 규범적이긴 마찬가지입니다. '자유'라는 규범을 구체화하기 위해 각종 법적인 장치들을 마련하는 것이 바로 WTO 협정 같은 것입니다. 그와 마찬가지로 '공정'무역도 구체적인 제도화를 통해 추구하는 가치를 달성할 수 있는 것입니다. 국가와 국가간 협약에 '공정무역'의 정신을 담아서 그에 맞춰 교역을 규제할 수 있습니다. 또 많은 나라들 사이에 합의를 거쳐 세계적인 무역 규범을 만들어낼 수도 있는 것입니다.

사 회　어떤 교역이 공정한 것인가 하는 질문에는 답이 쉽게 떠오르지 않습니다. 예를 들면, 어떤 나라에서든 노동자 한 사람이 한 시간 걸려 만든 상품이면, 다른 나라에서도 노동자 한 명이 한 시간 걸려 만든 상품과 같은 조건으로 교환해야 한다, 이런 주장도 있을 수 있는데, 기술력의 차이를 감안하면 그런 교환이 과연 공정하느냐는 의문이 또 제기될 수 있습니다.

이해영　현재의 무역구조가 안고 있는 문제의식에서 출발해야 한다고 봅니다. 세계화가 진행되면서 세계적 수준에서 양극화가 심화되고 있는 건 경험적으로 실증되고 있습니다. 1차산업을 중심으로 하는 제3세계의 수출경제는 왜 갈수록 어려워지는가? 세계화가 모두에게 이득이라는데 왜 그렇지 못하는가? 현재 세계 무역질서의 구조적 문제를 풀어가는 방향으로 무역질서를 개혁해야 한다는 게 공정무역론의 요구라고 하겠습니다.

사 회　네, 알겠습니다. 그래도 남는 문제는 과연 누가 그런 새로운 무역질서를 만들 수 있는가 하는 점입니다. 현재의 무역 질서에 대해 문제제기를 하는 나라도 있고, 사회운동단체도 있습니다. 이건 어떤 주체들이 이걸 반영시켜야 하는지가 남는데요. 그렇게 보면 통상질서를 만드는 과정에서 이런 문제제기를 할 수 있는 나라도 있고 사회운동세력도 있을 수 있을 겁니다. 하지만 그것이 현실에서 실현되려면, 현재 자유무역 질서로부터 이득을 보는 나라들의 양보가 있어야 하지 않겠습니까?

이해영 미국의 민주당, 유럽의 진보정당, 개도국이나 신흥국가의 시민사회가 문제의식을 공유하는 것이 우선일 것입니다. 저는 어느 정도는 공감이 이뤄져 있다고 봅니다. 무역 질서를 고칠 수 있는 가능성이 없다고는 보지 않습니다.

미국 민주당이 얼마 전 신통상정책을 발표했습니다. 의약품 허가 특허 연계를 하지 않겠다고 선언했습니다. 미국은 기본적으로 자유무역론을 제창하는 나라지요. 그런데 미국 민주당의 신통상정책은 개도국 일반시민들, 빈민들의 의약품 접근권을 제약하는 허가 특허 연계는 배제해야 한다는 내용을 담고 있습니다. 이런 규범을 국제무역 질서에 확산시켜 나가야 합니다. 공정무역을 이런 식으로 확산해나가는 것은 결코 불가능한 일이 아닙니다.

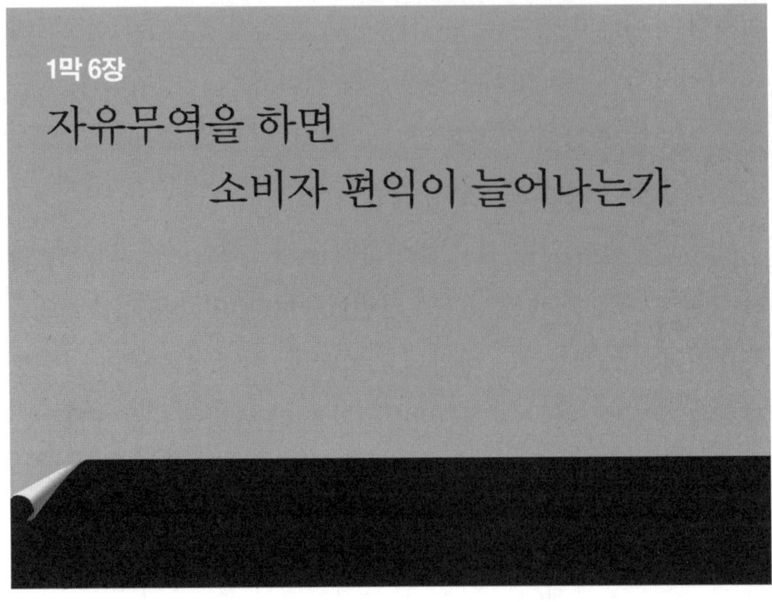

사 회　시장개방, FTA의 필요성과 관련해 두 가지 논거를 살펴봤습니다. 우리나라는 수출이 매우 중요한 경제구조를 갖고 있어 수출을 위해 시장개방을 확대하지 않을 수 없다는 논거가 하나였고, 시장 개방을 하면 국내 산업의 경쟁력을 키울 수 있다는 논거를 살펴봤습니다. 이 밖에 시장개방이 필요한 이유로 많이 거론되는 게 '소비자 편익'입니다. 외국 기업과 상품의 국내시장 접근을 막아놓음으로써, 국내 소비자들은 울며 겨자 먹기로 국내 상품과 서비스를 비싸게 이용해야 한다는 것입니다.

물론 관세를 낮추면, 국내에 들어온 외국 상품의 값이 그만큼 떨어지겠습니다만, 이는 정부가 조세 수입을 포기하고 그만큼 국민에게 혜택을 주는 것입니다. 한편으로 국민은 소비자일 뿐 아니라 상당수가 노동자이기도 합니다. 시장개방으로 일자리를 잃게 된다면, 소비자로서 얻는 혜택보다 훨씬 큰 고통을 겪을 수도 있습니다.

정 교수님께서 먼저 소비자 편익에 대해 설명을 해주시는 게 좋겠습니다.

정인교   자유무역의 최대 수혜자는 일반 소비자임에 틀림이 없습니다. 우리나라는 장기간 정부 주도의 산업정책을 펴왔지만, 소비자 입장에서 편 산업정책은 최소한에 그쳤습니다. 주로 생산자, 다시 말해 기업 위주의 정책이었습니다. 균형 잡힌 경제 발전을 위해서는 소비자 문제에도 진작 더 신경을 썼어야 했습니다.

아무래도 개방이 덜 된 상태에서는 상품 가격이 비쌀 수밖에 없습니다. 국내 생산물은 수입품과의 경쟁에서 분리되어서 생산자가 국제가격보다도 높은 가격을 매길 수 있기 때문입니다. 값을 올려서 이익이 더 난다면 생산자(기업)들은 당연히 그렇게 하지 않겠습니까?

무역자유화를 하게 되면 국내가격이 최소한 국제가격과 같아질 수 있습니다. 가격인하 효과가 분명히 있습니다. 소비자들로서는 더 다양한 상품을 구매할 수 있기 때문에 전반적으로 후생을 높일 수가 있습니다.

소비자와 생산자를 분리해서 이야기하기 어렵지 않느냐는 지적도 있습니다. 곧 소비자는 생산자이기도 하고, 생산자는 한미

FTA로 손실을 볼 수 있기 때문에 소비자가 이득을 본다는 말은 맞지 않다는 주장인데요. 한미FTA의 전체 결과를 나쁘게 보기 때문에 그런 주장이 가능할 것입니다. 한미FTA를 지지·찬성하는 쪽에서는, 미국과의 FTA가 우리 경제를 키우고 일자리 창출에도 기여할 수 있다고 봅니다. 당연히 소비자만이 아니라 생산자한테도 득이 된다고 봅니다.

사 회 소비자 후생과 관련해서는 좀 따져봐야 할 것이 있는 듯합니다. 시장을 개방하면서 정부가 관세를 내리는 부분이 있습니다. 관세 인하는 수입품의 판매가격 인하로 이어집니다. 이로 인해 소비자들이 혜택을 보는데, 이 부분은 정부가 관세 수입을 소비자들에게 돌려준 것일 뿐, 시장개방으로 인한 효과라고 보기는 어렵지 않을까요?

정인교 관세 인하는 소비자에게는 가장 피부로 와닿는 효과입니다. 관세가 없어지거나 낮춰지는 만큼 소비자가격이 떨어질 테니까요. 하지만 여기에 그치지 않고 여러 파급효과가 일어납니다. 무엇보다 선택할 수 있는 상품의 종류가 다양해진다는 데 주목할 필요가 있습니다. 생산자 입장에서는 소비자들이 더 선호할 수 있는 제품을 만들어야 합니다. 종류가 다양해지기 때문에 공급자간의 경쟁이 나타나게 되고, 그래서 관세 철폐에 따른 가격 인하 효과와 더불어 경쟁에 따라 가격이 떨어지게 됩니다. 전반적으로 제품의 질도 나아지게 됩니다.

　　미국과 FTA가 체결된 이후 자동차 가격은 벌써 눈에 띄게 낮아지고 있습니다. 물론 수입차 위주로 가격이 많이 떨어졌지만, 앞으로 국내 자동차 회사들도 결국 가격인하 압박을 받게 될 것입니다. 가격경쟁력도 중요하지만 품질경쟁력 그리고 AS(애프터서비스) 경쟁력도 중요합니다. 사실 수입 상품은 국내 제품과 경쟁하기가 쉽지 않습니다. 오늘날 상품은 한번 팔면 끝나는 게 결코 아닙니다. AS와 같은 부대적인 조건들이 구매에 영향을 많이 미칩니다. 그런 측면에서 본다면 수입 제품보다는 국내에서 생산된 제품들이 AS를 해주는 데 월등히 유리합니다. 이를 고려하면, 수입품이 많이 들어와서 국내 산업을 도산시킬 거라는 우려는 지나칩니다. 국내 산업이 웬만큼 경쟁력이 있다면 그런 일이 일어나기가 쉽지 않습니다.

사　회　소비자들은 관세 인하로 인한 가격인하 혜택뿐 아니라 경쟁이 활성화됨에 따라 얻는 혜택이 적지 않다는 말씀이시군요. 그런데 관세 수입이 줄면 정부의 조세 수입은 줄어들게 되나요?

정인교　관세 수입은 우리나라 전체 재정에서 차지하는 비율이 아주 낮습니다. 옛날에는 높았어요. 지금도 캄보디아나 미얀마 같은 나라에서는 정부 수입의 80퍼센트 가량이 관세 수입입니다. 우리는 지금은 10퍼센트가 채 안 됩니다. 한편으로 관세는 낮아지지만 그 밖의 세금은 그대로 붙습니다. 소비가 늘어나면 정부의 조세 수입이 늘어날 여지가 많습니다. 수입 개방으로 경제가 활성화되면 그 덕에 추가로 징수되는 정부 조세 수입도 있겠지요. 한국개발연구원 보고서를 보면, 한미FTA로 정부의 관세 수입은 조금 줄지만 전체 조세 수입은 오히려 크게 늘어나는 것으로 나왔습니다. 관세는 줄어도 특별소비세를 비롯한 소비 관련 세금 제도는 그대로 유지되기 때문입니다.

사 회　그렇다면, 관세를 내려서 소비자들이 가격인하 혜택은 보지만 다른 쪽에서 그만큼 세금을 더 내게 되는 것 아닐까요?

이해영　그 문제는 저도 굉장히 고민을 많이 했습니다. 소비자 후생의 증가와 관련해서 간단하게 계산을 하나 해봤습니다. 2005년 한미 실제 무역액을 기준으로 해서 두 나라가 모두 관세를 완전히 없앴다고 가정하면, 미국은 34억 달러 가량의 이익을 봅니다. 우리나라에 수출하는 미국 상품의 관세가 그만큼 줄어든다는 것이지요. 반면 우리나라 상품은 15억 달러 가량의 관세가 없어집니다. 이것은 우리나라의 관세율이 높기 때문입니다. 결과적으로 미국 기업들이 19억 달러 가량 더 이득을 본다는 계산이 나옵니다.

　이걸 소비자가 보는 이득으로 환산해볼 수 있습니다. 우리나라 수출 기업은 관세를 15억 달러 가량 안 내도 되기 때문에 그만큼 이득을 보지만, 우리 정부는 34억 달러 가량 관세 수입이 줄어드니까 그만큼의 세수 손실이 발생합니다. 우리 수출 기업이 15억 달러 이득을 봤더라도 줄어든 세수(미국 기업의 관세 이익 곧 34억 달러에서 15억 달러를 뺀 19억 달러)는 국내에서 누군가가 부담해야 하는데, 결국 소비자들에게 그 부담이 돌아가지 않겠습니까? 이런 의미에서 본다면 무조건 소비자 후생을 이야기할 수는 없다고 봅니다.

다른 한편으로 수출기업 입장에서 볼 때 15억 달러 정도의 관세 절감을 할 수 있는데, 그것이 기업에 돌아가고 마느냐, 소비자에게 돌아가느냐 하는 것도 따져봐야 합니다. 수출기업의 이익이 곧 소비자의 이익이 될 수는 없다는 말입니다. 한-칠레FTA 이후에 우리나라 소비자들이 과연 칠레산 포도주를 진짜 싸게 마시고 있는가? 소비자에게 혜택이 돌아가기보다는 수입업자들 주머니로 다 들어간 것이 아닌가 하는 의문이 듭니다. 정부가 강조하는 소비자 후생이 도대체 얼마나 되며 얼마나 오래 갈 것인가, 과연 그런 게 있기는 한가, 하는 의문이 드는 것입니다.

사　회　이 교수님 계산은 관세가 100퍼센트 없어졌을 때를 가정한 것이죠?

이해영　네, 그렇습니다. 실제 한미FTA에서는 관세가 완전히 철폐된 게 아니니까 수치가 달라지겠지요. 협상 결과가 어떻게 될지 모르니까, 편의상 그렇게 계산을 뽑아본 것입니다.

정인교　그 부분에 대해 제가 좀더 덧붙여서 말씀드리고 싶습니다. 이 교수님께서는 우리 쪽 세수 손실이 훨씬 크다고 하셨는데,

수출입 품목별로 하나씩 그에 맞는 관세율을 적용해 계산을 뽑아보면 수치가 달라집니다.

우리나라가 미국에서 수입하는 상품의 95퍼센트가 중간부품입니다. 5퍼센트가 소비재이고요. 중간부품의 관세율은 사실 높지 않습니다. 주변을 한번 돌아보세요. 미국 제품 흔히 쓰는 거 뭐 있습니까? 한 15년 전이라면 미국 제품 사고 싶은 거 많았을 겁니다. 하지만 지금은 거의 없습니다. 젊은이들한테 물어보면 MP3 제품 아이팟IPOD 정도를 꼽습니다. 소비자가 쓸 수 있는 것으로 자동차 등 몇 가지를 더 꼽을 수 있겠지만, 전체적으로 많지 않은 건 분명합니다. 그 반면, 미국에 우리가 수출하는 상품은 65퍼센트가 최종 소비재입니다. 그 가운데 자동차가 25퍼센트를 차지합니다. 소비자 이익 측면에서 단순하게 비교해보면 미국 소비자들은 한미FTA로 좀 득을 보겠구나 하는 느낌은 올 수 있을 겁니다.

그럼 우리나라 소비자들은 득을 못 보느냐? 미국과의 교역에선 소비재 수입이 5퍼센트에 불과하지만, 향후 FTA가 다른 국가로 확대되면 소비자 이익은 증가합니다. 이런 쪽으로 정책이 가는 것은 바람직하다고 봅니다. FTA를 통해서 소비자 후생을 증진시킨다는 정책 목표를 세운 것은 옳다고 봅니다.

한-칠레FTA와 관련하여 포도주 얘기가 나왔습니다만, 사실 관세 인하가 장기간에 걸쳐 이뤄지기 때문에 소비자들이 가격인하를 피부로 느끼긴 어렵습니다. 게다가 한-칠레FTA 이후에 웰빙바람이 불어 포도주 수요가 급격히 늘었습니다. 그것이 전반적

 한미FTA, 하나의 협정 엇갈린 '진실'

으로 포도주 가격을 끌어올렸습니다. 원래는 칠레산 포도주 값이 쌌는데, 수요가 급증하면서 비싸졌습니다. 하지만 애초 비싸던 프랑스산 와인 가격은 많이 떨어졌습니다. 가격인하 효과가 프랑스산 포도주에서 나타난 것이라고 볼 수 있습니다.

이해영　제가 더 강조하고 싶은 것은, 소비자 후생이라는 게 대부분 실제로 소비자보다는 기업들에게 돌아가 버리고 말 것이라는 점입니다. 그리고 관세가 없어지거나 낮춰짐으로써 생기는 수출 기업들의 이익보다 우리 정부의 관세 수입이 더 많이 줄어든다는 점입니다. 세금은 공공재니까 결국 그만큼의 공공재를 희생하는 것입니다. 소비자들로서는 세금을 추가로 더 내거나 아니면 공공재의 가격인상을 감수해야 할 겁니다.

정인교　관세만 갖고 계산하면 안 됩니다. 우리 기업들의 수출이 늘어나고 생산활동이 더 활발해지면 다른 조세 수입이 더 늘어나니까요.

이해영　그것은 가정일 뿐이죠.

정인교　막연한 가정이라고 할 수는 없습니다. 결국 FTA가 국내 경제를 얼마나 활성화할 것인가와 맞물려 있는 논점입니다. 경제가 활성화되면 세수 증가는 당연히 뒤따르니까, 관세 인하로 인한 세수 감소를 소비자들에게 떠넘길 이유가 없습니다. FTA의 영

향을 종합적으로 판단하기 위해, 종합적인 시뮬레이션 분석을 해
본 결과를 보면, 분명히 소비자 잉여가 플러스로 나옵니다.

사 회 이 부분은 더 논의를 해도 이견을 좁히기는 어려울 듯
합니다. 논점은 충분히 얘기하신 것으로 알고 이제 다른 주제를
토론하면서 보충하기로 하겠습니다.

 한미FTA, 하나의 협정 엇갈린 '진실'

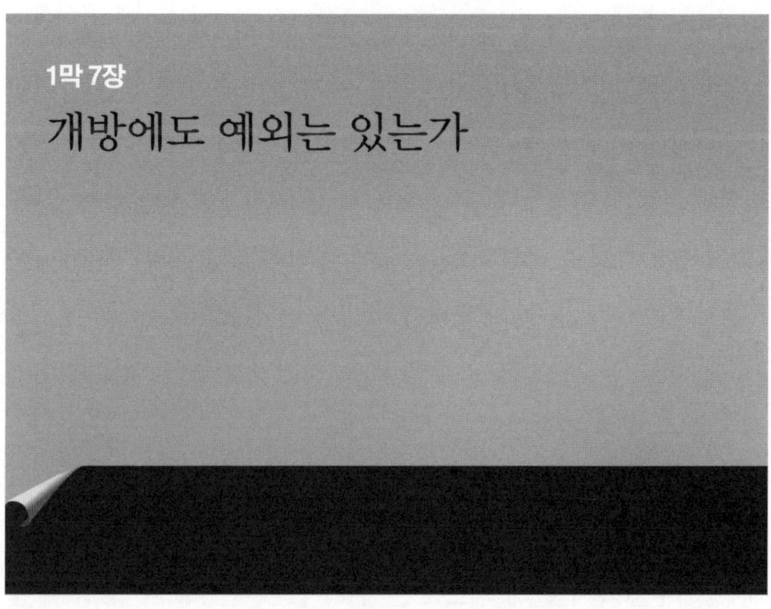

개방에도 예외는 있는가

사 회 지금까지는 주로 개방을 함으로써 어떤 이득을 얻을 수 있느냐에 중점을 두고 논의를 했습니다. 그런데 개방을 대외원칙으로서 부정하지 않더라도 시장개방에는 일정한 제한이나 예외가 있어야 한다는 주장이 있습니다. 어떤 분야는 절대 개방을 해서는 안 된다는 주장도 있고, 어떤 분야는 시기가 무르익을 때까지 개방을 미뤄야 한다는 주장도 있는데요. 주로 농산물시장, 문화상품 등이 그런 사례로 가장 많이 거론되는 듯합니다. 정 교수님은 개방 확대 쪽에 무게를 두고 계신데, 정 교수님께서도 이런 제한 곧 예외가 있어야 한다고 보십니까?

정인교　물론입니다. 요새는 FTA 로드맵이란 얘기를 별로 하지 않습니다만, 정부가 FTA 로드맵을 작성하기 시작한 건 2002년입니다. 제가 이 분야 연구 책임자였습니다. 그때 저희가 FTA 추진 방향을 논의하면서 가장 중요하게 검토했던 것은 FTA 추진 방향을 경제적 효과를 극대화하는 데에 초점을 맞출 것인가, 아니면 FTA로 인한 새로운 경제체제가 국내에 잘 접목되도록, 곧 제도화가 용이하도록 하는 데 초점을 맞출 것인가 하는 것이었습니다. 결국은 후자 쪽으로 방향을 잡게 됐습니다.

사실 경제적 효과를 극대화하는 것이 FTA 추진의 가장 중요한 목적이긴 합니다만, 현실적으로 우리 국내 여건을 고려할 때 국내 경제주체들이 단계적으로 큰 무리 없이 수용할 수 있는 수준을 감안해 추진해갈 수밖에 없다는 결론에 이르렀습니다. 그리고 2003년 8월 말에 청와대에서 우리나라 FTA 로드맵에 대한 회의가 열렸고, 9월 초에 국무회의를 거쳐 확정했습니다. 거기에서도 지금 말씀하셨던 개방의 정도를 어느 정도로 할 것인가를 중요하게 고려했습니다. 실제 한미FTA 협상에서도 개방 예외 품목을 두고 있고, 개방하는 품목도 민감도에 따라 단계별로 시장을 여는 내용을 상당부분 포함하고 있습니다.

사　회　개방에 제한이나 예외를 둬야 한다는 일반원칙에는 모두 동의하면서도 구체적으로 들어가면 팽팽한 논란이 벌어지는 대표적인 사례가 농산물입니다. 이 교수님께서는 농업분야는 시장개방에서 어떻게 다뤄야 한다고 보십니까?

이해영　개방에 제한이나 예외를 둬야 한다는 건 너무 상식적인 이야기입니다. 제한이나 예외를 꼭 둬야 할 대표적인 분야가 공공부문입니다. 공공재의 생산과 공급은 시장논리에 맡겨서는 안 됩니다. 공공재에 대해 우리 사회 구성원들이 개방 예외 대상으로 삼아야 한다는 데 충분히 합의할 수 있다고 봅니다.

저는 문화상품도 공공재와 마찬가지로 시장개방 대상에서 예외가 되어야 한다고 봅니다. 문화상품도 분명히 시장에서 사고파는 상품이긴 합니다. 예를 들어 영화가 그렇습니다. 그런데 영화 콘텐츠 안에는 그 문화공동체의 언어와 관습, 사고, 감정이 담겨 있습니다. 이런 부분은 상품화될 수 없는 해당 공동체의 고유한 가치, 이른바 문화를 담고 있습니다. 이런 콘텐츠를 통해서 해당 공동체는 문화적 재생산을 합니다. 그런데 요즘은 문화상품시장 역시 세계화되면서 자본경쟁력이 열악한 상황에 놓여 있는 문화공동체는 일방적으로 자본력이 우위에 있는 문화상품에 의해 공동체의 가치, 규범까지 강한 영향을 받고 있습니다. 남아프리카공화국에서는 텔레비전 프로그램의 80~90퍼센트가 다 미국산이라고 합니다. 그렇다면 남아공이라고 하는 공동체의 자기 정체성을 뭘 통해서 유지하고 재생산할 것이냐? 국가가 남아공의 정체성을 살리는 프로그램이 만들어지도록 국가보조금을 지급한다든지 하는 방식으로 정책적 지원이 가능한 법적 근거를 만들 수 있어야 합니다. 그래서 나온 게 문화다양성협약[12]이죠.

지난 2005년 유네스코 164개 회원국이 파리에서 회의를 열고 '유네스코 문화다양성협약'을 체결했습니다. 미국, 이스라엘만 반대했습니다. 2007년 3월, 드디어 이 협약이 발효되었습니다. 이 협약은 미국 주도의 세계화, 곧 모든 것을 상품으로 보고 자유 교역 대상으로 삼는 데 반대하고, 각 나라 각 지역의 문화적 고유 성과 다양성을 증진해야 한다는 데 공감한 것입니다. 협약을 보면 문화는 한 사회와 집단의 성격을 나타내는 정신적·물질적·지적·감성적 특성의 총체로서, 인류가 다양한 문화를 누리는 것은 현재와 미래 세대의 구성원이 평화롭게 공존하고 상호작용하는 데 반드시 필요한 수단이라고 합니다. 문화상품이란 이름으로 자유시장 논리에 맡겨 마구 교역할 대상이 아니라는 얘기입니다. 오히려 문화다양성 진흥을 위해 각국의 적절한 문화정책이 필요함을 역설하고 있습니다.

농산물도 마찬가지입니다. 자유무역을 주장하는 경제학자들은 농산물도 똑같은 상품으로 취급하는데, 농산물을 자유교역 상품으로 취급해서는 안 됩니다. 주권국가들이 각자 나름대로 정책을 펼 수 있는 영역으로 빼내야 합니다. 문화다양성협약처럼 농업에 대해서도 별도의 국제협약이나 통상규범이 있어야 합니다.

사 회 농산물을 왜 그렇게 취급해야 하는지, 구체적인 논거를 대주시는 게 좋겠습니다. 흔히 식량안보론이 그 논거로 등장하곤 했는데요. 왜 농산물은 교역상품으로 봐서는 안 되는 것입니까?

이해영 식량을 비롯한 농산물도 분명히 사고파는 상품이죠. 그렇지만 다른 상품과는 달리 식품의 경우에는 먹지 않으면 죽는다는 아주 독특한 특성을 가지고 있습니다. 상품이기도 하지만 동시에 상품으로 봐서는 안 되는 성격이 강하기 때문에 이런 부분에 대해서는 자유교역에서 예외를 두고, 나아가 자유무역 논리와는 다른 차원에서 접근해야 합니다.

사 회　그런데 지금 국제통상 질서가 이런 부분을 계속 깨뜨려가고 있는 게 사실입니다. 그럼에도 우리가 그걸 지키기 위해 다른 나라의 시장을 여는 것을 포기할 만큼 중요하다고 보시는지요?

이해영　그렇습니다. 세상 모든 것을 상품으로만 보고 또 시장화할 수 있다고 여기는 것은 분명 잘못됐다고 봅니다.

사 회　정 교수님께서는 어떻게 생각하십니까?

정인교　문화다양성 또 농업에서의 다원적 기능, 이에 대해서는 다들 인정은 할 수 있습니다. 그러나 이게 산업적 기능이 없다고 얘기할 수는 없습니다. 산업적인 측면이 우선이고, 다원적 기능을 2차적인 기준으로 봐야 할 것입니다. 많은 경우 2차적인 기준이 1차 기준보다 더 중요하게 간주되는 문제가 있습니다.

한미FTA 협상 과정에서 가장 논란이 많았던 영화부문은 제가 보기엔 이보다 더 상업성을 띤 산업이 어디 있는가 하고 생각했습니다. 국가 정체성을 얘기하는데, 그동안 국내에서 나온 영화

들 가운데 인기 있다고 해서 제가 봤던 영화들 상당수는 조폭 영화, 폭력 영화였습니다. 그게 어떻게 우리의 정체성을 지키고 문화다양성을 고양시키는 건지 혼란스럽습니다. 영화업계에 종사하는 분들이 편의적으로 주장하는 부분이 있지 않나 하는 생각이 듭니다.

대중가요도 마찬가지입니다. 요즘 잘나가는 우리나라 랩 가수 출신 기획자 박진영 씨 얘기를 들어보면 "세계적으로 통할 수 있는 문화는 개방된 분위기에서 창조되는 것"이라고 합니다. 지나치게 한류라든가 민족주의라든가 이런 것을 특정 문화 분야에서 내세우는 것은 오히려 문화를 위축시키는 결과를 낳는다는 지적이 있었지요. 문화계 안에서도 이에 대해 모두 같은 의견만은 아닌 듯합니다.

사　회　농산물에 대해서도 같은 생각이신지요?

정인교　농업인들의 어려움은 다들 잘 알고 있습니다. 그들의 처지를 이해하고 정부가 가급적 많은 지원을 해줘야 한다는 점에 대해서는 공감합니다. 하지만 과연 그분들을 지원하는 예산은 어떻게 마련해야 하는가에 대해서는 입장들이 다 다릅니다. 지원 예산은 정부재정에서 나올 수밖에 없습니다. 정부재정을 키우려면 경제성장을 해야 합니다. FTA가 경제성장에 기여한다고 인정하는 한, 농업인에게 긍정적인 부분도 분명 있습니다.

사실 농업에 대해서는 진작부터 강력한 구조조정을 실시했어

 한미FTA, 하나의 협정 엇갈린 '진실'

야 했습니다. 쌀의 경우를 보면, 우리나라에서 생산하는 쌀의 24퍼센트 가량이 해마다 남아돕니다. 쌀 소비는 갈수록 줄어들고 있어서, 쌀 재고 문제는 앞으로 더 심각해질 수 있습니다. 이게 우리 농업의 현실입니다. 식량안보도 물론 중요하겠습니다만, 농업을 산업적 측면에서 보지 않을 수가 없습니다. 아무리 농업이 다원적 기능이 있다손 치더라도 2006년 기준으로 보면 우리 농업의 한 해 순생산이 26조 원인데 농업 지원에 16조 원이 투입되고 있습니다. 재정적으로 큰 부담이 되고 있습니다. 결국 통상 차원에서 고려가 필요하고, 그것을 FTA에 포함하는 것은 불가피합니다. 다만 국민 상당수가 농민의 아들이기 때문에, 농민을 생각하는 국민정서도 무시하기 어렵습니다. 한미FTA에서도 이를 상당히 고려하여 최종 타결된 것으로 볼 수 있습니다.

이해영 국제 투기자본이 원유시장을 거쳐 얼마 전부터 국제 곡물시장을 공격했습니다. 국제 투기자본은 원유가를 폭등시켜서 돈을 챙겨가고 난 뒤 다시 곡물을 사들인 셈이죠. 이 때문에 국제 곡물가격이 엄청나게 폭등했습니다. 앞으로도 언제든지 재현될 수 있는 일입니다. 농산품이나 곡물의 가격폭등은 농산물 수입국 경제에 치명타를 입힐 수 있습니다. 나아가 이로 인해 해당국 국민들의 생명이 왔다 갔다 할 수도 있습니다. 식량안보 논리에서 보더라도 그렇지만, 경제 논리로 보더라도 농업의 경제적 가치는 현재의 시장가격으로만 따질 성격이 아닙니다. 논의 담수 기능으로 농사 자체가 홍수를 막아주는 등 국민경제에 잘 드러나지 않게 기여하는 가치는 돈으로 환산하기 어려울 정도로 큽니다.

그러나 한미FTA를 추진하는 사람들은 어차피 시장가격으로 게임이 안 된다는 것만 생각합니다. 미국 쌀값이 우리나라 쌀값의 5분의 1인데 어떻게 경쟁을 하느냐, 경쟁 개념 자체가 성립하지 않으니 생산량을 줄이라는 것 아닙니까. 농촌경제연구원 통계로 나온 것만 봐도, 한미FTA가 발효되면 농업 생산이 1조 원 줄어든다고 합니다. 여기에다 식량안보의 문제, 환경의 파괴 등을 고려하면 쌀농사의 가격 경쟁력만 따지는 FTA식 접근에는 심각한 문제가 있습니다.

정인교　식량안보론이 오늘날 다시 거론되는 것은 상당히 놀라운 일입니다. 물론 최근에 국제 곡물가격이 오르긴 했습니다. 하지만 식량은 석유와는 질적으로 다릅니다. 식량안보론이 논리적으로 설득력이 있으려면 이른바 국제 곡물 공급자들의 카르텔(담합)이 완벽하게 작동할 거라는 전제가 있어야 합니다.

사실 석유만 하더라도 OPEC(석유수출국기구)가 독점력을 발휘했기 때문에 최근 가격이 폭등한 게 아닙니다. 중국의 급격한 수요 증가와 같은 다른 여러 변수가 복합적으로 작용했기 때문입니다. 식량은 원유에 비하면 생산 지역이 비교가 안 될 정도로 넓습니다. 심지어 우리도 생산할 수 있습니다. 그러므로 식량을 독점해 무기처럼 사용한다는 것은 너무 많은 조건이 한꺼번에 충족되어야 가능한 일입니다. 설령 식량안보론을 무시할 수 없다고 해도, 경제규모를 키우고 경제구조를 튼실하게 하면 식량안보 위협은 피해갈 수 있습니다. 미래의 식량 문제를 걱정하느라고, 지금도 남아도는 쌀이 있는데 나머지 곡물 곧 옥수수나 밀까지도 우리가 직접 재배해야 한다는 주장은 잘못된 접근이라고 봅니다.

이해영　돈으로 해결할 수 있으면 좋죠. 그런데 그게 지금 시장 가격 기준으로만 보니까 문제입니다. 분명히 쌀은 남아돌고 가격은 미국산의 5배나 됩니다. 그렇다고 해서 미국산 싸게 사먹으면 됐지 하면서 실제 생산량을 줄였다고 봅시다. 한번 생산량이 줄어들면 계속 줄어들 수밖에 없습니다. 국내에서 소비되는 미국산 쌀의 비중이 10퍼센트, 20퍼센트로 계속 올라가고, 그 다음엔 중국산이나 태국산 소비 비율도 높아지겠죠. 이렇게 해서 점차 식량 자급 기반이 무너지면 나중에는 금값을 주고라도 어쩔 수 없이 수입해서 계속 먹어야 합니다. 우리가 에너지를 중동산 석유에 의존했을 경우에 생기는 정치경제적인 위험과 식량을 외국산 쌀에 의존했을 때 생기는 위험과 무엇이 다를까요?

정인교　정말로 식량안보가 걱정된다면, 통상 문제가 발생하지 않는 범위 내에서 농업정책을 펴면서 생산량을 일정 수준 유지하는 노력을 해야 할 것입니다. 이제 우리도 농업자본을 형성할 수 있는 기반이 있습니다. 이를 바탕으로 해외 진출을 하면 됩니다. 해외 농업기지를 건설해서, 당장은 안 들여오더라도 만일의 사태에 대비해 안정적인 공급망을 마련해두면 됩니다. 제가 알기로는 중국을 비롯한 여러 나라에 우리나라 몇몇 농업자본이 성공적으로 사업을 하고 있습니다. 그걸 정부가 지원해서 실질적인 농업 생산을 늘릴 수 있는 투자를 늘려나가면 식량안보 문제는 해결할 수도 있습니다. 식량안보를 이유로 농업이 FTA 협상에 걸림돌이 되게 할 이유는 없다는 겁니다.

이해영　문화상품처럼 농업 역시 교역적 측면과 비교역적 측면을 갖고 있다는 점을 다시 강조하고 싶습니다. 비교역적 측면에 대한 최대한의 배려, 그것을 위한 법률적·제도적 장치들을 국제적으로 만들지 않으면, 농업도 결국 시장논리에 짓눌리고 말 것입니다. 지금 당장은 느끼지 못하겠지만, 그 결과는 매우 심각할 것입니다.

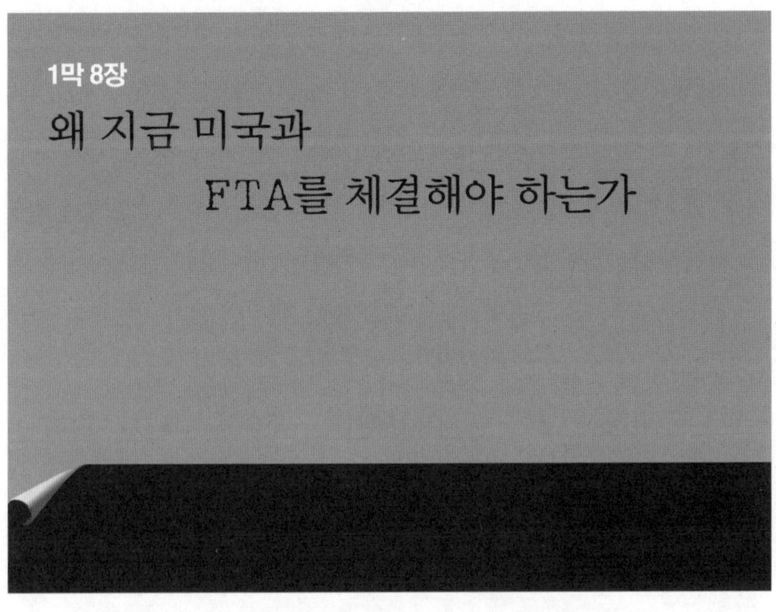

왜 지금 미국과 FTA를 체결해야 하는가

사 회 우리나라는 지난 2002년 10월 사상 처음으로 칠레와 FTA를 맺었습니다. 이 협정은 2004년 4월 1일 발효됐습니다. 한-칠레FTA에 이어 우리나라는 싱가포르(2006년 3월 발효)와 협정을 맺었고, 유럽자유무역연합EFTA 및 아세안ASEAN과도 FTA를 체결했습니다. 그리고 2007년 미국과 협정을 타결했습니다.

우리나라는 미국과 협정을 추진하기 전에 일본과도 FTA를 추진했지만 타결에는 이르지 못했습니다. 그런 상황에서 세계 최대 경제대국 미국과 FTA를 맺는 것은 우리에게 어떤 의미일까요?

이 주제를 토론하기 전에, 우리나라가 가장 먼저 맺은 한-칠레 FTA에 대한 평가부터 들어보는 게 좋겠습니다. 정부는 당시 한-

칠레FTA를 추진하면서 칠레를 '스파링 파트너'라고 표현했습니다. 경제규모가 큰 나라들과 본격적으로 FTA를 맺기 전에 FTA 영향이 크지 않은 나라와 먼저 협정을 맺는다는 것이었습니다. 시장개방에 대한 국민들의 부정적 인식을 불식하고, 통상 인력의 육성 기회로 삼는다는 뜻도 담겨 있었던 듯합니다.

그럼에도 협정 추진 당시 이 협정에 대한 반대가 만만치 않았습니다. 특히 농업 경쟁력이 뛰어난 칠레와 맺는 협정인 까닭에 농민들의 반발이 매우 컸습니다. 협정이 발효된 지 이제 3년이 넘었습니다. 두 분께서는 한-칠레FTA를 어떻게 보십니까? 성공적이었다고 보십니까?

정인교   이런 질문으로 시작하고 싶습니다. 한-칠레FTA에 반대하던 분들이 우려했던 문제가 과연 얼마나 현실로 나타났는가?

물론 정부가 역사상 첫 FTA를 하면서 조금 의욕적으로 긍정적 내용을 홍보했던 측면도 분명히 있었습니다. 예를 들어, 칠레를 교두보로 해서 남미시장으로 진출하겠다고 했던 부분들은 조금은 지나친 것이었습니다. 그렇지만 수출이 기대 이상으로 늘어나고 또 한편으로는 우리 농업에 대한 피해가 그렇게 크지 않았다는 측면에서 보면 한-칠레FTA는 성공적이었다고 생각합니다.

칠레와 FTA 협상을 벌이는 과정에서 거센 반대가 있었습니다. 한-칠레FTA가 체결되면 우리 농업은 기반이 무너질 것이라는 게 대표적인 반대 논리였지요. 그러나 실제 한-칠레FTA 때문에 농업기반이 상실된 것은 거의 없습니다. 포도와 포도주 그리고 돼지고기 수입이 늘어나긴 했습니다. 수치상으론 분명히 늘어났지만 그것이 우리 산업에 그렇게 심각한 피해를 줬다는 보고는 없습니다. 우리가 감내할 수 있는 수준에서 수입이 늘어났고, 그런 측면에서 보면 농업계의 우려도 지나쳤던 점이 있었다고 평가할 수 있겠습니다.

사 회 이 교수님께서는 어떻게 보십니까?

이해영 칠레는 경제규모가 작은 나라입니다. 칠레의 인구는 우리나라의 3분의 1이고, 국내총생산은 우리나라의 5분의 1에 불과합니다. 우리 경제규모를 고려할 때, 한-칠레FTA의 영향이 그리 크지 않은 것은 당연합니다. 큰 효과도 없고, 그렇다고 큰 피해도 없는 게 이상할 것이 없다고 봅니다.

물론 과수농가의 우려는 컸습니다. 하지만 농민들이 당시에 농업기반이 무너진다고까지 얘기하지는 않았다고 봅니다. 또 농민들이 우려했던 일이 현실화되지 않은 건, 그저 가만히 있어서가 아니라 나름의 목적의식적인 대책을 마련한 까닭도 있지요. 그래서 피해가 그나마 덜 난 것이라고 봅니다.

정인교 한-칠레FTA는 그 자체만 갖고 평가할 일은 아닙니다. 큰 틀에서 보면 우리가 한-칠레FTA를 맺고, 그것을 국내에 제도적으로 잘 정착시킴으로써, 그 뒤 싱가포르나 아세안 등과 무난히 FTA를 체결할 수 있었습니다. 또 그 연장선상에서 우리가 한미FTA까지도 타결하는 데 크게 기여했다고 평가할 수 있습니다. 한-칠레FTA는 당장의 경제적 이익을 크게 기대한 게 아니었습니다. 오히려 부정적인 결과만 나타나지 않기를 기대하면서 협정을 체결했던 거고, 그런 측면에서 보면 성공적인 협정입니다.

사 회 두 분 모두 한-칠레FTA는 우리 경제·사회에 미치는 영향이 그리 크지 않은 협정이어서 실제 큰 득도 큰 피해도 없었다는 견해시군요. 그럼, 이제 지금 우리의 협정 상대국이 미국이라는 건 어떤 의미인지 얘기해보지요. 먼저, 미국과 맺는 FTA는 다른 나라와 맺는 FTA와 뚜렷하게 다른 점이 있는지부터 말씀을 들어보겠습니다.

이해영 저는 FTA도 특징에 따라 미국형, EU형, 기타 개발도상국형으로 구분할 수 있다고 봅니다. 물론 이렇게 구분한 것은 세계은행 보고서에 따른 것입니다.

이렇게 구분하는 것은 지구상에 존재하는 여러 가지 형태의 FTA 가운데 미국이 선호하는 FTA 방식이 따로 있다고 보기 때문입니다. 미국형 FTA는 1980년대 이후 미국 경제의 성장 또는 발전 모델을 반영한, 당연히 미국에게 가장 유리한 그런 형태의 FTA입니다.

미국형 FTA의 특징은 상품만이 아니라 비상품 영역, 특히 서비스와 투자, 지적재산권 쪽에서 가장 높은 수준의 시장개방을 요구하고 관철하는 것입니다. 관세장벽뿐 아니라 각종 비관세장벽을 사실상 무력화하려는 특징이 두드러집니다.

EU형 FTA는 상대국에 따라 내용이 다릅니다. 미국형 FTA가 매우 통일적이고 어느 나라든 예외를 허용하지 않는 형태라면, EU형 FTA는 해당 상대국에 따라서 어느 경우에는 높은 수준의 개방을, 어느 경우에는 중간 수준 또는 낮은 수준의 개방을 요구합니다.

개도국형은 일관된 흐름을 잡기 어렵습니다. 각국의 처지와 형편에 따라서 필요한 수준만큼의 개방 내용을 담습니다. 이런 얘기를 하는 것은, 미국을 싫어해서가 아니라 미국형 FTA가 안고 있는 위험성을 지적하기 위한 것입니다.

사　회　정 교수님께서도 이런 분류에 동의하십니까?

정인교　미국식 FTA라고 해서 따로 구분할 만한 기준이 있는지는 의문입니다. 미국과 FTA 협상을 하면서 눈에 띄게 두드러졌던 분야는 지적재산권 보호를 크게 강화한 점입니다. 또 간접수용이 인정됐는데, 간접수용은 WTO에서도 인정하고 있습니다. 물론 거기서 조금 더 나아간 부분이 있을 수 있어서 우려한 분들이 계셨지만, 부동산이나 조세정책은 하여튼 예외로 규정되었기 때문에 문제될 것은 없습니다. 투자자-정부제소권이 한-EU FTA에서는 포함되지 않는 것으로 합의되어 있습니다만, 우리가 체결했던 다른 FTA나 투자협정에 거의 대부분 다 들어가 있습니다. 우리 입장에서 보면 그렇게 새로운 건 아닙니다.

한미FTA 체결 이후에 EU와 협상을 하고 있는데, EU도 미국 못지않게 요구조건이 많습니다. 지적재산권은 미국보다 더 강한 보호를 요구하고 있고, 자동차의 경우 환경기준뿐 아니라 산업기반에 결정적으로 영향을 미치는 기술표준 자체를 유럽식으로 채택하라고 압력을 넣고 있습니다. 미국보다 더 압력이 큽니다. 이걸 보면, EU형과 미국형으로 구분하는 것은 큰 의미가 없다고 봅니다. 상대국을 어떻게 평가하느냐에 따라 미국이든 EU든 자신에게 적합한 요구조건을 내거는 것일 뿐입니다. 미국이라고 해서 요구조건이 가혹하고, EU라고 해서 상대국을 관대하게 배려하는 것은 아닙니다. 국가간의 관계는 어디까지나 경제 논리로 협상을 하는 것입니다.

상대국의 요구조건이라고 해서 우리에게 무조건 나쁘다는 생각도 옳지 않습니다. 비관세장벽은 미국이나 EU 모두 강한 톤으로 완화나 철폐를 요구하는 분야입니다. 그렇다면 비관세장벽을 없애는 것이 우리한테 꼭 불리한 것인가? 제도 개선이란 측면에서 사실 우리에게 필요한 것도 꽤 있습니다. 비관세장벽은 외국업체들이 국내에 들어오지 못하게 막아주는 구실도 하지만, 한편으론 국내시장 안에서 다른 진입자를 막아줌으로써 기존 업자들의 배만 불리는, 반대로 소비자들에게는 피해를 주는 제도인 경우도 적지 않습니다. 어느 쪽이 더 강하게 비관세장벽 철폐를 요구한다고 그쪽이 가혹하다고 얘기할 수만은 없다는 얘깁니다.

한편으로 미국은 단일국가지만 EU는 현재 27개 회원국으로 구성되어 있습니다. 아무래도 EU 쪽은 공통된 목소리를 내기가 어렵습니다. 그래서 자기들끼리 내부 의견 도출이 어렵기 때문에

 한미FTA, 하나의 협정 엇갈린 '진실'

개방 요구 수준이 낮아질 수밖에 없습니다. 왜냐면 개방을 많이 요구하면 자기들도 많이 내줘야 하기 때문에 의견을 조율하다보면 결국 요구 수준이 조금 낮아지는 측면이 있지요.

이해영 FTA를 미국형, EU형, 개도국형으로 구분하는 것은 세계은행 보고서에 분명히 나와 있다는 말씀을 다시 한 번 드리고 싶습니다. 제가 이를 강조한다고 해서, 미국이든 EU든 FTA를 통해 자기 이익을 극대화하려 한다는 점을 부정하려는 것은 아닙니다.

그렇지만 예를 들어 EU와 방글라데시, EU와 남아프리카공화국이 체결한 FTA를 보면, 미국형과는 현저히 다릅니다. 남아공에 대해서는 남아공의 경제성장 수준과 관세철폐 수준을 연계한다든지, 방글라데시에 대해서는 인권 수준과 개방을 연계합니다. 접근법이 다르다는 것입니다.

사 회 그 얘기는 이쯤 해두고, 왜 지금 미국과 FTA를 맺는가에 대해 얘기해보지요. 미국 시장의 중요성에 대해서는 새삼 강조할 필요는 없을 듯합니다. 미국은 세계 1위의 경제대국이고, 전 세계 수입시장의 21.8퍼센트를 차지하는 거대시장입니다. 우리나라의 2대 수출국이기도 하지요. 이런 시장을 개척하고, 우리가 다른 나라보다 앞서 FTA를 체결함으로써 선점효과를 거둘 수 있다는 게 정부 주장입니다.

정부는 미국이 세계의 경영·기술·트렌드 표준을 선도하는 국가이고, 세계 최고 수준의 선진제도를 갖추고 세계 정보지식화를 선도하고 있으므로 이런 나라와 협력하는 것은 세계와의 경쟁·협력에서 앞서나가는 것을 뜻한다고 강조하기도 합니다.

정 교수님께서는 한미FTA에 적극 찬성하시는데, 왜 지금 미국과 FTA를 맺어야 한다고 생각하십니까?

정인교 2002~2003년에 정부가 FTA 로드맵을 만들면서 가장 고민했던 게 미국과 FTA를 어느 시점에 체결할 수 있을까 하는 점이었습니다. 사실 1997년부터 정부 안에서 FTA 논의가 시작됐는데, 그때만 해도 우리 쪽 사정보다는 미국 쪽 사정 때문에 검토하는 것 자체가 별 의미가 없다고 판단했습니다. 미국과 FTA 협상은 2006년에 시작했는데, 꼭 그때 시작했어야 한다고 말하기는 어려울 것입니다. 어쨌든 그 무렵엔 우리나라가 이미 4개의 FTA를 이행하거나 서명한 상태였습니다. 협상 인력도 상당부분 확보하였고, 경제 논리에 따라 FTA를 추진해야 한다는 의견도 있었습니다. 타결된 협정 내용으로 보면 추진 시점이 우려가 될 정도로 협상에 문제가 있는 부분은 없다고 봅니다. 1~2년 늦게 시작했더라도 반대 수위가 별로 다르지 않을 것으로 봅니다.

사 회 다른 나라가 아니라 왜 미국인가에 더 강조점을 두고 말씀해주시죠.

정인교 FTA를 맺으면 여러 가지 이익이 있겠습니다만, 곧바로 얻을 수 있는 직접적인 이익은 수출 확대 등을 통한 경제적 이익

 한미FTA, 하나의 협정 엇갈린 '진실'

입니다. 이런 점에서 보면 전 세계에서 가장 경제규모가 크고 또 우리와 가장 중요한 교역 상대국의 하나인 미국과 맺는 FTA는 경제효과가 큽니다. 특히 지금 우리 경제가 처한 상황을 고려할 때, 경제제도 개선과 선진화와 투명화가 시대적 과제로 대두돼 있습니다. 미국과의 FTA를 통해서 이런 것들을 동시에 달성할 수 있습니다. 마지막으로 아까 잠깐 선점효과 얘기가 있었습니다만, 앞으로 시간이 지나면 전 세계 대부분의 국가가 FTA를 확대해갈 것입니다. 그렇다면, 다른 나라보다는 먼저 FTA 체결할 경우, 그 효과가 훨씬 더 크게 쌓여나가게 됩니다.

사 회 그런데 직접적인 경제적 이득이라면 중국이 미국보다는 더 크고, 그 다음 일본, 미국 차례라는 얘기도 많지 않습니까?

정인교 그렇게 분석한 논문이 있습니다만, 분석 모델에 동의하기는 어렵습니다. 무역자유화의 경제이익을 어떻게 계산할 것인가에 따라 결론은 달라질 수 있습니다. 기술 격차가 크면 클수록 무역자유화의 효과가 커지는 쪽으로 모델을 만들어놓으면, 중국이 우리와 경제·기술 격차가 가장 크므로 FTA 경제효과가 크고 경제이익도 크게 나옵니다. 한편, 일본의 기술 수준은 우리나라보다 월등이 앞서 있으므로 일본과는 FTA를 추진하지 말아야 한다는 결론이 불을 보듯 뻔하고요. FTA의 경제효과를 측정하는 접근법에 대해 일일이 시비를 판단할 수는 없지만 특정 경제구조를 바탕으로 한 연구 결과를 근거로 결론을 내기는 어렵습니다.

사 회 이 교수님께서는 상대가 미국이기 때문에 지금 FTA협정을 맺어서는 안 된다는 쪽에서 말씀을 해주시죠.

이해영 먼저, 경쟁력을 비교해보면 우리 제조업은 미국의 70퍼센트 수준이고, 서비스업은 50퍼센트도 안 됩니다. 서로 시장을 개방하면 우리 쪽 경쟁력이 크게 뒤처져 타격이 크다는 점을 말씀드려야겠습니다.

둘째, 미국 시장이 엄청나게 크다는 점은 인정하지만, 어쨌든 미국은 중국, 일본, EU에 이은 우리의 네 번째 교역 대상국에 불과합니다. 그렇게까지 FTA를 서두르지 않아도 될 만한 나라라는 얘깁니다. 아까 정 교수님도 언급한 그 논문 내용처럼 중국이나 일본, EU 같은 거대경제권 그리고 인도, 남미 국가들을 다 협정 상대국이라고 생각할 때, 한미FTA에 그렇게 우선순위를 둘 만한 가치가 있는가 하는 문제를 제기하고 싶습니다.

끝으로, 미국형 FTA가 가지고 있는 과도한 신자유주의를 지적하지 않을 수 없습니다. 처음부터 우리 정부가 선진화·투명화를 내걸고 한미FTA를 추진한 것은 아닙니다. 나중에 가서야 이유를 억지춘향 식으로 들이댄 거지요. 차도살인借刀殺人, 그러니까 남의 칼을 빌려 살인을 한다는 말이 있는데요. 서비스산업과 관련한 발상이 바로 그런 격인데, 도무지 납득하기 어렵습니다. 한마디로 외세를 끌어들여서 국내 반대세력을 진압하겠다는 것인데요. 개방에 저항하는 세력들, 특히 서비스를 중심으로 해서 교육이나 법률 쪽의 개방에 반대하는 세력을 누르기 위한 방책으로 한미FTA를 추진했다는 건 개방의 필요성 여부를 떠나 그 정당성에서 아주 잘못됐다고 봅니다.

한미FTA 협상이 추진된 과정도 살펴봐야겠습니다. 외교통상부가 만든 FTA 로드맵을 봐도 한미FTA는 한참 뒤로 미뤄져 있습니다. 그런데 어느 날 갑작스레 미국과의 FTA가 우선순위로 올라서 추진됐습니다. 이는 참여정부의 정치적 선택이었다고 봅니다. 문제는 그 동기가 고상하고 거룩한 그 무엇이 아니라 그야말로 한탕주의이자 성과주의였다는 점입니다. 저는 지금 미국과 FTA를 맺을 필연적인 이유가 아무것도 없다고 생각합니다.

사　회　이 교수님께서는 지금 우리가 미국만이 아니라 어떤 FTA에도 적극적으로 나설 이유는 없다고 보시는지요? 아니면, 지금 미국일 이유는 없다고 보시는지요?

이해영　물론 득이 되는 FTA는 체결할 수 있다고 봅니다. FTA에도 여러 형태가 있고, 개방 수준도 가지가지입니다. 그런데 왜 하필 가장 우리에게 불리한 한미FTA를, 그것도 다른 나라와의 FTA보다 먼저 체결해야 할 이유가 있느냐고 묻고 싶은 것입니다.

사　회　정 교수님께서 대답해주셔야 할 듯합니다. 다른 나라와의 FTA보다 미국과의 FTA를 먼저 체결해야 할 특별한 이유가 있다고 보십니까?

정인교　1998년에 FTA 논의를 시작했을 때 여러 가지 정책 목표가 있었습니다. 그 목표를 달성하기 위해서는 거대경제권과 FTA를 해야 하는 것으로 인식했습니다. 거대경제권이라 하면 흔히 미국, EU, 일본, 중국, 인도를 꼽을 수 있습니다. 그런데 일본과는 협상을 해봤지만, 워낙 시각차가 커서 일단 접었고요. 인도는 한미FTA 논의 전부터 공들여 협상을 해서 2005년에 본격적인 협상이 시작됐습니다. 그 다음 남은 게 EU, 미국, 중국입니다. 그 가운데 어디와 제일 먼저 할 것인가는 진지하게 따져볼 문제입니다.

그런데 2002~2003년만 해도 EU가 우리와의 FTA는 꿈도 꾸지 않는 상황이었기 때문에 검토하는 것 자체가 난센스였습니다. 도저히 가능성이 없었습니다. 그렇다면 중국을 생각해볼 수 있는데요. 중국은 FTA 상대국으로서 많이 버겁습니다. 미국과 FTA를 체결한 지금과는 상황이 많이 달라졌습니다만, 당시만 해도 우리 농업이 대책이 안 설 정도로 치명상을 입을 가능성을 우려했습니다. 그러니까 다른 나라와의 FTA를 검토하지 않은 채 먼저 미국과의 FTA만 검토한 것이 아니라는 얘깁니다. 경제효과, 상대국의 입장 등 여러 정황을 고려해서 결정한 것입니다.

물론 미국이 이상적인 FTA 상대국이어서 미국과 FTA를 추진한 것은 아닙니다. 다만, 미국을 상대국으로 선택한 것이 다른 나라를 선택한 것과 비교해 결코 불리하지 않다는 점을 강조하고 싶습니다. 미국과의 FTA는 어떻게 보면 생각보다 쉽게 풀린 측면이 있습니다. 2004년 미 행정부가 우리나라와의 FTA에 관심을 보였고, 미 의회가 행정부의 한미FTA 추진 의지에 힘을 실어주면서 일이 풀려나간 것입니다. 우리 정부가 갑자기 한미FTA 추진을 결정함으로써 지금에 이른 것은 결코 아닙니다. 아마 그 무렵 EU가 우리와의 FTA에 어느 정도 관심을 보였다면 미국보다 먼저 EU와 협상이 이뤄졌을 수도 있습니다. 하지만 당시 EU는 우리와의 FTA에 전혀 관심이 없었습니다.

이해영　거기에 대해서는 이견이 있습니다. 중국은 "한국이 가장 우려하는 농업시장 개방 요구는 제쳐둘 테니 먼저 협상을 하자"고 제안했다는 언론보도가 있었습니다. 그런데도 우리 쪽에서 이를 진지하게 고려조차 하지 않았습니다. 물론 제 말이 한중FTA가 무조건 좋다는 것은 아닙니다. 이를 보면 정부가 미국과 FTA를 맺는 데 '매달렸다'고 봐야 하지 않을까요?

사　회　지금 미국과 맺는 것이 과연 최선인가, 하는 질문은 결국 체결한 협정 내용을 보고 다시 따져봐야 할 듯합니다.

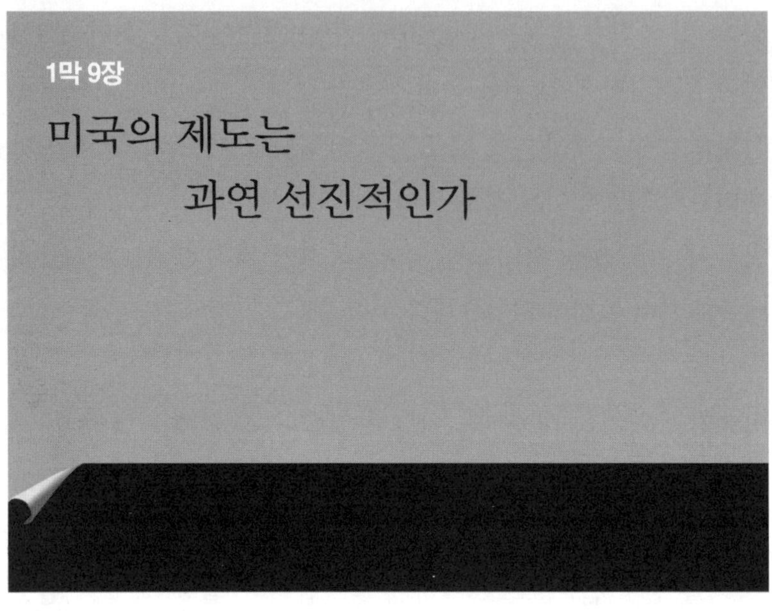

사 회　FTA를 찬성하는 쪽에서는 FTA 혜택으로 제도의 선진화를 꼽고 있습니다. 정 교수님께서도 제도의 선진화를 매우 중요한 과제로 보고 계십니다. 미국과 FTA를 맺어 협정을 이행할 수 있도록 제도를 고치면 우리에게 어떤 일이 일어날까요? 앞에서는 미국과 맺는 FTA는 어떤 특징을 갖고 있는가에 초점을 두고 토론했습니다. 이제 더 나아가 과연 미국식 제도를 받아들이면 우리에게 어떤 이득이 있는지 따져보기로 하겠습니다.

정인교　우리가 미국과 FTA를 추진하면서 뭘 기대했던가를 생각해보면, 미국의 제도가 과연 선진적인 것인가의 질문은 꼭 필요한 토론 주제입니다. 사실 우리 정부가 처음 FTA를 추진할 때만 해도 그만그만한 국가들과 무역 위주의 협정을 논의했습니다. 그보다는 좀더 수준이 높으면서 경제제도선진화까지 이룰 수 있는 협정을 과연 어느 나라와 맺을 수 있을까? 이런 부분을 검토해봤을 때 미국 외에는 마땅한 상대국이 없었습니다.

아까 EU는 상대국에 따라 협정의 범위와 내용이 다양하다고 이 교수님께서 말씀하셨는데요. EU-멕시코FTA를 보면 농산물을 거의 다 뺐습니다. 그러다보니 다른 부분도 부실합니다. 왜냐면 한쪽이 (자기네한테 불리한) 농산물을 협정 대상에서 빼니까 다른 한쪽도 그에 맞춰 (자기네한테 불리한) 다른 부분도 빼다보니 그렇게 된 것입니다. 우리가 스위스, 노르웨이 등이 회원국인 유럽자유무역연합EFTA과 FTA 협상을 한 걸 봐도 무역 외에 나머지 대부분은 선언적 수준에 머물렀습니다. 제도의 선진화를 목표로 한다면 역시 미국이 가장 적절한 상대라고 할 수 있습니다.

사 회 미국식 제도는 선진적이다, 이렇게 말할 수 있을까요?

이해영 저는 그렇게 생각지 않습니다. 먼저 한미FTA를 통해 제도선진화를 이룬다는 정부의 홍보가 언제 시작됐는지를 살펴볼 필요가 있습니다. 정부가 말하는 한미FTA를 추진해야 하는 이유를 살펴보면, 처음에는 수출을 늘려야 한다는 것이었습니다. 그 다음에는 서비스산업의 경쟁력 강화를 거론했고요. 이어 선점효과, 경쟁력 강화 얘기가 나왔습니다. 그런데 협상이 끝날 즈음에 나왔던 가장 최근의 논리가 바로 제도선진화론입니다. 협상에서 미국 쪽 요구에 밀리고 난 뒤에, 협상을 정당화하기 위해 끌어다 붙인 논리입니다.

그런데 미국과 FTA를 하면 정말 우리 제도를 선진화할 수 있을까요? 저는 그렇게 단정적으로 얘기할 수 없다고 봅니다. 제도는 나라에 따라 다른데, 우리 입장에서 볼 때 유럽 제도가 좋은 것도 있습니다. 노동이나 환경에 대한 기준은 유럽 쪽이 훨씬 좋은 제도라고 봅니다. 어떤 제도는 중국 것이 좋고, 어떤 제도는 일본 것, 어떤 제도는 인도 것이 좋을 수도 있습니다. 이런 점을 고려하지 않고, 미국화가 곧 선진화라고 얘기할 수는 없습니다. 특히 우리는 정치·경제·사회·문화 여러 면에서 이미 지나치게 미국을 좇고 있습니다. 오히려 균형을 찾아야 한다고 봅니다.

사 회 이 교수님 반론은 "미국화가 왜 선진화냐"는 것인데요. 정 교수님께서 덧붙이실 말씀이 있으신지요.

정인교 한미FTA를 해야 하는 이유로 제도선진화를 최근에야 거론했다는 건 사실과 다릅니다. 시점에 따라 강조하는 것이 달라졌을 수는 있지만, 제도선진화는 처음부터 일관되게 한미FTA의 목표, 효과로 분석되어 있었습니다.

한미FTA를 미국화라고 하면서, 미국화가 과연 옳으냐고 지적하셨는데 '미국화'라는 말은 조금 뉘앙스가 나쁘게 들리는군요. 하지만 분명한 건 중국이나 인도에 비해 미국은 비교가 안 될 정도로 경제규범이 선진화되어 있는 게 사실입니다. 또 미국은 세계경제질서를 선도해나가는 국가이고요. 그런 점을 우리가 인정해야 한다고 생각합니다.

　분야에 따라서는 EU와 미국의 제도가 상반되기도 합니다. 농업보조금이 그런 사례입니다. 또 상반되지는 않더라도 미국이 선호하는 제도가 있고 EU가 선호하는 제도가 있습니다. 하지만 제도가 다르다고 하여 서로 모순된다기보다는 보완할 수 있는 관계라고 생각합니다. 결국 우리에게 맞는 어떤 제도를 받아들일 것인가를 정책담당자들이 잘 취사선택하면 되는 것입니다. 우리가 미국과 FTA를 타결했지만, 미국 제도를 받아들인 부분은 그것이 우리에게 도움이 된다고 판단한 경우입니다. 우리 현실과 충돌하고 개선에 도움이 되지 않는 경우까지 받아들인 것은 아닙니다.

사　회　원론적인 얘기를 넘어서 좀더 구체적인 얘기를 해보기로 하지요. 이 교수님, 우리가 미국식 제도를 받아들일 경우 이건 정말 염려스럽다고 하셨는데 그런 사례가 있습니까?

이해영　한미FTA가 몰고 올 가장 우려스런 것은 공공정책에 대한 결정권, 선택권이 줄어드는 것입니다. 가장 대표적인 것이 투자부문의 투자자-정부제소권 조항입니다. 이에 대해서는 한미FTA 체결 후 미국의 민간 자문위원회 보고서에서조차도 우려를 제기하고 있습니다. 이로 인해 환경, 보건의료, 안전 등과 관련한 한미FTA 협정문이 미 연방법과 충돌할 소지가 있다고 지적했습니다. 최근 미 민주당 대선주자들 사이에서도 한미FTA를 반대하는 이유로 인용되는 것이 바로 이 문제입니다. 나아가 최근 미-페루FTA의 의회비준을 놓고 미국 내 거의 모든 시민단체들이 투자자-정부제소권 조항을 들어 깊은 우려와 반대를 표명하였습니다. 페루가 연금제도를 민영화한 뒤 심각한 문제점이 노출되었는데, 만일 페루 정부가 문제 많은 연금 민영화제도를 철회할 경우 페루의 민간연금기업에 최대 지분을 갖고 있는 미국 시티그룹에서 투자자-정부제소권 조항을 근거로 거액의 소송을 제기할 것이라는 우려죠. 어쨌든 미-페루FTA 투자자-정부제소권 조항으로 인해 페루 정부는 민간연금제도가 아무리 문제가 많아도 결코 이를 되돌릴 수가 없게 되었습니다.

많은 분들이 투자자-정부제소권 조항을 단순히 투자부문의 한 요소라고 생각하는 것 같습니다. 하지만 한미FTA를 통틀어 가장 중요한 부문을 하나 택하라면 저는 주저 없이 투자부문을 택할 것입니다. 투자부문은 미국 자본이 단 한 푼이라도 투자되고 또 투자될 한국의 '모든' 공기업에 치명적인 영향을 미칩니다. 내국민대우 조항, 이행의무부과금지 조항, 투자자-정부제소권 조항 등 일련의 독소 조항에 따라 한국의 모든 공기업, 공공부문은 손발이 묶이게 된다는 것이죠. 단 한 건이라도 미국 기업에 의한 소송 사례가 나타난다면 공공정책은 당장 위축될 밖에 없습니다. 나아가 정부가 계속 말도 안 되는 이유로 부인하고 있지만 부동산과 조세도 투자자-정부제소권 조항으로부터 결코 자유롭지 않습니다. 그런 점에서 한미FTA 협정문은 모순투성이입니다.

 한미FTA, 하나의 협정 엇갈린 '진실'

정인교 투자자-정부제소권에 대한 논쟁은 이미 여러 차례 했습니다. 협상기간 내내 반대진영에서 가장 많이 제기했던 문제인데, 우리 정부 관계자들은 우려할 사안에 대해서는 협정에서 예외로 했고, 지금까지 제기된 나프타에서의 소송을 분석하더라도 그리 우려할 사안이 아니라고 공개적으로 언급하고 있습니다. 이 교수님은 한미FTA가 우리나라 공공부문의 위축을 가져올 것이라고 말씀하셨습니다. 미-페루FTA에 포함된 공공분야 개방 내용이 한미FTA에 포함된 것으로 말씀하시지만, 그런 내용이 없습니다. 한미FTA가 공공부문에 영향을 미칠 내용이 없습니다.

사회서비스에 해당되는 상수도사업을 비롯해 여러 가지 공공서비스 관련 부문은 협정에서 다 빠져 있습니다. 공공부문을 어디까지로 봐야 할지는 모르겠습니다만 정통적인 의미의 공공영역에 해당하는 부분은 FTA에서 빠지는 것이 관례입니다. 그렇기 때문에 이를 지나치게 강조하시는 것은 적절치 않다고 생각합니다.

한미FTA가 우리 헌법과 충돌하는 부분이 있다고 하셨는데, 혹시 충돌하는 것처럼 보이는 부분이 있는지는 모르지만 실제 충돌이 있다고 확신할 수는 없을 겁니다. FTA 협정문이라는 것이 단순히 협상 실무자들끼리 문서를 만들고 끝나는 게 아닙니다. 법제처에서 많은 변호사들을 동원해서 우리 헌법 법률과 충돌하는지 종합검토를 합니다. 따라서 헌법과 충돌하는 문제가 발생하기 어렵습니다.

이 교수님께서 우려하는 투자자-정부제소권 조항은 이미 다른 나라와 맺은 FTA에 다 들어 있습니다. 그런데 한미FTA에 그런 내용이 들어있다고 해서 특별히 문제가 된다는 건 이해하기 어렵습니다.

이해영　문제가 되는 부분이 분명히 있습니다. 대표적인 사례가 투자자와 국가 사이에 분쟁이 일어나 그것을 해결하는 절차에서 간접수용 개념을 받아들인 것입니다. 수용 또는 직접수용은 정부가 투자자의 자산을 몰수한 것을 말합니다. 간접수용은 정부가 직접 가져간 것은 아니지만, 투자자의 자산가치나 이른바 '합리적 기대이익'을 침해할 만한 조치를 한 것을 말합니다. 한미FTA에서 이 간접수용을 인정함으로써, 미국 투자자는 간접수용을 이유로 정부를 제소해서 보상을 받을 수 있게 됩니다. 간접수용은 우리 헌법에는 없는 것입니다. 사실상 소유권의 개념을 영미식으로 바꾼 겁니다.

　제도선진화 논리라는 게 얼마나 어처구니없는 것인지는 의약품부문에 대한 협상 과정을 보면 알 수 있습니다. '허가특허연계' 조항이라는 게 있지요. 이것은 오리지널 의약품을 약간 변형한 제너릭 의약품(카피약)을 제약사가 허가 신청하면, 당국이 오리지널 특허를 가진 제약사에 통보를 해야 하고, 오리지널 제약사가 이에 대해 특허를 침해당했다고 소송을 제기할 경우 허가절차 진행이 일정기간 유예되는 것입니다. 주로 카피약을 생산하는 우리나라 제약사에는 불리하고, 오리지널 제약사에 일방적으로 유리한 제도입니다. 물론 의료 소비자들도 비싼 오리지널 약을 써야 하니까 부담이 커집니다.

이 허가특허연계 조항은 한미FTA 협상에서 미국 쪽이 강력히 요구한 핵심 쟁점이었습니다. 우리 보건복지부는 처음부터 절대 수용불가를 외쳤습니다. 그런데 우리 쪽이 협상의 거의 최종 순간에 결국 수용을 했어요. 어제까지 반대하던 이들이 협상에 밀리고 난 다음 날 이것을 제도선진화 사례로 들고 있습니다. 절대 수용불가를 외치다가 협상에서 밀려 수용을 하고 난 뒤에는 제도선진화로 둔갑을 한 거죠.

그런데 협상이 끝나고 난 뒤, 미국 쪽 요구로 재협상하는 과정에서 또 한 번 황당한 일이 벌어졌습니다. 재협상에 들어가기 전에 미국 민주당에서 신통상정책을 내놓았습니다. 거기에서 허가특허연계 조항은 철폐하겠다, 앞으로 하지 않겠다고 이야기했습니다. 그러자 우리 측에서 뭐라고 이야길 했냐면 그럼 우리도 허가특허연계 풀어주라고 그랬습니다. 물론 미국에서는 한국은 개도국이 아니므로 대상이 아니라고 했지요. 아니 허가특허연계가 정부 말에 따르면 제도선진화인데 왜 재협상 과정에서 철회하려고 했을까요. 이를 보면 제도선진화라고 하는 게 얼마나 허황한 논리인지 알 수 있습니다.

정인교　　허가특허연계 조항은 한미FTA 협상 과정에서 계속 문제가 된 부분인데, 보건복지부가 확실한 결정을 못하고 머뭇거렸던 대표적인 분야였습니다. 복지부는 의약품 선별등재제도[13]를 추진하고 있었습니다. 이에 대해 미국 쪽 반발이 매우 컸습니다. 허가특허연계 조항을 양보하느냐 안 하느냐는 상당히 계산이 복잡한 사안이었습니다. 우리 제약업계의 반발도 컸고요. 복지부가 허가특허연계 조항 수용불가를 외쳤던 것은 협상 전략 차원에서 그렇게 할 수 있다고 봅니다.

미국의 신통상정책은 미국 민주당의 기본 정강입니다. 기본적으로 미국은 허가특허연계를 하고 싶어 합니다. 다만 신통상정책에서 개도국에 대해서는 이 부분을 적용하지 않는다는 내용이 반영된 것입니다. 이 교수님께서는 이 부분에 대해 관련 부처의 말이 오락가락하는 걸 가지고 제도 개선 자체에 대한 큰 틀의 문제 제기를 하고 계시는데, 그렇게 결부시킬 사안은 아니라고 봅니다.

이해영 한미FTA 협상 타결 직전까지도 보건복지부는 허가특허연계 조항은 절대 수용불가 사안으로 봤습니다. 자동차 관세 부문하고 동등한 비중의 수용불가 사안이었는데 이게 결국 수용되었습니다. 정부가 이를 받아들인 것을 합리화하기 위해 제도선진화 논리를 들이대는 것까지는 눈감아줄 수도 있습니다. 그렇다면 미국 민주당이 허가특허연계 조항을 반대하고 나왔을 때, 재론하지 말았어야 할 일 아닌가요? 미국 민주당은 허가특허연계 조항 때문에 약값이 올라가고 동시에 일반시민들의 의약품 접근권이 훼손되기 때문에 반대한 겁니다. 미국의 초국적 제약업체를 일정 부분 견제해온 미 민주당으로서는 일관성이 있습니다. 이 제도는 결코 선진적인 제도가 아니지요.

사 회 제도선진화 논리에는 분명 함정이 있는 듯합니다. 우리가 미국 쪽 요구를 받아들이지 않은 것은 협상을 잘 한 것이고, 요구를 들어준 것은 제도선진화에 도움이 될 것이다. 이렇게 합리화할 수 있다는 얘기가 되는군요.

정인교　양면성이 있습니다. 허가특허연계 조항을 받아들인 것은 이를테면 지적재산권을 보호하는 측면에서는 분명히 도움이 되는 것입니다. 지적재산권을 보호하는 게 제도선진화냐 아니냐 하는 것을 판단하면 되는 것입니다.

이해영　지난해 말이던가요? 전경련(전국경제인연합회) 보고서도 지적재산권은 보호해줄수록 우리 업계한테 이익될 거 없다고 얘기했습니다. 우리나라는 지적재산권 때문에 해마다 로열티로 20억 달러를 내주고 있습니다.

정인교　대부분은 기술 로열티입니다. 우리 기업들이 수출품을 만드는 데 들어가는 기술 때문에 지불하는 것이죠. 지적재산권 보호를 강화한다고 해서 부담이 그렇게 커지는 건 아닙니다.

사　회　큰 틀에서 살펴봐야 할 것은 미국식 제도를 과연 어떻게 볼 것인가? 우리가 좀더 적극적으로 채택할 만한 제도인가, 아닌가? 이에 대한 시각 차이가 한미FTA를 보는 시각에도 큰 차이로 이어지는 듯합니다.

이해영　미국에 좋은 제도도 많습니다. 예를 들어 소비자를 보호하는 제도가 그렇습니다. 그런데 우리나라에서 소비자보호운동 하시는 분들이 그렇게 귀에 못이 박히도록 그런 제도를 도입하자고 이야기해도 정부는 꿈쩍도 안 합니다. 그런 제도선진화는 안 받아들였어요. 그런데 미국과 협상에서 밀려 미국 요구를 들어준 걸 가지고 선진화 운운하는 것은 국민을 속이는 짓입니다.

정인교　당장의 이해득실만 생각해서는 안 됩니다. 예를 들어, 지적재산권 보호는 장기적으로 우리가 추구하지 않으면 안 되는 상황에 놓여 있습니다. 길게 봐야 합니다.

이해영　하나 빠뜨린 게 있습니다. 통상절차법 이야긴데요. 저는 미국의 통상절차는 매우 선진적이라고 생각합니다. 그래서 미국의 것을 참조해서 법안을 만들기도 했습니다. 그런데 그걸 민주노동당이 발의해서 그런지 아예 법안심사조차 하지 않더군요. 그토록 선진화를 외칠 거면 이런 제도부터 본받아야 하는 것 아닙니까?

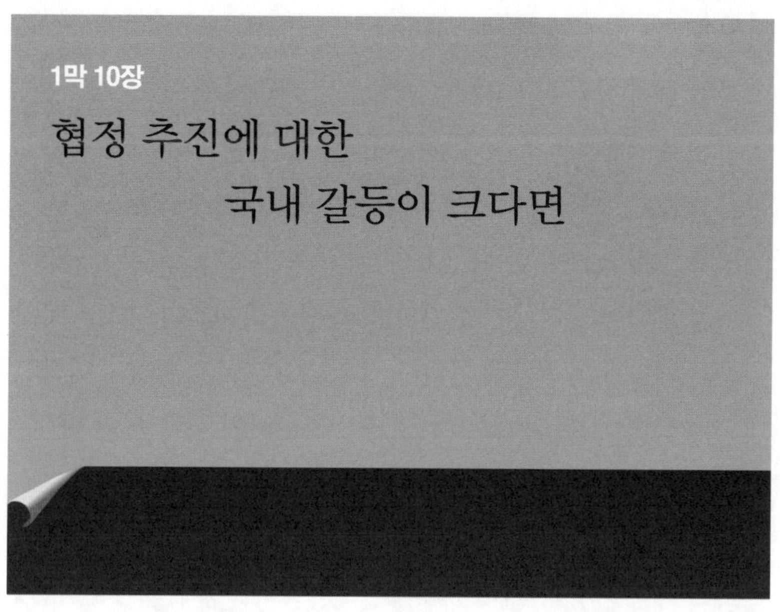

사 회　FTA는 국내 경제주체들에게 여러 영향을 줍니다. 개방의 폭이 크면 클수록 영향도 큽니다. 어떤 이들은 FTA로 인해 일어날 변화를 두려워하고, 어떤 이들은 새로운 환경에 기대를 갖습니다. 그런데 이번 한미FTA에 대해서는 국민들 사이에 찬반이 팽팽히 맞서고 있습니다. 찬성 쪽이 우세하다는 조사가 많지만 반대도 만만찮습니다. 특히 반대하는 사람들은 반대의 강도가 매우 거셉니다. 물론 FTA의 결과를 오해하여 반발하는 측면도 있기는 할 것입니다. 찬성하는 사람들 가운데도 그런 사람이 있겠지요. 어쨌든 이렇게 반대가 많으면 한미FTA가 발효되더라도 갈등이 이어질 것입니다. 그러면 애초 기대했던 효과는 줄어들고 부작용은 커지지 않을까 걱정됩니다.

이번 한미FTA 추진 과정을 보면 전문가들도 놀랄 정도로 갑작스럽게 추진됐다는 지적이 많습니다. 세계은행이 2005년에 쓴 보고서를 보면, 개방정책의 효과가 극대화되려면 안정적인 거시경제정책 그리고 개방 관련 인프라 및 제도의 정비, 인적자원, 법적 안정성 등이 필요하다고 했습니다. 협정의 효과가 제대로 나려면 사람과 제도가 바뀌어야 합니다. 그런데 FTA의 당위성에 대한 정부의 설득이 부족하거나 보완대책이 충분하지 못해 국내 반대가 거센 것이 우선 걱정입니다. 찬성하는 사람들도 FTA로 인해 제도가 바뀌고, 그로 인해 일어날 변화를 생각하기보다는 그저 우리나라의 수출시장이 넓어지니 좋을 것이라고 생각하는 분위기도 적지 않습니다. 이런 생각을 갖는다면 FTA에 대한 대비가 잘 이뤄지기 어렵습니다. 이런 상황을 그냥 둔 채로 협정이 발효돼도 괜찮을까요?

이해영　한미FTA 추진 과정에 절차상 하자가 있음은 의문의 여지가 없다고 봅니다. 물론 현행 법 규정에는 대통령 훈령만 있습니다. 정부는 이것만 거론하면서 국민의 동의 절차가 없다는 것을 무시해버립니다. 관료들의 오만이지요. 과거에는 시장개입적인 그러니까 시장규제적인 관료권력이 강했다면, 지금은 시장만능주의적인 관료들이 득세하고 있습니다. 이런 관료들을 민주적으로 통제하지 못한다면 우리나라의 앞날은 어둡습니다.

사실 우리나라 헌법은 국회로 하여금 조약·협정의 체결 및 비준동의 권한을 갖게 했습니다. 그러나 국회가 그 권한을 실제로 행사할 수 있는 절차를 담은 하위 입법이 없는 실정입니다. 국회에서 협정에 대해 제대로 검증하고 여론을 수렴하는 절차를 거쳐야 합니다. 그런 절차를 거쳐서 내적 합의가 이뤄지는 것이 바람직합니다. 저는 한미FTA가 체결되기 1년 전부터 통상절차법이 필요하다고 제안한 바 있습니다. 국회의원들이 이 법안을 발의했으나 통상관료들에게 가로막혀 국회에서 심의조차 이뤄지지 못했습니다. 다음 국회에서라도 반드시 심의를 해야 할 것입니다. 저는 이런 상황을 통상독재라고 부르고 싶습니다.

사 회 국민적 공감이 부족하다는 지적에 대해 정 교수님께서는 어떻게 생각하십니까?

정인교 미국과의 FTA는 우리나라 통상정책 가운데 가장 중요한 협정임에 틀림없습니다. 또 그 중요성에 비춰봤을 때 국민들로부터 정책에 대한 공감대를 충분히 얻지 못했다는 아쉬움은 있습니다. 많은 국민이 2006년 2월 대통령 연설을 통해 한미FTA를 추진한다는 걸 처음으로 알았다고 얘기합니다.

하지만 이미 2004년 말부터 한미FTA 추진 가능성 얘기는 꾸준히 있었고, 2005년에는 한미 양국 정부 실무자간에 3차에 걸친 협의가 있었습니다. 언론에 다 보도됐지만, 어쨌든 그때만 해도 정부가 한미FTA를 추진한다는 뜻을 강하게 밝히지 않았으므로, 국민들은 주의를 기울이지 않았을 가능성이 분명히 있습니다.

실제 2006년 초에 한미FTA를 추진한다고 밝힌 것은 좀 갑작스럽다는 느낌을 주었을 것입니다. 그래서 정부도 절차상 문제를 많이 고민한 듯합니다. 그동안 FTA 추진 의사를 정부 차원에서 밝히는 일은 주로 장관급, 그러니까 외교통상부 장관이나 재경부 장관이 맡아왔는데 한미FTA의 경우 대통령이 직접 나서서 추진 방침을 밝힌 것은 그런 고민의 일단을 보여주는 것이라고 생각합니다. 추진 과정이 좀 빠르게 진행된 것은 상대가 미국이라는 점과 관련이 있음을 이해해야 합니다.

미국은 통상정책을 의회가 결정합니다. 미국 의회가 한국과 FTA 추진에 동의한 시점이 바로 2006년 초였습니다. 그러다보니 우리 절차규정에 맞춰 충분히 시간을 두고 국민여론을 수렴하기에는 시일이 너무 촉박했습니다. 또 협상도 다른 협정에 비해 훨씬 단기간에 마무리됐습니다. 곧 국민들에게 공지하고 의견을 수렴할 시간적 여유가 없었고, 단기간 내 협상이 타결된 것도 정부가 서두른다는 인식을 주게 되었습니다. 하지만 많은 인력을 투입하고, 서너 배의 강도로 협상을 벌였기 때문에 짧은 기간 내에 협상을 타결할 수 있었습니다.

아쉽게도 우리 국회는 통상정책에 대해 그렇게 합리적인 의사결정을 잘 못하는 편입니다. 한-칠레 FTA의 국회 비준동의 과정에서 보듯이 다분히 정치적인 결정, 감정적인 결정을 합니다. 나라 전체의 이익보다 지역구 유권자들의 표를 더 의식하곤 합니다. 이런 상황에서 우리 국회가 강력한 통상정책 결정권을 가질 경우 과연 국익을 고려해 유연하게 대처할 수 있겠는가를 생각하면 걱정이 앞섭니다. 어쨌든 앞으로는 민의를 충분히 수렴하면서 정책을 추진해 나갈 수 있는 제도적인 기반을 갖출 필요는 있다고 봅니다.

사　회　정 교수님께서는 국회가 FTA와 관련한 의사결정을 할 때 다분히 정치적·감정적으로 결정을 내린다는 지적을 하셨는데, 어차피 한 나라의 정책 결정은 1인 1표 민주주의를 바탕으로 하는 거 아니겠습니까?

정인교　그렇다면 더욱 더 다수결로 결정하는 게 맞지요. 한미 FTA 추진도 국민들 사이에서는 찬성 여론이 더 많은 것으로 알고 있습니다. 국회가 이것저것 세부적으로 따질 수 있게 권한을 주는 것은 소수의 입장도 충분히 고려하라는 뜻이겠지요. 그러나 최종결정을 할 때는 나라 전체에 이득이냐 아니냐를 놓고 판단해야 한다는 애깁니다.

이해영　지금 우리나라의 통상절차는 1960~70년대 수출을 모든 것에 우선할 때 형성된 관념에 뿌리를 두고 있습니다. 수출만 많이 하면 된다, 수출을 위해서는 다른 모든 것은 희생할 수 있다는 그런 발상이지요. 경제규모가 이렇게 커지고 글로벌화한 상황에는 잘 맞지 않습니다. 통상절차를 투명하게 만들어 검증하고, 이에 바탕을 두고 최종 의사결정을 할 수 있는 제도적 장치를 만드는 것은 시대적 요구입니다.

사 회　이 교수님은 통상절차법을 제안하셨는데, 어떻데 통상
절차를 바꿔야 한다고 생각하십니까?

이해영　헌법에는 우리 국회가 조약의 체결 및 비준동의권을 갖
는다고 나와 있습니다. 하지만 그 절차를 세부적으로 규정한 법
이 없기 때문에 통상절차에 대한 국회의 권한과 의무를 구체적으
로 규정한 법이 필요하다는 게 핵심입니다. 통상절차법은 그저
행정부의 독단적 판단에만 맡겨져 있는 법적 회색지대를 밝은 햇
살 아래로 끌어내 공론화할 수 있는 절차를 담고 있습니다. 물론
통상외교도 외교인지라 어쩔 수 없이 다 밝힐 수 없는 부분이 있
을 수 있습니다. 그런 것까지 다 공개하라는 것은 아니고, 최대한
투명하게 공개해서 따질 것은 따지고 국민의 동의에 기초해 최종
결정을 짓자는 것입니다.

사 회　지금 우리나라에서는 행정부가 중심이 되어 통상협정
을 체결합니다. 국회는 별 역할을 하지 못하는데, 국회 역할이 커
져야 한다는 데는 정 교수님께서도 동의하시나요?

정인교　통상외교에 대한 국회의 기능과 역할을 어떻게 볼 것인
가 하는 문제인데요. 통상 분야는 상당히 전문화돼 있습니다. 우
리 국회도 시간이 흐르면 기능이 강화되고 전문화될 것입니다만,
아직은 통상정책을 국회가 결정하기에는 우려스런 부분이 적지
않습니다. 또 행정부와 국회 사이에 통상문제와 관련한 불신이

꽤 큰 것 같습니다. 국회가 협정 전략에 관련된 자료를 유출한 것은 국익에 보탬이 되는 일이 아니었습니다.

우리나라의 국회 구조가 양당 체제 등으로 비교적 안정되어 있다면 집권당이나 다수당의 정책 방향을 국민이 어느 정도 예측할 수 있습니다. 그런데 아직 우리 국회는 정치인들의 이합집산이 심하고, 정당간 정체성의 뚜렷한 차이가 잘 드러나지 않는 면도 있습니다. 이런 상황에서 국회가 통상 같은 중요한 일을 주도적으로 다룬다는 건 걱정스러운 게 사실입니다. 신중하게 접근할 일이라고 봅니다. 다만 통상협상에 관해 민의를 제대로 수렴하고, 의사결정 과정을 투명하고 공정하게 하기 위한 절차법을 도입하는 데는 저도 공감합니다.

사 회 통상절차법 이야기는 이 정도로 해두고, 지금 닥친 문제를 얘기해보지요.

정부는 한미FTA를 정책적으로 추진해왔습니다. 그리고 찬성 여론을 높이기 위해 FTA의 긍정적인 측면만을 적극적으로 부각하고 있습니다. 그런데 FTA에 대한 오해에서 비롯됐든 정부의 대책 부족이 문제든 거세게 반대하는 사람들이 적지 않습니다. 또 찬성하는 사람들 가운데서도 상당수가 찬성은 하지만, FTA가 가져올 변화를 제대로 인식하지 못하는 듯합니다. 국민들이 FTA 발효 이후의 상황에 대응할 준비가 크게 부족한 상태라면, 지금 FTA를 발효해도 괜찮을까요?

정인교　　FTA는 결코 체결하는 것 자체가 목적이 아닙니다. 이를 통해 경제적 효과를 거둬야 하는데, 경제주체들이 어떻게 움직여 주느냐에 따라서 효과에 상당한 차이가 생길 수 있습니다.

기업하는 분들이야 미국 시장 자체가 워낙 매력적이기 때문에 FTA를 최대한 기회로 활용하기 위해 스스로 노력할 것입니다. 소비자들도 곧 반응을 할 것입니다. 가장 걱정스런 곳이 정부부문 곧 공무원, 관료입니다.

관료들이 한미FTA 정신에 맞게 규제를 완화하고 철폐해나가야 하는데, 특별한 상황이 발생하지 않는 한 규제는 그대로 유지됩니다. 어떤 의미에서는 규제가 이권과 연계되어 있어, 이해관계자들의 강한 로비로 인해 규제완화가 이루어지지 않게 됩니다. 신정부의 개혁의지가 한미FTA 경제이익에 상당부분 영향을 주게 될 것입니다.

핵심 쟁점 사항 지상 논쟁_제1라운드

상대국이 자유무역을 하고 있는가를 문제 삼기보다는 한미FTA를 우리 경제성장 및 선진화에 얼마나 잘 활용할 것인가에 관심이 집중되어야 합니다.

'자유'무역은 세계 정치경제의 현 단계에서 볼 때 선진국들의 이해를 강제하기 위한 구실로서, 앞으로도 이익이 되는 한에 있어서만 '자유'로울 것입니다.

한미FTA에 찬성하는 정인교 교수와 반대하는 이해영 교수가 주요 쟁점 사항은 맞짱토론에서 거의 다 얘기했지만, 독자의 이해와 편의를 돕기 위해 핵심 쟁점 사항들과 토론에서 미처 얘기하지 못한 사항들을 각각 찬반의 시각에서 간명하게 정리한 글을 싣는다.

> 미국의 '자유무역'은 정말 '자유'로운가

 **상대의 태도보다는 우리의 이익에 초점을 맞춰야**

미국의 통상정책사를 살펴보면, 시대 상황에 따라 보호주의가 지배적인 때도 있었지만, 자유무역주의가 대세인 것으로 평가된다. 미국은 1920년대 대공항기에 보호주의 폐해를 절감한 이후 자유주의를 통상정책의 주류로 삼았다. 그동안 이루어진 우루과이라운드UR까지 8차례 다자통상협상을 통해 세계 무역자유화의 기초를 확립하는 데 미국이 가장 기여했음을 부인할 수 없다. 1980년대 중반 이후 미국은 다자체제와 지역주의를 동시에 추진했다고 해서 보호주의로 돌아섰다고 보기는 어렵다.

세계 최강 군사대국이자 경제대국이라는 지위를 이용하여 반덤핑, 세이프가드, 슈퍼 301조 등 일방적인 무역조치를 발동함으로써 우리 기업들이 피해를 보기도 했다. 미 행정부가 무리한 조치를 취한 적도 있겠지만, 한편 미국시장에서 우리 기업의 불공정거래가 발단이 된 경우도 있다.

FTA는 자유무역 자체를 위해 추진하는 것은 아니며, 또 세계 교역의 자유화를 위한 것도 아니다. 경제이익을 확보하기 위한 수단의 하나로 FTA를 추진하는 것이, 결과적으로 세계 무역자유화에 기여하게 되는 것뿐이다.

만약 미국이 자유무역을 하지 않고 있고, 우리나라만이 미국과의 FTA를 통해 자유무역을 한다면 더 큰 FTA 경제이익을 기대할 수 있다.

상대국이 자유무역을 하고 있는가를 문제 삼기보다는 한미FTA를 우리 경제 성장 및 선진화에 얼마나 잘 활용할 것인가에 관심을 집중해야 한다. 어떤 국가든 분야에 따라 보호주의적 장치를 유지하고 있으며, 이들 분야에 대한 협상에서 수세적인 입장을 취하게 되고, 기존 보호장치를 유지하기 위해 상대국에게 다른 분야를 양보하게 되므로 경우에 따라 우리나라에게는 협상의 호재가 될 수 있다.

 ## 선진국들의 '자유' 무역은 강자의 횡포일 뿐

원래 FTA란 2차 세계대전 직후 대전의 원인으로 지목된 보호무역주의에 반대, 회원국간의 내국민대우 및 최혜국대우를 규정한 GATT(관세 및 무역에 관한 일반협정)체제에서의 일종의 예외조항에서 비롯되었다고 볼 수 있다. 당시 개도국과 특히 프랑스를 비롯한 선진 자본주의국 일부에서 미국 주도 GATT체제를 견제하고자 하는 의도에서 제안되어, 이후 WTO체제에서도 유효한 'GATT

1947' 곧 1947년 GATT 조약문 제24조에 처음 도입된 것이다. 이 GATT 1947 제24조 제8항 (b)에서 규정한 '자유무역지대'란 그 회원국을 원산지로 하는 상품에 대해 회원국들간에 관세 및 '기타 제한적인 통상규제'를 철폐하여 역내무역을 자유화하겠다는 것이다. FTA는 관세철폐 결과 수입선이 기존 교역국에서 새로운 FTA 가입국으로 전환되는 이른바 '무역전환' 효과를 낳기 때문에 역외 국가에 대한 사실상의 차별을 포함한다. 그러므로 예컨대 유럽 국가들로서는 미국 주도의 자유무역에 대한 일종의 견제장치로 FTA를 구상했다고 볼 수 있다. 유럽통합에 맞서 1994년 나프타 NAFTA를 창설한 것을 제외하고 미국이 최근에 이르기까지 FTA에 소극적이었던 이유도 바로 여기에 있었다. 여기서 또 하나 주목할 것이 GATT 1947 제4조 '영화 필름에 관한 특별 규정' 곧 "체약 당사자가 노출 영화 필름에 관한 내국의 수량적 규정을 설정하거나 유지하는 경우 이러한 규정은 다음 요건에 합치되는 스크린쿼터의 형식을 취한다" 이다. GATT 제4조는 미국 영화의 세계시장 독점을 견제하기 위한 장치로 프랑스를 비롯한 유럽이 요구해 관철한 것이다. 이것이 의미하는 바는 결국 국제통상규범이나 제도라는 것은 강대국간 타협의 결과이며, FTA 역시 영구불변한 무엇이 아니라 자신의 이익을 관철하기 위한 수단일 뿐이라는 점이다. 현재의 WTO체제는 미국, EU, 일본, 신흥산업국NIES, 개도국간 이해관계의 불균형이 낳은 산물일 뿐이다. '자유'무역은 세계 정치경제의 현 단계에서 볼 때 선진국들의 이해를 강제하기 위한 구실로, 앞으로도 이익이 되는 한에 있어서만 '자유'로울 것이다.

 한미FTA, 하나의 협정 엇갈린 '진실'

❯ **자유무역 vs 공정무역**
— 자유무역은 불공정하고, 공정무역은 자유롭지 못한가

 **공정무역은 지극히 공상적인 주장**

조지프 E. 스티글리츠 교수가 쓴《모두에게 공정한 무역》에 따르면, "WTO다자체제가 저개발국들의 희생을 바탕으로 선진국 및 부국들은 막대한 이익을 얻도록 허용함으로써 WTO가 세계적인 불평등의 원인"이라는 것이다. 스티글리츠 교수는 예일대 등 미국 명문대학 경제학 교수, 클린턴 행정부 경제자문위원회 의장(1995~1997년), 세계은행 수석부총재(1997~2000년), 노벨경제학상 수상(2001년) 등의 화려한 경력을 지닌 석학이라서 그런지, 그의 주장은 세계적인 반향을 불러왔다.

스티글리츠 교수가 주장하는 "개도국을 배려하는" 무역자유화 실시 및 다자간무역협상 구축 필요성에 대해 반론을 제기하기 어렵다. 공정무역 체제를 구축해야 한다는 주장을 누가 부인할 수 있겠는가? 그러나 어느 국가가 중심이 되어 공정무역을 구축해 나갈 것이며, 어느 시점에 바람직한 공정무역이 달성될 수 있을 것인가? 전 세계 어떤 국가도 외국을 위해 공정무역을 추진하지 않는다. 지극히 이론적이고 공상적인 주장으로 들린다.

미국이 자유무역을 주창하고 있지만 공정무역을 실시하지 않는다고 비난할 수 있는 국가가 과연 어디 있겠는가? 미국을 개인적인 호불호 기준으로 평가할 수 있겠지만, 우리로서는 한미FTA를 통해 경제적 이익을 확보하는 것이 필요하다. 다른 국가들이 앞다투어 미국과 FTA를 추진하고자 하는 상황임을 고려하면 가급적 일찍 협정을 비준하고 이행할 필요가 있다.

바깥세상을 돌아보면 이념보다는 실리를 추구하는 경향이 나날이 짙어지고 있다. 사회주의 국가 중국이 실리 추구를 위해 개혁과 개방을 지속해 나가고 있고, 지난 15년간 연평균 9퍼센트 대의 높은 성장을 기록하고 있다. 인도도 성공적으로 세계화에 동참하게 되면서 최근 경이로운 성장을 기록하고 있다. 러시아는 푸틴 대통령 영도 아래 개혁과 개방으로 경제를 일궈나가고 있고, 브라질은 룰라 대통령이 집권한 이후 실리주의 노선을 설정하여 이념적이고 인기 영합적 정책으로 망가진 경제를 되살려가고 있다. 2007년 취임한 사르코지 프랑스 대통령은 작고 효율적인 정부 구축을 내세우며, 대미국 관계를 강화해나가고 있다.

다른 국가들은 서둘러 FTA를 체결하고, 개혁과 개방정책을 가속화해나가고 있는데, 유독 우리나라에서는 반세계화 논쟁이 가열되고 있고, 저개발국을 위한 공정무역 구축 주장이 제기되고 있다. 심지어 어렵사리 타결한 한미FTA마저 공정무역의 틀 속에서 평가하려는 시도가 있어, 과연 누구를 위한 주장인지 분간하기 힘들다.

한미FTA 반대 이면에는, 스티글리츠 교수 주장과 같이 신자유주의 및 세계화가 미국 등 선진국의 이익을 보장해준다는 주장이 작용하고 있다. 한편, 미국에서는 한미FTA가 자국에게 불리하게 타결되었다는 주장이 나오고 있다. 세계화의 부작용이 있을 수 있다는 점은 인정할 수 있지만, 그런 부작용을 이유로 "세계화 또는 신자유주의의 상징인 FTA를 추진하지 말아야 한다"는 주장은 납득하기 어렵다. 국가 또는 경제구조 및 발전단계에 따라 세계화의 부작용도 상당부분 다르게 나타나며, 부작용을 최소화할 수 있는 방안을 도입할 수도 있고, 보완대책을 통해 문제점을 완화해나갈 수 있다.

WTO체제와 FTA를 부정적으로 보고 있는 스티글리츠 교수의 주장이 엉뚱하게도 한미FTA 반대논리로 이용되는 것에 대해 아쉬움을 느낀다. 스티글리츠의 주장은 아프리카, 남미 등 저개발국에게는 합당할 수 있지만, 우리나라에게는 적합하지 않다. 수출의존도가 높고, 선진국 문턱에 도달해 있는 우리나라는 미국과의 FTA를 통해 수출확대 및 경제제도선진화를 조기에 달성해야 하는 처지에 놓여 있어, 미안하지만 그의 주장은 배부른 국가 국민의 허튼소리로 들린다.

# FTA의 급증은 무역왜곡과 비용증가 초래 위험

미국의 FTA가 과연 전세계의 '자유'무역을 얼마만큼 더 자유롭
게 만들었을까 하는 의문은 여전히 논란이 될 수밖에 없다.

통상협정의 경제효과 분석에 흔히 사용되는 개념이 '무역창
출'과 '무역전환'이다. 관세 및 비관세 장벽의 철폐로 인해 A나라
의 비효율적 생산자가 B나라의 효율적 생산자로 대체되는 것이
무역창출효과다. 그 결과 제품 가격이 하락하고 국내 소비는 촉
진되어 소비자 후생은 증가한다. 반면 해당 기업은 시장에서 퇴
출되고, 일단 그만큼 고용과 생산은 감소한다. 무역전환효과란
장벽이 철폐되면서 A나라가 제3국의 저비용 생산자로부터 수입
하던 것을 B나라의 고비용 생산자로부터 수입하게 되면서 발생
한다. FTA 등을 인해 무역창출효과보다 무역전환효과가 더 클 경
우, 소비자 후생은 오히려 감소하고 자유무역체제에 부정적 영향
을 미치게 된다.

WTO가 펴낸 2003년 판 《세계무역보고서》는 과연 FTA 등 지
역무역협정의 확산이 무역창출효과를 가져올 유력한 경험적 근
거가 있는지를 분석하고 있다. 이 보고서가 EU, 나프타 등 지구
상의 대다수 지역무역협정RTA을 대상으로 분석한 뒤 내린 결론
은, 이러한 지역무역협정으로 인한 무역창출효과를 입증할 충분
한 경험적 근거가 발견되지 않는다는 것이다. 곧 이러한 지역무
역협정이 무역자유화에 무조건 긍정적인 것은 아니라는 의미다.
나아가 WTO의 2003년 판 《세계무역보고서》는 급증하는 FTA를

비롯한 지역무역협정이 WTO를 중심으로 한 세계적 차원의, 다자적 무역자유화를 오히려 좌절시키고 있음을 비판하고 있다. 그 이유로 다음 4가지를 들고 있다.

첫째, FTA 등에서 별개로 정하고 있는 역외 비회원국에 대한 차별 규정은 소비자 후생에 역행하는 무역전환효과를 발생시키며, 회원국에만 적용될 수많은 원산지 규정과 상이한 표준은 국제무역의 비용을 오히려 증대시킨다. 둘째, 서로 중복되는 통상협정의 증가로 말미암아 통상규범의 투명성을 감소시키고 그 결과 WTO의 기본원칙을 위협한다. 셋째, 예컨대 농업 등과 같은 민간부문이 제외된 채 FTA 등이 체결된다면, 앞으로 아무도 다자틀 속에서 농업개방과 같은 무역자유화를 옹호하지 않을 것이므로, 이러한 지역주의는 자유무역의 내적 다이너미즘에 역행하게 될 것이다. 넷째, 지역주의의 증가는 다자간 통상협상의 에너지와 관심을 분산시키고 있다.

결국 이 보고서 결론에 따르면 서로 중복되는 FTA 등 지역무역협정의 존재는 무역질서를 왜곡하고, 거래비용을 증가시키며, 다자주의 틀의 체계적 통합성을 저해한다는 것이다. 보고서는 그나마 FTA 등의 지역주의가 다자주의와 조화를 이루려면 두 가지가 필요하다고 말하고 있다. 첫째, FTA 등 지역무역협정에서 당사국 정부는 FTA 체결 이후 다자틀 속에서도 적용하기를 원하지 않는 양허를 삼가야 한다. 둘째, 그렇지만 보다 높은 무역자유화를 위해서는 FTA에서의 양허를 다자틀에서 비차별적으로 적용할 시기와 조건을 모니터할 수 있는 협의체계에 합의할 필요가 있다.

FTA가 자유무역을 무조건 촉진하는 것은 아니다. 오히려 그것은 무역창출보다는 무역전환효과를 가져와 소비자 후생을 감소시킬 수도 있으며, 특히 다자주의적 관점에서 보자면 FTA의 급증은 무역왜곡과 비용증가라는 오히려 자유무역에 반하는 결과를 초래할 수도 있다. 그러므로 미국 등이 주장하는 FTA가 곧 자유무역의 '초석'이라는 식의 주장은 그 경험적 근거가 빈약한 차라리 미국의 정치경제적 이익을 옹호하기 위한 구실일지 모른다. 사실 1980년대 중반 레이건이 한국을 대상으로 "자유롭지만 공정한 무역free but fair trade"를 내세우며 통상법 301조 적용을 지시한 이래 미국의 통상외교는 '공격적 일방주의'로 흘러왔다. 한마디로 미국의 자유무역은 이러한 일방주의와 FTA와 같은 지역주의를 핵심으로 삼고 있다.

한미FTA 역시 이러한 미국의 '자유'무역관이 적용된 결과다. 그래서 그것이 세계적 차원의 자유무역을 촉진할 것인지는 의문이다. 나아가 미국의 공격적 일방주의를 그대로 받아들인 협상 결과는, 위의 WTO 보고서에서조차 지적하고 있듯이 이후 한국의 다자통상협상에서 걸림돌이 될 가능성이 농후하다.

> **한미 통상현안에 관하여**

 **4대 현안 중 양보한 것은 스크린쿼터뿐**

2004~2005년 우리 정부가 미국과의 FTA를 논의할 당시 미국은 우리 정부의 FTA 추진 의지를 낮게 평가하고 있었고, 이런 상황에서는 한미FTA를 추진할 수 없다는 입장을 밝히곤 했다. 특히 스크린쿼터 축소에 대한 우리 정부의 소극적인 입장으로 1999년 논의되었던 양자간투자협정BIT[14] 협상이 부진했던 점을 들어 투자협정과는 비교가 안 될 정도로 많은 이슈가 포함된 FTA를 추진할 정책 의지가 없는 것으로 평가했다.

한미FTA 논의가 비공식적으로 거론되기 시작하자 미국은 당시 수년 동안 양국 통상현안으로 문제가 되고 있던 자동차 배기가스 기준, 쇠고기 수입 허용, 의약품 약가산정 방식 개선 등에 대해서도 한국 정부의 성의 있는 자세를 촉구하기 시작하였다. 스크린쿼터를 포함한 4가지 통상현안에 대한 한국 정부의 개혁 의지를 미국이 확인하기 전까지는 한미FTA 협상을 시작할 수 없다는 입장이 제기되기 시작하였다.

결국 우리 정부는 미국과의 협상을 개시하기 전인 2006년 2월 스크린쿼터 축소를 결정하였다. 하지만 나머지 3개 현안 중 자동차 및 의약품 관련 사항은 협상 과정에서 논의되었고, 쇠고기는 한미FTA가 협정 서명된 2007년 말 현재에도 협의 중인 사안이다. 특히 의약품의 경우, 미국이 주장했던 약가보장은 수용하지 않았을 뿐 아니라 오히려 미국의 반대에도 불구하고 우리 정부의 선별등재제도(포지티브 시스템)가 채택되었다.

종합하면 4대 선결조건 중 미국 입장을 수용한 것은 스크린쿼터뿐이며, 정부의 스크린쿼터 축소도 서비스 분과 협상 과정에서 충분히 활용하지 못한 점은 아쉽다. 하지만 영화계의 인적 동원 능력을 고려하면, 만약 사전 축소 결정이 없었더라면 과연 협상 진행이 가능했을 것인가는 확신하기 어렵다.

 ## 4대 현안의 일방적인 양보는 무능의 극치

이른바 참여정부의 설명에 따르면 "한미FTA는 정부가 오랜 기간 심사숙고 끝에 내린 결정이며 누구의 압력에 의해서가 아니라 우리가 주도적으로 여건을 조성하고 제안해서 성사시킨 것"이라고 한다. 4대 현안은 한미FTA와 '무관'하다는 것이다. 한미FTA 4대 '선결조건' 문제는 참여정부의 도덕적 불성실과 외교적 무능함의 극치라고 부를 만하다. 하지만 손바닥으로 해를 가리고자 하는 참여정부 통상관료의 거짓말은 다음과 같은 움직일 수 없는

증거에 의해 반박된다.

한미FTA 공식 협상 선언이 있기 훨씬 전인 2005년 11월 17일에 미 의회는 대통령 조지 부시에게 관련 의원이 연서명한 공식 서한을 보내 한국과의 포괄적 FTA가 미국의 경제적 이익에 득이 됨을 강조하면서 다음과 같이 적고 있다.

"우리는 한국과의 교역에서 시장접근상의 어려움 및 장벽과 관련한 미국 농업, 자동차, 영화 그리고 제약업계의 우려를 청취한 바 있습니다. 이러한 우려에 공감하는 우리는, 한국이 FTA로 가는 길을 닦으려면 이런 쟁점들을 처리해야 한다고 믿습니다. 최근 방미 기간 동안 한국의 통상장관은 이러한 우려들이 '적절한 시점에in a timely manner' 처리될 것이라고 우리에게 확인해주었습니다. 이 사안과 관련하여 우리는 당신과의 협력을 기대하고 있습니다."

협상 기술적으로 보더라도 이 4가지 현안은 한국의 가장 강력한 협상 카드였다. 그러나 사전에 이 모든 것을 접고 협상 테이블에 앉았을 때 협상 결과가 어떨지는 불문가지다.

 협상시한은 오히려 우리 쪽에 유리하게 작용

미국의 통상협상은 무역촉진권한TPA을 가진 의회의 승인을 받아야 가능하다. TPA는 항상 일정기간을 정해두고 부여되며, 행정부는 종료 3개월 전에 협상 결과를 의회에 보고할 의무를 지닌다.

보통 FTA 협상을 시작할 때 당사국들은 협상시한을 언급한다. 시한 설정은 협상인력의 효율적 활용, 언론과 국민의 관심 유도, 당사국의 협조 분위기 조성 등의 장점이 있는 반면, 협상이 정해진 시점에 타결되지 않을 경우 정치적 부담이 커지는 문제점이 있다.

협상에서 거론되는 협상시한은 대부분 절대적인 것이 아니며, 협상 부진으로 연장되는 것이 일반적이다. 미국과 FTA를 시작하면서 양국 통상관계자들이 협상시한을 언급했는데, 우리보다는 미국이 TPA로 인해 시한이 정해져 있었다. 미국의 시한 내에 협상을 타결하자는 취지의 발언도 우리 내부에서 나왔다.

일부에서는 협상시한이 우리에게 불리하게 작용할 것이란 지적을 했으나, 필자는 오히려 그 반대의 경우를 주장했다. 만약 시한 내 협상이 타결되지 않으면 미국 협상자들은 행정부는 물론이고 시한 내 타결을 약속했던 의회로부터 '싫은 소리'를 들을 수밖에 없다. 하지만 우리나라의 경우, 타결되지 않았더라도 문책을 받을 상황은 아니다. 오히려 "우리 입장을 굳건하게 미국 쪽에 주장했으며, 미국이 수용하지 않아 타결되지 못했다. 우리는 국익 극대화를 위해 결코 손해 보는 장사는 안 하겠다"고 할 수 있는 것이다.

타결된 협정 내용을 분석해보면, 우리나라에 유리하게 타결되었다. 협상시한이 없었더라면 오히려 우리나라가 더 불리했을 수 있다. 말레이시아와의 협상이 부진했던 미국으로서는 우리나라와의 협상을 타결해서 의회에 보고함으로써 FTA 추진 실적을 인정받겠다는 의지가 강했고, 협상 타결을 위해 우리의 요구도 상당부분 수용한 것으로 볼 수 있다.

시종일관 미국의 일정에 끌려간 협상

한국의 통상조약 체결 절차가 매우 주먹구구식이며 관련 법률도 부재한데 비해 미국의 그것은 매우 엄격하고 모든 것이 법률로 정해져 있다. 그 가운데 하나가 미국의 2002년 통상법 제2부에 해당하는 무역촉진권한이다. 의회가 대통령에게 협상권한을 한시 위임해주는 내용이다. 그러나 무역촉진권한은 흔히 오해하는 것처럼 미 의회가 자신의 권한을 대통령에게 포괄적으로 위임하고 의회는 단지 가부만을 표결하는 것이 결코 아니다. 여기에는 먼저 그 시한이 제한되어 있고, 또 의회의 상시적 개입이 가능하다는 조건이 붙어 있다. 곧 무역촉진권한법 2102조 (d)는 미 의회와 무역대표부간의 '협의consultations'와 관련하여 매우 상세한 규정을 두고 있다. 협상 개시 전(2102조 (d)(2))과 협상 과정(2102조(d)(1)) 모두에서 무역대표부는 상원 재경위와 하원 세입세출위 그리고 의회감독그룹과 "긴밀히closely" 그리고 "매시기마다on a timely basis" 협의해야 하며, 협상의 내용을 "완전히fully" 통고해야 한다. 이와 더불어 더욱 중요한 것은 무역촉진권한법은 FTA를 비롯한 모든 통상협상의 목표 등을 법률로 명시하고 있다는 사실이다. 그래서 무역대표부는 이 법이 정한 협상목표에 따라 의회로부터 위임받은 협상을 진행해야 한다. 다시 말해 이 법은 미국형 FTA의 표준안을 정하고 있는데, 여기서 정한 협상목표는 자국의 이익을 극대화할 목적으로 설계되었다. 예컨대 한미간에 논란이 되는 무역구제만 하더라도 이미 이 무역촉진권한법은 반덤핑법 등 무역구제 관련법은 반드시 "유지preserve"해야 한다고 명시하고 있기 때문에 의회의 동의 없이는 변경할 수 없다.

결국 한미FTA는 바로 미 2002년 통상법에 따라 시작되고 또 이에 따라 체결되었다. 나아가 법정 협상목표에 미달할 경우 의회 통과가 사실상 불가능하므로 미 통상법상 법정목표는 달성되었다. 이것이 우리에게 의미하는 바는 무엇일까.

 한미FTA, 하나의 협정 엇갈린 '진실'

> 미국은 왜 '다자간'에서 '양자간'으로 협상 전략을 수정했는가

 **한미FTA는 우리 경제 허브 발전에 기여**

최근 들어 미국은 양자협정 체결에 높은 관심을 보이고 있다. 그렇다고 다자협정을 등한시하는 것은 결코 아니다. 과거에 비해 양자관계에 더 치중하는 것으로 보이긴 하나, 세계경제를 리드해 가는 미국으로서는 WTO체제의 발전을 무시할 수 있는 상황이 아니다.

그러면 미국이 FTA에 관심을 갖게 된 배경은 뭘까? 다자체제는 속성상 발전 속도가 느리다. 150여 회원국으로 구성된 WTO에서는 다수결인 아닌 합의제를 통해 도하개발의제DDA 협상을 2004년 말을 시한으로 진행했으나, 수차례 각료회의 및 시한 연장에도 불구하고 협상이 교착상태에 빠졌다. 반면 이 기간 동안 FTA는 말 그대로 '기하급수적'으로 확산되고 있다. 미국으로서도 이러한 통상환경 변화에 손을 놓고 있을 수 없다.

한편, 미국으로서는 중국의 부상 및 동아시아 내 리더십 강화에 신경이 쓰일 수밖에 없다. 더구나 동아시아에서는 중국 중심의 경제통합 논의가 무르익어가고 있지 않은가? 이에 미국은 동아시아와의 경제연계를 강화해나갈 수 있는 국가와의 FTA 체결이 필요했을 것이다. 만약 과거와 같이 일본이 중국과 같은 위치에 있었다면 달라졌을 것이다.

미국이 의도하는 동아시아 구도에 우리나라가 참여하는 것을 어떻게 평가해야 하나? 전통적인 동맹국가인 미국과의 협력강화는 당연한 것이며, 경제논리로 시작된 한미FTA를 통해 비경제적 분야까지 협력을 증진시키도록 양국이 노력해야 할 것이다. 이와 관련하여 한미FTA는 우리 정부의 동북아 경제 허브 구상과 배치된다는 주장도 있지만, 경제 선진화 없이는 경제 허브가 불가능하다는 점을 고려하면 오히려 경제 허브 발전에 한미FTA가 기여할 수 있다. 또 동아시아 경제통합 논의가 진전되기 위해서는 미국의 협력과 참여가 전제조건인 것으로 학계에서는 인정하고 있다.

 ## 미국의 선택 옵션을 강화하기 위한 술책

2003년 12월 당시 미 무역대표부 대표 로버트 졸릭은 행정부 감사관 D. 워커라는 사람에게 다음과 같은 서한을 보낸다.

"가장 기초적인 수준에서 보자면, 경쟁적 자유화 전략이란 미국이 자신의 선택 옵션을 확장하고 강화하는 것을 의미할 뿐입니다. WTO 회원국 각자가 비토권을 갖고 있는 상황에서 자유무역이 전 지구적으로 더 이상 진전이 없을 때, 우리는 지역적으로 그리고 양자적으로 나갈 수 있습니다. 만일 우리의 전 지구적인 회담이 단계적으로만 진전될 때, 우리는 개별 국가 및 소지역sub-region과의 FTA를 통한 더욱 야심찬 계획을 향해 나갈 수 있습니다. 강력한 양자간 또는 소지역간 선택 옵션을 갖는다는 것의 의미는 보다 큰 협상에서의 진전을 자극하는 데 도움이 됩니다. 최근 칸쿤에서의 좌절[15]이 바로 그 적절한 사례라 하겠습니다. 도하의 '할 수 있다can do' 정신에 찬물을 끼얹은 다수의 '하기 싫다 won't do' 국가들은, 미국이 전 세계에 걸쳐 정력적으로 FTA를 추진하면서부터 자신들이 저지른 일의 결과를 이제는 돌이켜보고 있습니다."

미국이 통상전략을 바꾼 이유는 간단하다. 졸릭의 말처럼 미국이 "자신의 선택 옵션을 확장하고 강화"하기 위해서다. 미국은 FTA를 자국의 헤게모니 전략과 통상이익을 위한 수단으로 적극 활용하면서, 이에 걸림돌인 '하기 싫다'는 나라들은 배제하고 '할 수 있다'는 나라들을 양자간 FTA나 RTA(지역무역협정)를 통해 분할 견인하고 있는 것이다.

› 우리 정부의 FTA 로드맵이 왜 바뀌었는가

성사 가능성에 따른 합리적인 선택

2003년 9월 초에 확정된 우리 정부의 FTA 추진 로드맵은 필자가 연구 책임자였음을 앞에서 밝힌 바 있다. 로드맵 작성에서 가장 어려웠던 부분은 바로 미국과의 FTA 추진 시점을 정하는 것이었으나, 미국의 관심이 낮다는 점과 우리 내부의 경험 축적을 위한 시간 확보를 고려하여 중장기 추진 대상으로 설정하였다.

당시 일본과는 이미 4~5년 동안 양국간 FTA 추진을 협의해왔었고, 일본 정부가 적극성을 띠고 있어서 한일FTA는 되도록 조기에 추진하는 것으로 가닥이 잡혀 있었다. 하지만 당초 예상과는 달리 일본과의 협상은 부진을 면치 못했고, 일본의 협상 태도에도 적잖은 문제점이 있음을 파악하게 되었다. 결국 2004년 말 우리 정부는 일본과의 FTA 협상을 중단하기로 결정하였다. 한일 FTA도 시한을 정해두고 협상을 시작했지만, 국익에 부합하는 협정 도출이 어렵다는 판단에 따라 중단한 것이다.

로드맵에 따라 일본과의 협상 타결 이후 미국과의 협상이 시작

 한미FTA, 하나의 협정 엇갈린 '진실'

되었으면 하는 바람은 있을 수 있다. 하지만 로드맵은 상황변화에 따라 조정될 수 있는 것이며, 중요한 것은 거대경제권과의 FTA 추진을 지속하고 있다는 점이다. 미국과의 FTA를 위해 한일 FTA를 중단한 것은 아니며, 당시 일본과의 협상이 어렵게 되자 오히려 EFTA, ASEAN과의 FTA에 속도를 내게 되었다.

한일FTA 협상 일정은 사실상 일본의 입장에 달려 있다 해도 과언이 아니다. 최근 들어 일본 내부에서 한일FTA 협상 과정에서 보인 자국의 실책을 반성하고 있다고 한다. 미국과의 FTA를 타결한 우리 입장에서는 일본이 FTA 기본정신에 부합하는 협정 내용을 수용할 경우 한일 FTA를 적극 검토하지 않을 이유가 없다.

 정치 논리와 재벌기업의 로비에 떠밀린 무리수

FTA 주무 부처가 2004년 8월에 만든 자료에 따라 2004년 하반기 현재 추진 현황을 보면, "이미 체결한 나라는 칠레·싱가포르, 협상 진행 중인 나라는 일본, 공동연구 진행 중인 나라는 ASEAN, 공동연구 추진 중인 나라는 EFTA·멕시코·캐나다·인도, 그리고 중장기 추진 대상 나라는 미국·중국·EU·한중일·EAFTA(동아시아자유무역지대)[16] 등"이다. 특히 여기서 한미FTA의 경우 "미국과는 세계 최대 시장의 안정적 확보와 경제적 유대강화를 통한 한반도 안보유지 차원에서 검토가 필요하다"는 입장이었다.

다시 말하지만 2004년 8월까지만 하더라도 한미FTA는 중국,

EU 등과 더불어 "중장기 추진 대상"이었다는 점에는 의문의 여지가 없다. 그런데 공교롭게도 2004년 8월에 부임해 2005년 3월에 이임한 크리스토퍼 힐 당시 주한 미국 대사의 FTA 캠페인에 주목할 필요가 있다. 그는 다수의 강연, 인터뷰 등을 통해 공공연히 "임기 내 한미FTA 강력 추진"을 언급하면서 안보동맹, 6자회담, 민간차원협력에 이어 한미관계의 '4번째 기둥'으로 한미FTA를 꼽았다.

더불어 또 하나 빠뜨릴 수 없는 요인이 노 대통령의 최측근 이광재 의원이 이끌던 '의정연구모임'이었다. FTA를 기본적으로 "보완적 통상정책"으로 보고 있던 외교통상부와는 달리, 이 모임은 당시 국정감사자료집을 통해 FTA를 "핵심통상정책"으로 규정하고 기존의 대세론 곧 "안 하면 무조건 손해"에서 더 나아가 실기론失機論 곧 "FTA 추세는 향후 5년 내 대세 결정" "향후 최장 2년이 우리에게 매우 중요" "대외적으로도 WTO 도하개발의제 협상이 타결될 경우 FTA 매력이 상실된다"는 등의 논리에 따라 "지금 당장 안 하면 앞으로는 기회가 다시 없고 시간도 없다"고 주장하고 있다. 그렇게 본다면 한미FTA는 단순히 우리가 "애걸복걸"한 것은 아니며, 이른바 "주도"한 것은 더구나 아니다. 그것은 당시 미 대사관, 대통령의 측근, 집권 초부터 한미FTA를 말해온 삼성을 비롯한 재벌 등 여러 요인들이 상호작용하면서 정부의 정책 기조를 바꾼 것이라고 볼 수 있다.

＞ 한미FTA는 6자회담과 연관성이 있는가

 6자회담과 무관하지만 긍정적인 영향 기대

필자는 경제학자이므로 정치적인 이슈에 대해 논의하는 것을 꺼리지만, 6자회담과 한미FTA에 대한 본인의 생각을 간단하게 정리해보고자 한다. 결론적으로 한미FTA는 6자회담과 무관하다. FTA는 경제협정이고, 6자회담은 국제정치협상 아닌가. 6자회담에 참여하는 중국, 일본 등이 한미FTA 타결을 달가워하지 않는다는 사실을 쉽게 유추할 수 있다. 동시대에 독립적으로 추진된 2개의 사안을 직접 연계시켜 한미FTA 본질을 흐리는 것은 경계해야 한다.

하지만 앞으로 한미FTA가 이행되고, 6자회담도 결실을 맺게 되면 결국 시너지 효과를 보게 될 것이다. 6자회담은 북핵문제를 푸는 협상이고, 에너지를 포함한 대북한 경제협력 조치를 제공하는 것을 골자로 하는 것으로 알고 있다. 이러한 조치들은 장기적으로 북한의 개혁개방에 도움을 줄 것이다.

핵문제 해결은 한미FTA에 포함된 개성공단 물품에 대한 역외가공 인정을 앞당기게 될 것이고, 북한을 포함한 한반도의 정치적 안정성 강화와 더불어 북한 경제 활성화에 도움이 될 것이다. 더 나아가 개성공단 물품에 대한 미국 수출길이 확보되면 개성공단 사업은 더 확대될 것이고, 이로 인해 북한 내 시장경제는 점진적으로 확산될 것이다.

종합하면 별개로 진행되었던 6자회담과 한미FTA가 순조롭게 결실을 맺게 되면 두 개가 상호 시너지를 발휘하여 한반도의 안정은 물론이고 북한의 경제 발전에 기여하게 될 것이다.

한미FTA는 미국의 계산된 세계전략의 산물

후대의 사가들이 지난 2006년을 바라보면서 뭐라고 할까? 그 이름을 뭐라 부르든 남북한이 똑같이 자신의 미래를 건 두 개의 협상을 시작한 점에 주목하지 않을까 싶다. '1민족 2협상'이다. 한편에서는 6자회담을, 다른 한편에서는 한미FTA 협상을 들 수가 있다. 6자회담이란 결국 북핵문제를 둘러싼 북미협상이 본질이라고 할 때, 미국이라는 한 나라를 상대로 남북한 모두가, 전 민족이 '따로 또 같이' 일대 협상을 벌이고 있는 것이다. 아마 우리 역사를 통틀어 매우 보기 드문 광경이 아닐까 싶다.

그뿐 아니다. 6자회담의 최종 의제가 북핵문제 곧 안보문제라는 것에는 의문이 없지만, 대북 금융제재와 같은 경제 이슈를 놓고 공방이 진행된다는 점에서 북미협상은 사실 매우 '포괄적인'

협상이다. 부시 행정부 2기가 출범하면서 기존의 북'핵'문제를 확장하여 북'한'문제로, 다시 말해 북한의 모든 것을 다 문제로 삼아 김정일 정권을 압박·와해하겠다는 전략적 목표를 설정한 이상 그것은 피할 수 없어 보인다. 한미FTA 역시 마찬가지다. FTA야 그 자체 엄연히 경제통상 이슈이지만, 미국의 입장에서 보자면 처음부터 한미FTA는 안보적 고려 곧 한미동맹을 강화함으로써 중국을 견제하고 대북 고립을 가속화하겠다는 미국의 전략적 계산이 개입된 결과다. 곧 '포괄적' FTA라는 말이다.

2007년 북미간에 북핵을 둘러싼 획기적 전기가 마련되고 2차 남북정상회담이 개최되었다. 마찬가지로 한미FTA도 논란 끝에 결국 체결되고야 말았다. 향후 미국 대권의 향방에 따라 북한의 경우 그것이 6자회담이건 북미 직접대화건 북핵과 북미관계 정상화를 둘러싼 논란이 일 것이다.

그 반면 남한의 경우 또 한 번의 한미FTA '재협상'을 둘러싸고 미 의회 비준 문제로 다시금 격론이 예상된다. 앞으로 한미관계는 '한반도 vs 미국'의 관계로 보아야 할 것이다.

 이면합의는 현실적으로 불가능

대형 국제협상이 타결되면 이면합의에 대한 구설수가 제기되고, 제기된 의혹에 대해 협상 당사자들은 펄쩍 뛴다. 대표적으로 지난 2004년 쌀 협상에서도 이면합의 논쟁이 있었다. 국회 청문회에서 이 문제를 다루었으나 결국 무혐의로 판정되었다.

한미FTA 협정문이 공개되자 협상 중간에 주고받은 문서까지 공개할 것을 반대단체에서 주장하고 있다. 이에 통상당국은 최종 합의된 내용만을 공개한다는 입장이다. 특정 이슈에 대해 협상 참가자들은 다양한 의견을 내놓고 상대국의 입장을 저울질해서 최종 결론을 도출하게 된다. 그러나 이런 중간단계의 협의 내용을 전면적으로 공개하는 국가는 없다. 왜 그런가? 불필요한 논쟁을 유발하기 때문이다.

가끔 협상 과정에서 논의된 문건이 공개되어 언론의 집중조명을 받기도 한다. 많은 전략적 고려사항 가운데 극히 일부일 뿐인데도 공개된 문건이 전부인 것으로 비춰지게 되면, 협상의 최종 결과와 비교되어 심지어 책임자를 문책하라는 말까지 나오게 된다.

FTA 협상에서 이면합의는 기술적으로도 불가능하다. 200명이 넘는 협상 참가자들이 모두 그러한 이면합의를 묵인할 수도 없거니와 이면합의로 불리해지는 부처가 있게 마련이므로 해당 부처의 협상자들이 그것을 그냥 덮어둘 리는 만무하기 때문이다. 이미 우리 정부의 고위관계자들도 한미FTA에 이면합의는 있을 수 없다고 밝히고 있다.

 비민주적인 비밀외교에 따른 국민들의 불신

이면합의란 협상 과정에서 비밀리에 합의된, 정치적으로 매우 민감한 사안을 의미한다. 다수의 국제협상에서 사실 공개된 내용보다 공개되지 않은 내용 곧 이면합의가 더 중요하다는 인식이 넓게 퍼져 있는 것이 사실이다. 이는 무엇보다 비민주적인 비밀외교에 대한 국민들의 광범위한 불신에서 비롯한다. 그리고 이는 2002년 한중 마늘협상을 둘러싼 논란에서도 확인된다. 당시 중국산 마늘 수입 급증으로 인한 국내 마늘농가의 피해와 관련 긴급 수입제한조치(세이프가드) 요구에 이미 2000년 마늘협상에서 통상교섭본부가 2003년부터 세이프가드 연장불가를 합의한 것으로 알려졌다. 이 과정에서 한중 마늘협상 부속서의 조항을 의도적으로 보고 누락하는 등 이면합의가 있었던 것이 아닌지 의혹이 일었고, 이 협상을 주도한 한덕수 당시 경제수석이 사퇴하였다.

그런데 이 논란은 한덕수 당시 수석이 한미FTA 체결 이후 총리로 지명되면서 다시 제기되었다. 그런데 이와 관련하여 한 총리는 국회에 제출한 해명자료에서 "중국 측은 '연장불가' 내용을 문서로 남길 것을 요구하였고, 우리 측은 WTO 협정과 국내 관계 법령 검토의 필요성 등을 감안하여 가능하면 '구두'로 약속하고자 하였다"고 밝히고 있다. 일반적으로 협정문은 본문, 부속서, 부속서한(사이드 레터)으로 이루어진다. 그러나 조약문의 해석을 둘러싼 분쟁이 발생할 경우에는 이뿐 아니라 협상의 '히스토리 history'와 관련된 기록들 곧 별도 서한, 비망록, 넌페이퍼non-paper 등도 구속력 있는 판정의 근거가 된다. 한미FTA의 경우 본문, 부속서, 부속서한은 이미 공개된 반면 실제 협상장에서 오고간 넌페이퍼 등은 3년 뒤에나 공개된다. 그러므로 한미FTA의 경우에도 향후 분쟁 발생시 한중 마늘협상처럼 실제로 중요한 협상에서 빈번히 사용되는 비공개 넌페이퍼가 얼마든지 나타날 수 있다.

 한미FTA, 하나의 협정 엇갈린 '진실'

≫ '추가협의' / '재협상' 논란에 관하여

 협정 내용 보완 차원의 추가협의

한미FTA 협상 타결을 전후하여 미국 측은 협정에 대한 추가협의가 필요할 것임을 언급하곤 했다. 2006년 말 선거에서 다수당이 된 민주당이 신통상정책을 협정에 반영해야 한다고 주장했으나 협상 타결 시점까지 구체적으로 어떤 내용을 포함할지에 대해 행정부와 합의하지 못한 상태였다.

타결된 협정에 대해 수정을 하는 경우는 더러 있다. 특히 협상 타결이 선언되었더라도 아직 완성된 협정은 아니며, 추가협의를 통해 내용을 보완하여 공식서명하게 된다. 추가협의는 주로 내용을 명확하게 하거나 법률화하는 것이 대부분이다.

이번 한미FTA 추가협의에서는 일부 본질적인 내용도 수정되어 통상적인 수준의 수정을 넘는 것으로 볼 수 있다. 미 의회의 강경 입장으로 인해 이루어진 추가협의를 한미 양국의 협상자들이 곱게 볼 수 없었겠지만, 정부는 협상 비준을 위해 불가피한 것으로 판단하였다. 결국 우리나라가 필요에 의해 미국과의

FTA를 제안했고, 타결된 내용을 미 의회로부터 비준을 받아야 하기 때문이다.

추가협의 결과는 내용 자체보다는 한미FTA에 대한 일반 국민들의 정서를 악화시킬 수 있다는 점이 더 우려되었다. 자칫 '손해 보는 협의'로 비춰질 수 있고, 미국의 일방주의의 산물로 보일 수 있기 때문이다. 하지만 추가협의 결과가 우리에게 부담으로 작용하지 않으며, 협정의 이행을 위해 미 의회의 입장을 수용하지 않을 수 없다는 정부의 설명을 우리 국민들이 수긍하고 있는 것으로 보인다.

 ## 중요한 내용을 바꾸는 재협상

먼저 이것이 '재'협상인지 '추가'협상인지, 용어 정리가 필요하다. 상식적으로 추가협상은 타결된 협상에서 고의건 아니건 누락되거나 미처 다루지 못한 것을 양자의 합의에 따라 협상하는 것을 말한다. 그리고 재협상은 이미 타결된 내용을 다시 협상하는 것을 말한다. 그렇다면 노동, 환경, 의약품, 투자, 정부조달 등은 모두 협상 과정에서 다룬 것을 다시 협상한 것이므로 이는 재협상이라고 보는 것이 옳다.

정부가 이런 말장난에 집착하는 것은 오로지 "재협상은 없다"고 한 호언장담 때문이다. 수차례 정부 고위관료들이 돌아가면서 재협상은 없다면서 국민을 기만하다가 결국 미국의 압력에 밀려 언제 그랬느냐는 듯이 '추가'협상에 나서는 모습은 우리 외교의 쓸쓸한 뒷모습을 보여주는 일이었다.

재협상을 우리가 아니라 미국이 그것도 민주당이 장악한 미 의회가 원한 것이라는 점은 아주 자명하다. 그래서 그 결과 역시 민주당이 원하는 것이어야 했다. 민주당은 2006년 말 중간선거에서 압승한 뒤 '신통상정책'을 입안하였고, 그에 따라 미 무역대표부에 재협상을 요구하였다. 합의해주지 않으면 미 의회가 한미FTA를 비토할 것이라는 협박을 업고 재협상을 거의 모두 미국의 의도대로 관철했다.

그러나 자동차와 관련해 한국 내 미국산 자동차 점유율과 미국 내 자동차 수입관세 2.5퍼센트 철폐 연동안은 관철하지 못했다. 바로 이런 이유 때문에 유력한 대선후보 힐러리를 비롯한 민주당은 다시금 '재협상'을 요구하는 것이다.

≫ 한미 양국의 비준동의 논란에 관하여

우리 국회의 선비준동의는 우리의 이익을 위한 것

공식서명된 한미FTA 타결을 조기에 이행하는 것이 국익 증진에 도움이 된다는 것은 두 말할 필요가 없다. 이행을 위해서는 양국 국회와 의회의 비준동의가 선행되어야 한다. 우리 국회 비준동의도 쉽지 않겠지만, 미 의회 비준동의는 더 어려운 상황이다. 칠레, 호주 등 미국과 FTA를 이행하고 있던 국가들이 자국의 FTA가 비준동의되도록 미 의회 설득에 많은 노력을 기울인 것은 널리 알려져 있다. 우리나라도 예외가 아니다. 민주당의 의회 다수당 지위로 더 어려운 비준동의 과정이 예고되고 있다.

협정문 비준과 관련해서 어느 국가가 먼저 비준해야 하는가 하는 질문이 자주 제기된다. 우리 입장에서는 미 의회가 먼저 비준동의한 후 우리 국회가 비준동의를 처리했으면 하는 바람을 가질 수 있다. 하지만 미국의 경우, 행정부가 의회에 비준동의안을 제출하면 90일 내 투표로 비준 가부를 결정해야 한다. 만약 거부된다면 협정은 더 이상 고려 대상이 되지 못한다. 따라서 미 행정부 입장에서는 비준동의 가능성이 확보된 이후 의회에 동의안을 제출하게 되는 것이다.

미국보다는 우리 국회의 비준동의가 상대적으로 용이할 수 있다는 판단이다. 또 어느 국가든 한 쪽이 먼저 협정을 비준해야만 다른 쪽도 비준 압력을 받게 될 것이다. 먼저 비준한다고 해서 손해 보는 것은 없으며, 국민들에게 개방과 개혁의 필요성을 알리는 긍정적인 효과도 있을 것이다. 협정을 이행하여 경제이익을 확보하고자 한다면 서둘러 비준해야 한다.

 우리 국회의 선비준동의 이유 전혀 없어

한미FTA는 반드시 양국 의회의 비준동의를 통과해야 발효될 수 있다. 한국의 대선과 마찬가지로 미국의 2008년 말 대선과 총선은 긴밀히 맞물려 있다. 이런 상황에서 부시와 노무현 대통령 모두 한미FTA를 자신의 정치적 업적으로 삼고자 하고 있고, 또 그런 맥락에서 의회에 조기 비준동의를 촉구하고 있는 형편이다. 한국의 대권주자 가운데 민주노동당을 제외하고 한미FTA에 명시적으로 반대하는 후보가 없는 반면에 미국은 상황이 사뭇 다르다. 얼마 전 의회를 통과한 미-페루FTA와는 달리 특히 한미FTA는 힐러리, 오바마, 에드워즈 등 민주당 대선주자, 펠로시 하원의장, 랭글 세입세출위원장 등 지도부, AFL-CIO[17], 환경, 노동을 비롯한 거의 모든 시민사회단체가 반대 입장을 표명하고 있다. 파나마, 콜롬비아, 한국과의 FTA가 미 의회 비준동의 절차를 기다리고 있는 중인데, 현재로선 콜롬비아와 한국과의 FTA는 통과 가능성이 낮다.

그런데 한미관계의 현실상 첫째는 설사 2008년 2월 안에 한국 국회가 비준동의안을 처리하더라도 미 의회에서 언제 처리할지 매우 유동적이고, 둘째는 한국 국회의 선비준동의가 미 의회에 영향을 미칠 가능성이 높지 않고, 셋째는 나프타, 미-페루FTA 등의 전례로 볼 때 이미 비준동의한 협정문도 향후 미 의회의 변경 요구에 따라 재협상될 수 있다는 점에서 그 실효성이 매우 의문이다. 특히 힐러리가 집권할 경우 재협상 요구가 거의 확실하다는 점에서도 더욱 그러하다.

> FTA에 대한 한국 국회 *vs* 미국 의회

 미 의회는 자국에 불리한 협정으로 판단

2007년 9월 20일 김명자 국회의원은 한미FTA 비준동의안 처리를 촉구하는 성명을 동료 의원 70명의 서명을 받아 발표하는 자리에서 "우리나라가 21세기 선진 경제권으로 진입하려면 개방을 통한 시스템 선진화와 경쟁력 강화는 반드시 거쳐야 할 과정이다. …… 현 상황에서 두 개의 거대경제권 사이에 끼인 우리나라로서는 세계 최대의 미국시장을 선점하여 저성장 국면을 타개하는 일을 뒤로 미룰 수가 없다"고 주장하였다.

정부가 본격적으로 대국회 비준 활동을 하지 않는 상황에서 70여 명의 국회의원이 협정 비준을 공개적으로 촉구하는 사례는 없었다. 한미FTA 반대 입장을 밝힌 의원도 70여 명에 이르고 있지만, 공개 지지 서명 및 성명서 발표는 국회 비준동의 가능성을 높이는 것으로 평가된다. 한-칠레FTA 비준동의 과정에서도 많은 의원들이 반대하는 서명을 했지만, 정작 실제 투표에서 반대표는 당초 서명 의원 수보다 적었다.

정치적 고려를 중시하는 국회의원으로서는 피해산업이 발생하는 FTA를 지지하기 어렵다. 그런데 일부 의원들이 우리 농업에 심각한 피해를 입힐 것으로 예상되는 한중FTA 추진을 외치면서 한미FTA는 안 된다고 하는 주장은 이해하기 어렵다. 언젠가 중국과의 FTA도 체결해야 하겠지만 현 시점에서 어느 국가와의 FTA가 더 필요한가에 대해 생각해봐야 한다.

FTA를 정치적으로 평가하는 경향은 미 의회도 예외일 수 없다. 대표적으로 대통령 후보로 부각된 힐러리 클린턴 상원의원은 자동차노조 표를 의식해서 한미FTA 비준에 반대하고 있다. 같은 민주당이면서 NAFTA 비준을 관철한 남편 빌 클린턴 전 대통령의 정책과는 정반대되는 입장이다.

2008년 대통령 선거를 앞둔 미 의회에서는 한미FTA 반대여론이 강하다. 심지어 미국에 불평등한 협정으로 주장하기도 한다. 일부 우리 정치권에서는 한미FTA가 우리나라에 불리하다고 주장하고 있어 헷갈리지 않을 수 없다. 모두 정치적 이익을 위해 자기 편의적으로 해석하고 있다는 생각이다.

 ## 우리 국회의 개입이 사실상 차단된 협상

국회 비준동의 절차를 밟으려면 보다 엄밀하고 객관적인 국회검증이 선행되어야 할 것이다. 미국의 경우, 이미 4월 1일 협상 타결 직후 각계각층 700여 명의 민간자문위원들이 한 달 가까이

  한미FTA, 하나의 협정 엇갈린 '진실'

협정문을 검증하였고, 그 결과가 공개되었다. 또 6월 30일 정식 조인에 이르기까지 90일 동안 미 의회는 공청회 등을 통해 한미 FTA 협상 결과를 검증하였다. 그리고 조인 이후 미 의회는 법 개정 사안을 심의하고, 또 미 국제무역위원회USITC는 영향평가보고서를 통해 한미FTA 결과를 재차 검증한다.

반면 우리 국회의 실정은 어떤가. 일부 의원을 제외한 대다수 의원들에게 한미FTA는 여전히 그저 어렵고 골치 아픈 주제임에 분명하다. 그다지 실속 없는 청문회가, 그것도 일부 상임위에 한정해 개최되었지만 별무 소득인 것으로 보인다. 그나마 일부 의원들을 중심으로 국정조사가 추진되고 있다고 하니 가뭄에 단비 같은 소식이다.

특히 국회를 중심으로 한 검증은 크게 다음 몇 가지 방향에서 진행되어야 할 것이다. 첫째, 무엇보다도 한미FTA가 국익에 보탬이 되는지 여부다. 정부의 일방적 주장과는 달리 한미FTA는 심각한 불균형 협정이다. 미국 현지생산을 감안할 때, 자동차 협상 역시 결코 잘된 협상이 아니다. 또 대미 수출 주요 품목의 관세 철폐가 5년 뒤로 미뤄진 섬유의류 협상 역시 마찬가지다. 여기에 비해 쇠고기 등을 포함한 농업, 의약품, 서비스, 지적재산권, 투자 분야는 사실상 실패한 협상이다. 둘째, 투자부문의 간접수용과 같은 조항은 분명 위헌 소지가 다분하다. 곧 한미FTA의 위헌성에 대한 철저한 검증이 필요하다는 말이다. 나아가 한미FTA 과정에서 드러난 행정부의 일방독주는 국회의 고유한 입법권을 심각하게 침해하였다. 셋째, 한미FTA가 정부의 공공정책권과 나아가 주권을 침해하는지 여부다. 넷째, 불평등 여부다. 막판 재협상 과정을 보더라도 투자 조항과 관련해 한미FTA 협정문의 전문에 미국의 요구를 굴욕적으로 수용, 미 국내법의 특정 조항을 그대로 삽입하는 황당한 일이 발생한다. 그 밖에도 우리만의 일방의무를 규정한 수많은 조항들이 검증되어야 한다. 다섯째, 특정 계층, 산업, 지역에 일방적 희생을 강제하는 불공정 여부다. 지구상 이른바 선진통상 국가 어디도 농업을 포기한 나라는 없다. 나아가 노동자의 구조조정을 강요하는 지렛대로 한미FTA가 남용되어서도 안 된다.

우리의 현행 법규상 한미FTA 협정문 수정은 사실상 불가능하다. 설사 문제나 독소 조항이 있더라도 국회의 비준동의는 오직 가부만을 통해 이루어진다. 따라서 이런 문제가 발생하지 않으려면 협상 과정에서 국회의 민주적 통제가 극히 중요하다. 하지만 협상 전 과정에서 국회의 개입은 사실상 차단되어 있었다. 문제가 명백한데도 이를 정정할 수 없는 채로 가부만을 택해야 한다면 최선은 무엇일까.

 한미FTA, 하나의 협정 엇갈린 '진실'

〉당당한 협상인가, 굴종적인 협상인가

제3국에서도 높이 평가하는 잘된 협상

협상에서는 자기 주장만 고집할 수 없고, 상대 입장도 반영하여 전체적으로 모두에게 득이 되는 결과를 도출하는 것이다. 한쪽으로 기우는 협상은 타결되기도 어렵거니와 비준동의의 문턱을 넘지 못할 것이며, 비준동의를 받지 못할 정도로 부실한 협정을 타결하는 정부는 없을 것이다.

협상 결과를 논의할 때, 상대국에게 양보한 내용 위주로 평가하는 경우를 많이 보게 된다. 심지어 불리한 내용을 제대로 알지 못하고 협상을 타결했다고 협상단을 폄하하는 경우도 적지 않다. 농업과 같이 분명하게 피해를 보는 계층이 농업분야 협상 내용만을 근거로 전체 협정을 평가하는 것은 이해가 간다. 하지만 협정을 종합적으로 평가해야 할 국회의원이나 학자가 일부 내용을 근거로 협정 전체를 평가하는 것은 시정되어야 한다.

지난날 한미 통상현안이 미국의 일방적인 결정에 좌지우지된 적이 없지 않다. 그 시절에는 우리나라가 떳떳하게 미국의 조치를 거부하기 어려운 측면도 있었을 것이다. 하지만 한미FTA 협상도 이런 식으로 타결된 것으로 보는 것은 협상에 대한 이해가 부족하거나 통상문제에 대한 우리의 역량을 너무 과소평가한 결과로 해석된다.

협상 타결 직후 EU, 일본 등의 통상관계자들은 우리 정부가 타결한 협정을 높이 평가하면서 한국의 협상 인력 및 전략에 대한 문의가 많았다. 제3국에서도 높이 평가하는 협상 결과를 미국에 대한 굴종으로 보는 시각은 민족자존 차원에서라도 시정되어야 할 것이다.

 ## 굴종적인 협상 내용을 '제도선진화'로 포장

한미FTA는 2006년 2월 그 시작 선언에서 2007년 6월 재협상 후 체결에까지 외교적 '굴욕의 끝'이 어딘지를 보여주는 드문 사례다. 미국 법에 정해진 시한을 맞추기 위해 최소한의 국내 절차마저도 무시하였고, 분노한 시민사회와 노동자, 농민의 여론에 밀려 대화에 나서는 시늉은 냈지만 결코 이른바 '대내 협상'은 없었다. '대통령의 뜻' 하나만을 붙박이 별로 삼아 맹목적 돌진을 감행하면서, 반대시위와 같은 초보적 자유권마저 유린하고 낱알 모아 만든 농민들의 광고마저도 함부로 불허하였다. 집권 내내 정당성부재legitimation deficit에 가슴앓이해온 과거의 군사정권 말기 현상마저도 주저하지 않았다. 이른바 '참여' 라벨을 붙인 노무현

 한미FTA, 하나의 협정 엇갈린 '진실'

정부는 그 과정에서 자신의 지지층에 서슴없이 등을 돌리며 정권의 위기를 자초하였다.

민주적 원칙의 파괴와 굴욕적 협상은 동전의 양면이었다. 확고한 전략적 목표와 정교한 전술로 접근하는 미 협상 팀에 비해 한국의 급조된 협상 팀은 내줄 것 다 내주고 돌아와서 '대국민 선전전'에는 열심이었다. 물론 국민이 낸 세금으로 말이다. 이들을 구원한 것은 그 누구도 아닌 바로 '조중동'이라 할 만하다. 내용도 제대로 파악하지 못한 채 일치단결 밀어주기 덕에 협상은 갑자기 아주 잘한 것으로 둔갑하고, 심지어 노무현 대통령이 임기 중 가장 잘한 일로 칭송받기도 하였다.

한미FTA는 협상 콘텐츠로 보아도 실패한 협상이다. 정부가 처음 설정한 협상 목표 가운데 우리 의도대로 달성한 것은 손에 꼽을 정도다. 그러고 나서 내준 모든 것을 하나로 일컬어 '제도선진화'라고 불렀다.

1 유엔무역개발협의회UNCTAD(United Nations Conference on Trade and Development) | 선진국과 후진국 사이의 무역 불균형을 시정하고, 남북문제를 해결하기 위해 1964년 설치된 국제연합UN 직속기구. 유엔의 저개발 국가들이 1960년대 들어 당시 세계무역을 지배하고 있던 GATT(관세 및 무역에 관한 일반협정) 체제가 경제 선진국들의 이해에만 초점이 맞춰 있다고 주장하였고, 1962년 7월에는 아시아, 아프리카, 중남미 대표가 모여 새로운 무역기구 설립을 요구하는 카이로선언을 발표했다. 그 결과 1964년 3월 제네바에서 세계 최대의 국제경제회의가 열렸는데, 이것이 1회 유엔무역개발회의다. 1970~80년대 개도국들에 대한 선진국의 관세장벽 철폐와 무역 조건 악화 역전에 큰 구실을 했다.

2 OECD(Organization for Economic Cooperation and Development, 경제협력개발기구) | 경제발전과 세계무역 촉진을 위하여 발족한 국제기구로 흔히 '선진국 클럽'이라고 부른다. 1948년 4월에 16개 서유럽 국가를 회원으로 발족한 유럽경제협력기구OEEC가 모태다. 1950년에 미국, 캐나다를 준회원국으로 받아들였고, 1960년에 정식으로 출범했다. 우리나라는 1996년에 가입했으며, 현재 회원국은 30개국이다.

3 1인당 국민소득 2만 달러 | 우리나라의 1인당 국민소득은 1995년 1만 1432달러로 1만 달러를 넘어섰다. 외환위기를 겪은 1998년 원화 가치 폭락으로 7355달러로 추락했으나, 2000년 1만 841달러로 1만 달러를 회복했고 이후 경제가 성장하고 원화 가치가 강세를 보이면서 2006년 1만 8372달러에 이르렀다. 2007년 1인당 국민소득은 2만 달러에 육박할 것으로 예상되고 있다.

4 **인간개발지수**HDI(Human Development Index) | 국제연합개발계획UNDP이
문자해독률과 평균수명, 1인당 국민소득 등을 바탕으로 각국의 인간개발
성취 정도를 평가해 지수로 나타낸 것이다. 국내총생산GDP이나 국민소득
과 달리 비물질적 요소도 평가에 포함한다는 특징을 갖는다. 2006년도 〈인
간개발보고서Human Development Report〉에 따르면, 총 177개국 가운데 노르
웨이가 1위, 아이슬란드가 2위, 오스트레일리아가 3위, 아일랜드가 4위, 스
웨덴이 5위를 차지하는 등 북유럽 국가들이 상위에 올라 있다. 아시아에서
는 일본이 7위로 가장 높다. 우리나라는 26위였다.

5 **신자유주의**Neoliberalism | 자유방임주의로 일컬어지는 고전적 자유주의 사
상은 국가의 시장개입을 부정했다. 그러나 제1차 세계대전 이후 세계적인
공황을 경험한 미국과 영국 등 선진국들은 케인즈의 경제이론을 도입한 수
정자본주의를 채택했다. 정부가 시장에 적극 개입해 균형 있는 소득분배와
완전고용을 이루는 복지국가를 지향한 것이다. 하지만 1970년대 이후 경기
불황이 이어진 것이 국가의 과도한 개입 때문이라고 지적하며, 자유시장을
강조하는 사고가 다시 등장하였는데, 이를 신자유주의라 한다. 신자유주의
는 적극적인 통화정책을 통한 국가의 시장개입을 부정하고, 노동자에 대한
보호와 복지정책의 축소를 주장하며, 공기업의 민영화를 추구했다. 국제경
제에서는 시장개방과 무역자유화를 강조한다.

6 **지역무역협정**RTA(Regional Trade Agreement) | 관세를 비롯한 각종 무역 장
벽을 제거하는 협정을 자유무역협정이라고 부른다. 유럽연합EU이나 북미
자유무역협정NAFTA처럼 인접 국가나 일정한 지역을 중심으로 이루어진 자
유무역협정을 흔히 지역무역협정이라고도 불러왔다.

7 **우루과이라운드**UR | GATT(관세 및 무역에 관한 일반 협정)의 제8차 다자간 무
역협상을 말한다. 첫 회의가 1986년 9월 우루과이에서 열려 우루과이라운
드라고 한다. 이 협상은 서비스·무역 관련 투자조치, 무역 관련 지적재산
권 등을 처음으로 의제에 포함시켰고, 가트의 기능을 강화하기 위해
WTO(세계무역기구) 설립에도 합의했다. 1993년 12월에 타결되었고, 1995년
부터 발효되었다. 이 협상은 농산물시장 개방이 주요 의제로 포함되어 있
어서 우리나라에서도 큰 관심을 끌었다.

8 **긴급수입제한조치**Safeguard | 시장 개방의 결과 특정 상품의 수입이 급증해
  국내 산업에 피해가 갈 경우, 관세를 올리거나 수입 물량을 한정하는 방식
  등으로 긴급히 수입을 제한할 수 있도록 하는 장치.

9 **경제협력협정**EPA(Economic Partnership Agreement) | 경제·통상 분야에서 협
  력 사항에 관한 국가간 권리·의무 관계를 규율하기 위해 체결하는 조약의
  한 형태.

10 **플라자 합의**Plaza Accord | 1980년대 레이건 행정부가 등장한 이후 미국의
   재정적자가 급증하고 경상수지 적자도 급증하면서 대미 무역흑자가 많은
   일본·유럽과 미국 사이에 무역마찰이 심해졌다. 이에 따라1985년 G5(프랑
   스, 독일, 일본, 미국, 영국) 재무장관들이 뉴욕 플라자 호텔에서 모여 일본 엔
   화와 독일 마르크화의 평가절상을 유도하고, 이를 위해 정부가 개입할 것
   을 합의한 것을 말한다. 이후 달러는 약세로 돌아섰고, 엔화와 마르크화 가
   치는 크게 올랐다.

11 **옥스팜**(Oxford Committee for Famine Relief) | 기아 구제를 위한 옥스퍼드 위
   원회. 1942년, 영국 옥스퍼드 주민들이 나치 치하에서 고생하는 그리스인
   들을 구호할 목적으로 결성한 단체. 이후 활동 폭을 넓혀 전쟁이 끝난 뒤
   벨기에 등에서 전쟁난민 구호에 앞장서면서 국제적인 단체로 자리잡았다.
   구호물자를 전달하는 데 그치지 않고, 빈곤계층이 소규모 사업을 할 수 있
   도록 자금을 지원하거나 자립을 위한 기술교육과 창업지원에도 힘쓰고 있
   다. 제3세계 상품을 제값을 주고 구매하고 소비하자는 운동을 하는 것으로
   유명하다.

12 **문화다양성협약**(Protection of the Diversity of Cultural Contents) | 세계 각국의
   문화적 다양성을 인정하는 국제협약으로 '문화 콘텐츠와 예술적 표현의 다
   양성 보호를 위한 협약'이 정식 명칭이다. 1995년 세계무역기구 출범 이후
   다자간투자협정은 문화상품을 시장논리에 맡겨, 다양한 문화의 존속을 어
   렵게 한다는 문제의식이 각국에서 싹텄다. 이에 따라 2001년 11월에 프랑
   스 파리에서 '세계 문화다양성 선언'이 채택됐다. 이 협약 초안은 2005년 6
   월에 마련됐고, 유네스코는 2005년 10월 압도적인 찬성으로 협약을 채택했

다. 2006년 말 30개국 이상이 협약을 비준해 2007년 3월 국제법으로 발효
되었다.

13 **의약품 선별등재제도** | 가격 대비 효과 면에서 우수한 약만을 미리 선정하
여 놓고 그 목록에 있는 약을 처방해야 국민건강보험공단이 약값을 지불하
는 제도. 목록에 없는 약을 사용하고 싶으면 환자 본인이 약값을 전부 지불
해야 한다. 보건복지부가 2005년 5월 발표한 건강보험 약재비 적정화 방안
의 핵심 과제로, 건강보험 재정지출을 줄이기 위해 도입한 제도다.

14 **양자간투자협정**BIT(Bilateral Investment Treaty) | 외국인 투자가도 내국인처
럼 투자와 관련한 각종 행위를 할 수 있도록 법적으로 보장해주는 투자협
정이다. 해당국 정부가 외국인의 투자재산을 몰수하거나 송금을 제한하는
것을 막기 위한 장치다.

15 **칸쿤에서의 좌절** | WTO는 2001년 11월 채택됐지만 교착상태에 빠져 있던
도하개발의제를 놓고 본격적인 협상을 위해 2003년 9월 멕시코 칸쿤에서
각료회의를 열었다. 그러나 농산물 보조금을 둘러싸고 미국 등 선진국과
농산물 수출국, 빈곤한 개발도상국 사이에 격돌이 일어 좀체 합의점을 찾
지 못했다. 결국 투자, 경제정책, 정부조달 투명성과 무역원활화 등 이슈를
핑계로 개도국들과 최빈개도국들이 협상을 거부하면서 회담이 결렬됐다.
칸쿤회의에서 협상 결렬을 계기로 도하개발의제는 더는 진척되기 어려운
국면에 처했다. 이후 미국은 WTO를 통한 다자간협정에 한계를 느끼고 지
역 또는 양자간 FTA에 본격적으로 나서게 된다.

16 EAFTA(East Asia Free Trade Area, 동아시아자유무역지대) | 아세안 회원국에 한
국, 중국, 일본 3개국이 함께 참가하는 동아시아 국가들의 자유무역지대.
현재는 구상 단계다.

17 AFL-CIO(American Federation of Labor and Congress of the Industrial
Organization) | 미국노동총동맹-산업별회의라고 한다. 미국의 양대 노동조
합조직인 AFL과 CIO가 1955년 12월 조직을 합친 세계 최대 규모의 전국적
노동조합 조직이다.

PART 02

한미 FTA,
조목조목 들여다보기

정인교

한미FTA 양국 모두에게 이익이 되도록 체결했습니다. 만약 반대 쪽 주장대로 "내주기만 한" 협정이라면, 힐러리 클린턴 상원의원이 험한 소리를 들어가면서까지 한미FTA를 반대하겠습니까?

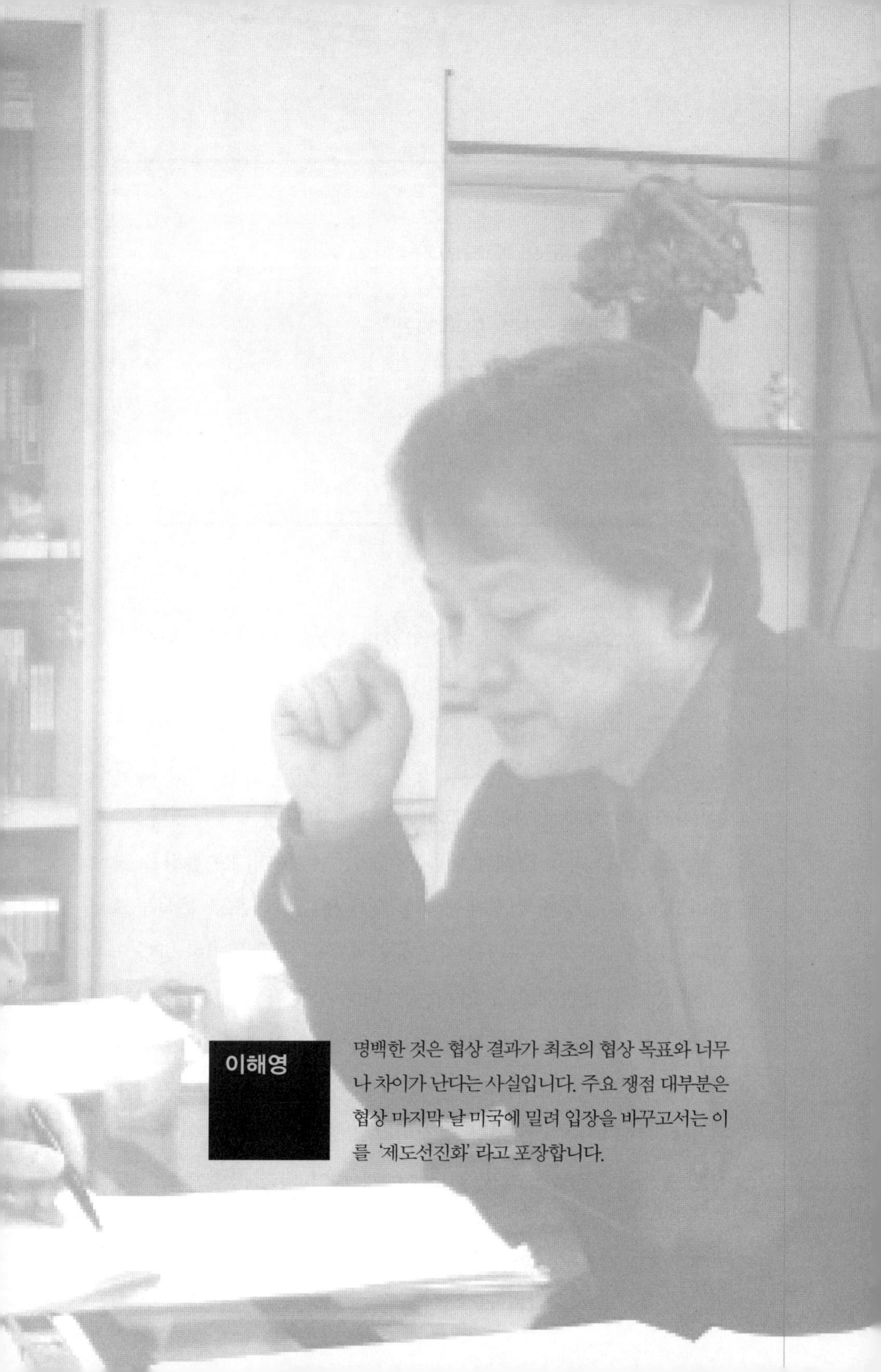

명백한 것은 협상 결과가 최초의 협상 목표와 너무
나 차이가 난다는 사실입니다. 주요 쟁점 대부분은
협상 마지막 날 미국에 밀려 입장을 바꾸고서는 이
를 '제도선진화' 라고 포장합니다.

한미FTA는 양쪽 모두에게 이익이 되는 협정이다

| 정인교 |

한미FTA 협상이 타결되고 나서 양국 정부는 협정 평가 결과를 발표했다. 우리 정부는 4월 27일 대외경제정책연구원 등 11개 국책연구기관의 연구 결과를 종합한 평가보고서 〈한미FTA의 경제적 효과 분석〉을 발표하였고, 미국 국제무역위원회는 9월 20일 〈한미FTA의 경제적 영향 보고서〉를 자국 의회에 제출하였다.

두 보고서는 자국 경제에 대한 영향 위주로 한미FTA 협정을 평가하고 있으며, 상대국 경제에 대한 영향은 제한적으로 분석하고 있다. 또 자국의 경제이익을 강조하면서 자국에게 유리한 방향으로 협정이 체결된 것임을 암시하는 내용이 포함되어 있다. 한미 양국이 자국에게 유리한 협정이라고 하면, 듣기에 따라 뭔가 평가가 잘못된 것으로 비춰질 수 있다. 그러나 어느 국가도 자국보다 상대국이 더 이익을 보는 협정이라고 말하는 경우는 없다.

일반적으로 FTA는 회원국 모두에게 득이 되는 방향으로 체결된다. 상대국이 요청한 사항을 들어준 것을 손실로 생각하기 쉽지만, 실은 상대국 요청 사항이 자국 입장에서도 필요한 경우가 많다. 특히 대부분의 경제제도 개선, 비합리적인 규제의 완화 또는 철폐, 수입 실적이 없는 품목에 대한 무역자유화 등에서 이러한 현상이 많이 나타난다.

다음으로는 도저히 수용하기 어려운 사항을 상대국이 요청해 올 경우, 상대국 요청 사항의 일부를 수용하면서도 협정 본문에서 보완조치를 도입하거나 각주, 서한 등을 통해 형식적으로는 상대국의 입장이 수용되었으나 사실상 적용되지 않도록 조정하는 경우도 있다. 예를 들어, 미국은 협정에 투자자-정부제소권 ISD[1]과 관련된 간접수용 인정을 강도 높게 주장했으나, 국내에서는 간접수용의 범위가 확대될 경우 발생할 수 있는 문제점에 대한 우려가 매우 컸다. 결국 우리 정부는 간접수용을 인정하되 부동산, 조세 관련 정책은 간접수용 대상에서 제외한다는 것을 협정에 반영시켰다. 미국으로서는 간접수용이 포함되었다고 자신 있게 말할 수 있게 되었고, 우리나라로서는 간접수용은 사실상 크게 문제될 게 없다고 말할 수 있는 것이다.

협정 평가 방법과 관련한 문제점도 제기된다. 특히 시장개방 영향 분석에서 양자간 관계에만 초점을 맞추는 경향이 강하다. 상대국으로부터 수입이 늘어나게 되면 손실을 보는 것으로 판단하게 되지만 사실은 상대국 수입 증가의 대부분은 기존 제3국의 수입을 대체하게 된다. 하지만 정치권에서는 범세계 교역의 일부로서가 아니라 양자간 교역 하나에만 집착하여 그게 전체인 양

애기하고, FTA 경제효과 분석 보고서도 양자간 관계에 치중하는 경향이 있다.

또 수입 증가를 나쁜 것으로만 보는 시각도 강하다. 수입품의 구조를 분석하고, 제3국산 대체 여부를 종합해야만 올바른 판단을 내릴 수 있다. 우리나라의 대미 공산품 수입의 95퍼센트 내외가 중간부품 및 소재들로, 수입 증가가 그다지 문제될 게 없다. 부품·소재는 주로 중소기업 업종이므로 중소기업들이 한미FTA로 인해 피해를 볼 수 있을 것으로 주장하는 이도 있지만 부품이 워낙 세분화되어 있어 필자의 조사로는 극히 일부 업체에서만 피해가 발생할 것으로 보인다.

상거래를 양자간 대결구도로 분석하는 것은 바람직하지 않다. 시장경제의 메커니즘을 인정한다면, 교역이 활성화되는 가운데 새로운 사업기회가 발생하며 일자리도 창출된다.

서비스, 투자 등의 분야에서 미국의 입장을 일부 수용하였다. 하지만 우리나라가 감내할 수 있는 수준에서 개방하거나 우리 경제에서 개방이 필요한 부문 위주로 미국의 요청을 수용하였다. 물론 역외가공 인정, 자격증 상호인정 등과 같이 미국이 내키지 않지만 우리의 요청 사항을 수용하여 향후 양국이 협의해 나가기로 합의한 분야도 있다.

한미FTA에서 과연 누가 승리했는가? 다들 궁금해 하겠지만 필자는 양국 모두에게 이익이 되는 협정을 체결했음을 말하고 싶다. 굳이 어느 쪽이 더 이익인가에 대해 답하는 것은 비교지표에 따라 달라진다. 예를 들어 GDP 증가율로 보면 분명 우리나라의 이익이 더 커 보이지만, 경제이익이나 후생수준 개선 정도를 금액으로 표시하면 우리나라보다 경제규모가 16배나 큰 미국의 이익이 더 커 보이는 것으로 나올 수 있기 때문이다.

만약 반대론자들의 주장대로 "내주기만 한" 협정이라면 미국 협상자들이 협상시한을 연장하면서까지 협상을 끌고가지는 않았을 것이며, 힐러리 클린턴 상원의원이 "지도자로서 경제개념이 없고 노조 지도자 같은" 대통령 후보로까지 낙인찍혀가면서 한미FTA를 반대하겠는가?

한미FTA는 시종일관 미국에 휘둘린 실패한 협정이다

| 이해영 |

한미FTA가 누구에게 더 많은 이익이 되는지는 여러 측면에서 살펴볼 수 있다. 첫째, FTA 자체로 얼마나 많은 추가적인 경제효과가 생기는가 하는 문제다. 도표 05는 국책연구기관 대외경제정책연구원KIEP이 연산가능일반균형CGE 모형[2]을 통해 추정한 경제효과를 일자별로 모은 것이다. 그런데 이 CGE 모형은 이 책 PART 01의 〈들어가는 글〉에서 본 신고전파 경제학이 제시한 일련의 강한 가정들에 기초해 설계된 것으로, 일어난 사실들의 관계를 계량하는 것이 아니라 특정한 시나리오 아래에서 일어날 일들을 계측하는 것이 목적이다. 따라서 그것은 결코 사실 자체가 아니며 잘해야 하나의 경향이나 방향을 보여줄 뿐이다.

그런 점에서 GDP 효과는 약 2퍼센트에서 약 8퍼센트까지 분포되어 그 변동 폭이 매우 크다는 걸 알 수 있다. 고용효과 역시 마찬가지다. 이와 관련 CGE 모형에서 사용하지 않는 생산성 효

과, 다시 말해 이미 CGE 모형 동태효과에는 생산성 요소가 반영
되어 있음에도 불구하고 생산성 효과를 별도로 이중계상했을 가
능성 곧 조작의혹이 제기된다. 나아가 CGE 모형은 속성상 시기
를 확정할 수 없음에도 검증 논란이 제기되자 대외경제정책연구
원은 약 10년 치를 모두 합한 것이라고 해명하였다.

일자	GDP	대미무역흑자	고용	비고
2006. 1. 18	1.99%	−51억 달러	0.63%	CGE 동태효과
2006. 3. 2	7.75%	−73억 달러	4.04%	CGE 동태효과
2006. 3. 3	7.75%	데이터누락	3.30%	CGE 동태효과
2006. 3. 23	7.75%	−47억 달러	3.30%	CGE 동태효과
2006. 4. 14	7.21%	−47억 달러	3.30%	CGE 동태효과
2007. 4. 30	6%	+46억 달러*	34만개	KIEP 비롯 11개 국책연구기관 합동, *CGE가 아닌 산업별 합산 수치

[도표 05] 한미FTA 경제효과(자료 : KIEP)

　　문제의 심각성은 특히 무역수지와 관련해 뚜렷이 드러난다.
2006년 1월부터 4월 사이에 연이어 내놓은 대외경제정책연구원
분석 자료에서는 줄곧 대미 무역수지 흑자가 47억 달러에서 73억
달러까지 줄어든다고 했다가 한미FTA 타결 직후인 2007년 4월에
내놓은 자료에서는 흑자가 갑자기 46억 달러나 증가하는 것으로
나타나 있다(게다가 2006년 3월에는 처음에 73억 달러 감소라고 했다가
47억 달러 감소로 고쳐잡아 조작설에 휘말리기까지 했다). 이 부분은 정
부가 제시한 각종 자료를 통틀어 가장 황당한 대국민 사기극에

다를 바 없다. 그것도 11개나 되는 국책연구기관이 모두 모여 이 조작극에 가담했다면 문제는 심각하다.

2001년 미 국제무역위원회가 미 상원의 위촉으로 한미FTA 경제효과를 연구한 결과는 무역수지상 미국이 약 90억 달러 정도 더 이익을 본다는 것이었다. 한미FTA 체결 이후인 2007년 9월 미 국제무역위원회가 제출한 공식보고서에 따르면 무역수지상으로 미국이 최대 약 40억 달러 더 많은 이익을 보는 것으로 되어 있다. 따라서 무역수지만 놓고 볼 때 11개 국책연구기관의 경제효과보고서를 제외하고 대략 대미 무역수지가 40억 달러 대에서 감소하는 것으로 양국 연구기관의 보고서에 비슷하게 나타난다. 그리고 이는 아주 상식적으로 보더라도 한미간 평균관세율이 약 3배 차이가 나는 상태에서 관세를 철폐하면 미국 기업이 더 이익이라는 것과 크게 다르지 않다.

전가의 보도처럼 휘둘러온 CGE 모형을 통해서도 '윗분'의 입맛을 맞추기 어려웠을까, 이들 11개 국책연구기관은 유독 무역수지만은 계산법으로 CGE 모형 대신 산업별 합산을 사용하였다.

둘째, 협상의 성공 여부는 또 처음 설정된 협상 목표를 얼마나 달성했는지를 기준으로 평가할 수도 있다. 이와 관련하여 정부가 2006년 8월 한미FTA 소관 상임위인 국회 통일외교통상위원회 보고 자료에 나타난 정부의 협상 목표와 2007년 4월 정부가 발표한 협상 결과를 서로 비교한 결과 일단 파악된 114개의 쟁점만을 놓고 볼 때 미국 안이 관철된 것이 89개(82퍼센트), 절충이 12개(11퍼센트), 한국 안이 7개(7퍼센트), 기타 6개로 나타났다. 물론 각 쟁점의 가중치가 현저히 차이가 나기 때문에 단순비교에는 무리가 있지만, 명백한 것은 협상 결과가 최초의 협상 목표와 너무나 차이가 난다는 사실이다. 주요 쟁점 대부분은 협상 마지막 날 미국에 밀려 입장을 바꾸고서는 이를 '제도선진화'라고 하고, 원래의 협상 목표는 그저 협상용 카드였다는 식으로 발뺌한다. 그렇다면 왜 미국은 거의 대부분의 쟁점에서 처음의 협상 목표에서 요지부동이었는지를 설명해야 할 것이다.

한미FTA 경제효과는 심하게 왜곡·과장되어 있고, 결국 대부분의 협상 목표는 달성하지 못했다.

일시 | 2007년 10월 20~21일

장소 | 시대의창 회의실

주제 | 한미FTA 평점, 대미 무역의 변화, 자동차산업의 전망, 미국산 쇠고기 수입문제

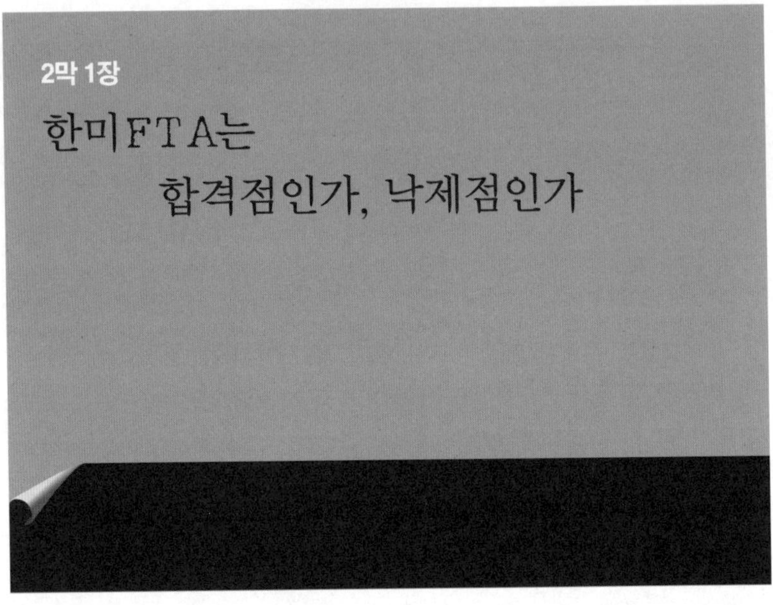

사 회 지금까지는 시장개방을 둘러싼 논란, FTA를 둘러싼 논란을 일반론 차원에서 이야기했습니다. 한미FTA는 이미 두 나라가 협정에 서명했고, 구체적인 내용을 많이 담고 있습니다. 세부 항목별 평가가 아니라 협정 내용 전체를 놓고 이를 어떻게 평가할 것인지, 두 분 말씀을 듣고 싶습니다. 협정을 적극 지지하시는 정 교수님부터 말씀해주시지요.

정인교 2007년 9월 중순 스위스 제네바에서 WTO 사무총장이 주관하는 행사가 열렸습니다. 주제는 지역무역협정RTA의 다자체제화였습니다. 다시 말해, 다자간 무역체제인 WTO도 FTA를 잘 활용해서 세계무역질서의 자유화로 나아갈 수 있는 길을 모색해야 한다는 것이었습니다. 앞으로는 WTO가 FTA 활성화에 더 적극적으로 나서겠다는 뜻으로 들을 수도 있는 내용이었습니다.

그 행사에서 FTA에 대해 많은 논의가 있었는데, 참가자들이 크게 관심을 가졌던 게 한미FTA였습니다. 미국 콜롬비아 대학 제그디시 바구어티 교수는 그동안 WTO체제의 발전을 지지하고 FTA는 경계해야 한다고 주장했던 대표적인 학자인데, 의외로 한미FTA를 높이 평가한다고 말했습니다. 두 나라가 얻을 수 있는 경제효과도 크고, 나아가 한미관계나 동아시아에서 한국의 역할을 생각할 때 한미FTA는 매우 긍정적인 역할을 할 것이라고 평가했습니다. 그는 한미FTA가 한미 양국 모두에 좋고, 특히 한국에 유리한데, 동아시아의 다른 국가들은 상당한 무역전환 손실을 볼 것이라고 얘기했습니다. 지금까지 우리나라는 다른 국가의 FTA로 손실을 경험했는데, 우리가 미국과 FTA를 체결함으로써 동아시아의 다른 나라가 손실을 보게 되었습니다. 그만큼 경제이익이 기대된다는 의미로 이해할 수 있습니다. 저는 전체적으로 평가할 때, 한미FTA는 중상급 FTA라고 봅니다. 굳이 평점을 매기자면 B$^+$는 줄 수 있다고 봅니다.

사 회 왜 평점이 A가 못되고, B$^+$라고 생각하십니까?

정인교 우리가 애초 생각했던 서비스시장 자유화가 좀더 폭넓게 이루어졌다면, 틀림없이 A를 줄 수 있을 것입니다. 특히 교육과 의료 분야가 FTA 대상에서 빠진 것이 큰 감점요인이라고 봅니다. 하지만 다른 부분은 전체적으로 균형을 이룬 협정이었고, 우리가 원하던 것도 상당부분 반영됐습니다. 그래서 최소 B^+ 등급은 된다고 말 할 수 있습니다.

FTA의 경제효과 면에서 한미 가운데 어느 쪽이 더 득을 봤는지 많이들 질문하는데, 협정은 기본적으로 양국 모두에 득이 되는 쪽으로 체결될 수밖에 없습니다.

사 회 서비스시장 개방 폭이 생각보다 작았던 이유가 뭐라고 생각하십니까?

정인교 사실 협상 전부터 우리가 과연 의료나 교육 분야를 어느 정도 개방할 수 있을 것인가에 대해서는 확신이 서지 않았습니다. 우리나라의 관련업계 반발이 얼마나 클지 걱정이 컸습니다. 그래서 정부로서도 적극적인 개방안을 만들지 못한 상태에서 협상에 나섰습니다. 한편, 이 부문에서 미국도 그렇게 적극적으로 나올 이유가 없었습니다.

현재 우리나라에서는 9만 명 정도의 유학생이 미국에 가 있습니다. 우리나라 대미 여행수지가 상당히 악화되고 있는 것은 고소득층이 미국에 가서 의료서비스를 받는 탓도 있습니다. 미국으로서는 지금 상태가 자국에 도움이 되기 때문에 굳이 교육시장 개방을 요구하지 않았다고 봅니다. 하지만 우리 쪽에서 본다면 미국이 개방 요구를 하건 안 하건 서비스시장을 선진화하려면 개

한미FTA, 하나의 협정 엇갈린 '진실'

방이 필요했습니다. 미리 개방정책이 수립되어 있어야 했는데, 관련 부처가 관련업계의 반발을 우려해 개방에 소극적이었다고 평가합니다. 거꾸로 보면, 교육단체와 의료집단의 적극적인 로비가 여전히 통하고 있는 것 아닌가 하는 생각도 듭니다.

사 회   이 부분은 사실 한미FTA가 아니더라도 정부가 의지를 갖고 특정국이 아닌 세계 모든 나라에 일방적으로 개방할 수도 있는 분야라고 보시는지요?

정인교   그렇습니다. 그동안 정부가 두 차례에 걸쳐서 서비스산업 선진화 대책을 내놓았습니다. 2006년 연말에 1차 대책이 나왔고 2007년 7월에 2차 대책이 나왔는데 둘 다 부실합니다. 2차 대책의 가장 대표적인 사례가 반값 골프장이었습니다. 반값 골프장은 기대대로 실현되기 어렵다고 보는 시각이 매우 많습니다. 서비스산업은 시장개방 없이 선진화하기는 매우 어려운 과제입니다. 그런데 개방을 하려면 정부 부처의 의지가 매우 중요합니다. 담당 부처가 개혁의지를 갖지 않으면 어렵습니다.

사 회   이 교수님께서는 평점을 어떻게 매기시겠습니까?

이해영   저는 점수를 매길 수 있는 범위 밖에 있다고 봅니다. 낙제점을 줄 수밖에 없습니다. 협정의 득실에 불균형이 매우 심각합니다. 미국이 얻는 이득이 8이라면 우리 쪽 이득은 2나 될까요.

사 회　어떤 점에서 그렇게 평가하십니까?

이해영　원래 한미FTA를 시작할 때 우리 쪽이 설정했던 협상 목표를 얼마나 달성했는지를 기준으로 삼아 제가 수치를 따져보니 그렇습니다. 백수십여 개에 달하는 모든 쟁점에 대해서 우리의 협상 목표가 뭐였고 그 결과가 어떠했는지를 따져본 것입니다. 물론 협상 목표마다 중요도가 다르긴 합니다만, 일단 이건 제쳐두고 수치로만 보면 협상 목표 달성에 실패한 것이 너무 많습니다. 그럼에도 정부가 홍보를 통해 협상을 잘 했다고 하려니, 내용을 조작하고 예상되는 결과를 왜곡하는 문제까지 생기고 있습니다.

사 회　구체적인 사례를 들어 얘기해주시죠.

이해영　대표적인 예로 투자자-정부제소권ISD을 들 수 있습니다. 원래 우리 목표는 간접수용을 인정하지 않는다는 것이었습니다. 그런데 실제 미국과의 협상 과정에서 깨져버렸습니다. 그리고는 나중에 이게 세계적인 흐름이라는 식으로 합리화하고 있습니다.

사 회　애초 협상 목표에서 가장 많이 밀렸던 건 지적재산권 관련 사안이지요?

이해영　그렇습니다. 20개 가량 되는 거의 모든 쟁점에서 협상 목표를 지키지 못하고 미국 쪽 요구를 들어줬습니다. 그런 식으로 셈하면, 모든 협상 쟁점에서 8 대 2 정도로 미국 쪽 입장이 훨씬 많이 관철됐습니다.

경제효과도 미국이 훨씬 크다는 보고가 나와 있습니다. 미 국 제무역위원회 최종보고서를 보면 경제효과가 미국 쪽이 훨씬 큰 것으로 나와 있습니다.

사　회　우리 쪽이 덜 이익을 본다는 것이지, 손해를 본다는 것은 아니지 않나요? 이익의 불균형을 인정하더라도 하여튼 우리 쪽도 이익이라면 그렇게 굳이 나쁜 점수를 줄 수 있을까요?

이해영　그 이득 가운데 상당부분이 관세 철폐로 인해서 생기는 겁니다. 앞에서도 말씀드렸지만, 관세 철폐로 인해 생기는 세수 누락은 결국 소비자에게 다시 그 짐이 돌아옵니다. 다른 명목으로 세금을 더 내든지, 국가가 공공부문을 줄이든지 하는 방식으로요. 설령 그밖에 이득이 생기더라도 그것은 대부분 초국적 기업에게 돌아갈 뿐입니다. 우리 경제가 안고 있는 고용 없는 수출, 고용 없는 성장이란 문제점을 해결하기에는 역부족일 뿐 아니라 오히려 문제를 더 악화시킬 수 있는 협정입니다.

마지막으로 서비스산업 문제도 언급해야 할 것 같습니다. 한미FTA를 통한 서비스산업 개방 폭이 너무 작지 않느냐는 이야기도 있지만, 우리가 자발적으로 개방하는 부분과 한미FTA와의 연관을 놓쳐서는 안 됩니다. 지금 우리가 경제자유구역을 만들어서 그곳에 있는 병원은 영리법인으로 허용합니다. 이건 경제자유구역 밖에 있는 병원에 대해 역차별을 하는 것입니다. 만약 재벌 병원을 포함한 국내 대형 병원 쪽에서 한미FTA에 따른 국내 병원 역차별 해소를 요구하게 되면, 경제자유구역 밖에 있는 병원도 영리법인으로 허용해줄 수밖에 없게 될 것입니다.

미국은 이런 점을 염두에 두고 굳이 서비스시장 개방을 적극적으로 요구하지 않았을 뿐이지, 결코 우리가 방어를 잘한 게 아닙니다. 이런 이유에서 1차 협상 직후 미국은 "비영리법인 제도의 변경과 이를 통한 시장개방을 요구하지 않겠다"고 말한 것입니다. 바로 이를 두고 정부는 마치 미국이 학교와 병원에 대한 시장개방을 요구하지 않았고, 나아가 우리가 방어를 잘한 것처럼 국민을 기만하였습니다.

그런데도 협상 과정을 전혀 이해하지 못한 일부 FTA 지지론자들은 학교, 병원을 더 많이 개방하지 못해 잘못된 것처럼 말하기도 합니다.

우리나라 서비스 수지는 만성 적자이고, 적자 규모도 독일, 일본에 이어 세계 3위입니다. 곧 2위인 일본을 앞지를 수도 있습니다. 우리 서비스 산업의 경쟁력 수준이 미국의 2분의 1밖에 안 되는데, 한미FTA가 발효되면 서비스 수지가 더 악화될 건 불을 보듯 뻔합니다. 상품수지 흑자는 감소하고, 서비스 수지 적자는 확대되는 협정이 한미FTA입니다.

사　회　무역수지가 어떻게 변할지는 나중에 다시 논의하기로 하겠습니다.

정인교　이 교수님의 한미FTA 평가방식에 문제제기를 해야겠습니다. 이 교수님처럼 협상 결과를 애초 협상 목표와 비교하면서 평가하는 방법도 있을 수 있습니다. 이건 협상을 잘 했느냐를 따질 때는 의미 있는 평가방식입니다. 또 다른 방법은 협정문을 놓고, 순수하게 협정의 효과를 따지는 방법입니다. 저는 후자를 택했습니다.

이 교수님처럼 평가하실 때 놓쳐선 안 될 게 있습니다. 어느 쪽이든 자신의 협상 목표를 달성하려면 상대국에게도 반대급부를 줘야 합니다. 우리 쪽이 미국의 요구를 받아들일 수 없다면, 우리가 얻으려는 것도 그만큼 포기할 수밖에 없는 것입니다. 이를 충분히 고려해서 평가해야 한다는 말씀을 드리고 싶습니다.

다음으로 협정문을 근거로 경제효과를 따질 때도 주의해야 할 게 있습니다. 절대액수(예를 들어 달러화 표시)로 추정한 경제효과는 경제규모가 큰 나라가 당연히 클 수밖에 없습니다. 미국의 경제규모는 우리나라의 16배나 됩니다. FTA 경제효과를 절대액수로 보지 말고, 국내총생산 대비 몇 퍼센트가 증가하는지를 봐야 합니다. 절대액수로 보면 당연히 한미FTA의 경제효과가 미국 쪽이 더 크지만, 경제효과의 크기를 양국의 경제규모에 비춰보면 한국 쪽의 이득이 더 큰 것으로 나옵니다.

이해영　제가 쓴 평가방식 곧 협상 결과를 협상 목표와 비교하
는 방식에 대해 여러 문제제기를 하셨습니다. 실제 정부도 협상
이란 상대가 있는 것이니까 협상 전략이 있는 것이고, 그에 따라
협상 목표는 바뀔 수 있다고 얘기합니다. 하지만 그 말이 설득력
을 지니려면 우리 쪽만이 아니라 미국 쪽도 바뀐 게 있어야 하는
데, 미국 쪽은 거의 바뀐 게 없습니다. 우리 쪽이 협상에서 일방
적으로 밀린 것을 그런 식으로 정당화해서는 곤란하다고 봅니다.

　한미FTA, 하나의 협정 엇갈린 '진실'

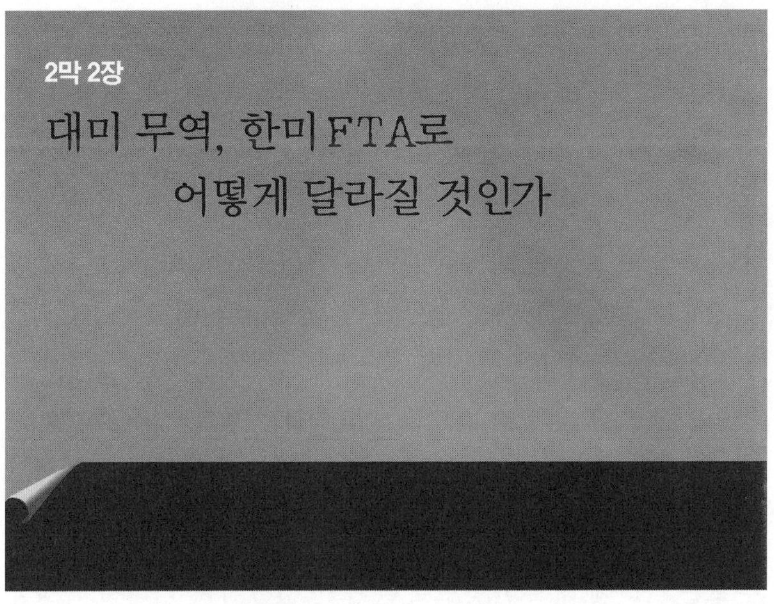

사 회　많은 분들이 우리나라는 수출로 먹고 사는 나라이고, 따라서 수출시장을 개척해나가야 하며 이를 위해서는 불가피하게 국내시장도 개방해나가야 한다고 이야기합니다. 한미FTA에 찬성하는 분들 가운데는 제도선진화의 계기가 된다는 점을 더 강조하는 분들도 있긴 합니다만, 일반 국민 대다수는 수출시장 개척 쪽을 더 비중 있게 보는 듯합니다. 그런데 어떤 분석 결과를 보면, 한미FTA로 인해 우리나라의 대미 수출 증가보다는 대미 수입 증가가 훨씬 많은 것이라는 내용이 눈에 띕니다. 맞는 얘기일까요? 한미FTA로 양국간 무역수지는 어떻게 변할까요?

정인교 현재 우리나라는 대미 교역에서 무역수지 흑자를 내고 있습니다. 2006년에는 95억 달러의 흑자를 냈습니다. 당분간 흑자기조는 계속 유지될 듯한데, 한미FTA가 발효되면 앞으로 이 흑자기조가 어떻게 될 것인지에 관심이 많은 것 같습니다. 정부에서는 흑자 규모가 좀 줄어들 수는 있겠지만 여전히 흑자는 유지될 것으로 얘기하고 있습니다. 한편에서는 적자로 돌아설 수 있다는 주장도 합니다.

먼저 국제경제학적인 측면에서 보면 사실은 무역수지가 흑자나 적자가 되기보다는 균형상태가 제일 좋은 것입니다. 균형이 이뤄지는 가운데 교역이 지속적으로 늘어나는 게 좋습니다. 물론 모든 나라에 대해 균형으로 갈 수는 없겠지요. 따라서 특정국에 대해서가 아니라 무역 전체로 균형이 유지되는 게 가장 바람직합니다.

한미FTA가 발효되면 대미 무역수지에 어떤 영향을 미칠 것인가? 적자가 날 수도 있다고 보는 분들은 미 국제무역위원회가 2001년에 낸 보고서를 근거로 들고 있습니다. 2001년도 보고서는 사실은 농업부문 관세 100퍼센트 철폐를 가정한 것입니다. 그렇게 되면 미국은 최고 100억 달러까지 우리나라에 대한 농축산물 수출을 늘릴 수 있을 것으로 추정했습니다. 그런데 수입증가액 가운데 80억 달러가 가공식품입니다. 원료 농산물이나 축산물 수출은 그렇게 많이 늘어나지 않는 것으로 예측했습니다.

하지만 이 분석은 1995년 당시의 한미간 교역구조를 전제로 한 것입니다. 오래 전의 교역구조가 그대로 유지된다는 가정 아래 분석한 것입니다. 지금 현재 상황에서 보면 미국산 가공식품이 그렇게 많이 들어올 것이라고는 보기 어렵습니다. 매우 비현실적인 예측입니다.

최근의 무역통계를 갖고 분석해보면 어떻게 될 것인가? 우리 쪽이 미국보다 관세율이 높기 때문에 한미FTA를 이행하게 되면 관세가 없어지는 미국 상품의 값이 많이 떨어질 것입니다. 그동안 제3국에서 수입하던 것 가운데 일부가 미국산으로 전환될 가능성이 큽니다. 그런 점에서 보면 대미 무역흑자 규모가 줄어들 가능성은 있습니다. 그렇다면 그 규모가 얼마나 될 것인가? 제 개인적인 연구 결과로 보면 약 15억~25억 달러 정도 흑자가 줄어들 것으로 생각합니다. 현재 우리나라가 미국과의 교역에서 100억 달러 정도의 무역수지 흑자를 기록하고 있으므로, 향후에도 대미 무역수지 흑자기조는 그대로 유지될 것으로 봅니다.

대미 무역수지 흑자 규모가 줄어드는 것만 보고, 한미FTA가 우리 경제에 불리하게 작용하는 것으로 평가할지도 모르겠습니다만, 그렇지 않습니다. 대미 무역수지 흑자가 약간 줄어드는 대신 전 세계를 대상으로 한 교역에서는 연간 70억~80억 달러 가량 무역수지가 개선될 것으로 생각합니다. 대미 무역수지에만 초점을 두고 한미FTA의 경제효과를 얘기해서는 안 됩니다.

사 회 대미 무역흑자가 20억 달러 가량 감소한다고 보시는 것은, 제3국에서 수입하던 것을 그만큼 미국에서 더 수입하게 되기 때문인가요?

정인교　대부분 그렇다고 볼 수 있습니다.

사　회　한미FTA로 인해 우리나라의 전체 무역수지가 70억~
80억 달러 가량 개선될 것이라는 전망은 어떤 근거에서 나온 것
입니까?

정인교　미국과 FTA를 하면 미국의 원부자재가 싼 값으로 국내
에 들어올 것입니다. 이를 이용하면 우리나라 제품의 가격경쟁력
이 높아집니다. 미국시장에 수출도 늘릴 것이고, 제3국 수출도 늘
어날 것입니다. 그래서 대미 무역수지 흑자가 줄어드는데도, 전
체 무역수지는 크게 개선될 것으로 보는 것입니다.

사　회　이 교수님께서는 어떻게 보십니까?

이해영　미 국제무역위원회 2001년 보고서는 한미FTA 발효 4년
뒤 미국의 대한국 무역수지가 90억 달러 가량 개선될 것이라는
내용을 담고 있습니다. 우리나라의 대미 무역흑자가 그만큼 줄어
든다는 얘기입니다. 한미FTA 협상이 끝나고 나온 미국 쪽 보고서
를 보면, 무역수지 변동 폭은 40억 달러로 줄어듭니다.
　우리 쪽 보고서도 한번 볼까요? 2006년 1월 대외경제정책연구
원 보고서를 보면, 우리나라가 무역에서 50억 달러 가량 손해 보
는 것으로 돼 있습니다. 2006년 3월 보고서에서는 처음에는 70억
달러 손해 보는 것으로 썼다가 47억 달러로 바꿨습니다. 바로 이

때문에 당시 조작 시비가 일어났습니다. 그런데2007년 4월에 한미FTA가 끝나고 나온 보고서를 보면 정반대입니다. 무역수지 흑자가 오히려 46억 달러 증가하는 것으로 돼 있습니다. 수수께끼 같은 이야기입니다. 비밀은 2007년 4월에 나온 보고서는 좀 특별한 방법으로 계산했다는 것입니다. 그 전의 보고서는 무역수지 변동을 계산할 때 CGE 모형을 썼는데, 이번 것은 각 부처별로 영향 받는 산업분야의 무역수지 변동 폭을 예측하게 해서, 이를 단순 합산한 것입니다. 그런데 무역수지를 제외한 나머지 곧 생산 증감, 고용 등은 이전처럼 CGE 모형을 사용하고 있습니다. 다시 말해 무슨 수를 써도 흑자가 나오지 않으니까 무역수지만 산업별 합산 방식을 택하면서 이것이 더 정확한 것이라고 말합니다. 그렇다면 생산, 고용 모두 잘못된 것이라는 것을 인정한 것과 다를 바 없죠. 그런데도 정부는 이 수치가 마치 사실인 것처럼 정부예산을 퍼부어가면서 광고하고 있습니다. 한마디로 대국민 사기극이라는 말입니다.

정인교　오늘날 FTA 경제효과를 추정하는 방법으로 세계적으로 가장 많이 쓰이는 것이, 연산가능일반균형모형 곧 CGE 모형이란 겁니다. 아주 복잡한 분석 모형인데요. 이걸 가지고 FTA 경제효과를 계산할 때, 연구자에 따라서 몇몇 기본 수치를 다르게 대입할 수 있습니다. 이 때문에 분석 결과가 다르게 나올 수 있습니다.

　왜 수치를 똑같게 못하느냐, 그건 현실적인 어려움이 있습니다. 예를 들어 우리나라 농산물은 무관세 품목도 있지만, 관세율이 900퍼센트 수준인 품목도 있습니다. 평균적으로 보면 150퍼센트인데, 이런 품목의 관세율이 바뀌면 100원 하던 상품 가격이 얼마로 바뀔까요? 그 값을 정확히 예측하기 어렵기 때문에 분석 모형에 어떤 수치를 넣느냐에 따라 결과물이 달라지게 마련입니다.

관세율이 바뀌어도, 농산물의 경우에는 가격변동을 정확히 예측하기 어렵습니다. 농산물은 싸진다고 해도 소비가 크게 느는 게 아니거든요. 소비자들은 신선도도 따지고 생산지를 따지기도 합니다. 그래서 수요 추정이 어렵습니다.

어쨌든 그동안 정부가 한미FTA에 대한 예측 결과를 수치로 발표하면서 신중하지 못한 점이 있습니다만, 협상이 진척되면 분명해지는 부분이 있으니까 이를 반영해서 계산하면 예측 결과가 달라지는 건 당연합니다. 하지만 무역수지 흑자가 줄어들 것이라고 계속 얘기하다가 오히려 흑자가 늘어날 것이라고 정반대로 전망할 경우에는 충분한 근거를 대서 설명했어야 합니다.

이해영　정 교수님은 한미FTA 결과 대미 무역수지가 악화할 것이라는 데는 동의하시는 셈이군요.

사 회　현재 우리 쪽이 미국보다 관세율이 높기 때문에, 관세 철폐를 큰 줄기로 하는 FTA를 맺으면 무역수지 면에서는 역시 미국 쪽이 더 유리하리라는 게 대체적인 예측이군요.

　　한미FTA, 하나의 협정 엇갈린 '진실'

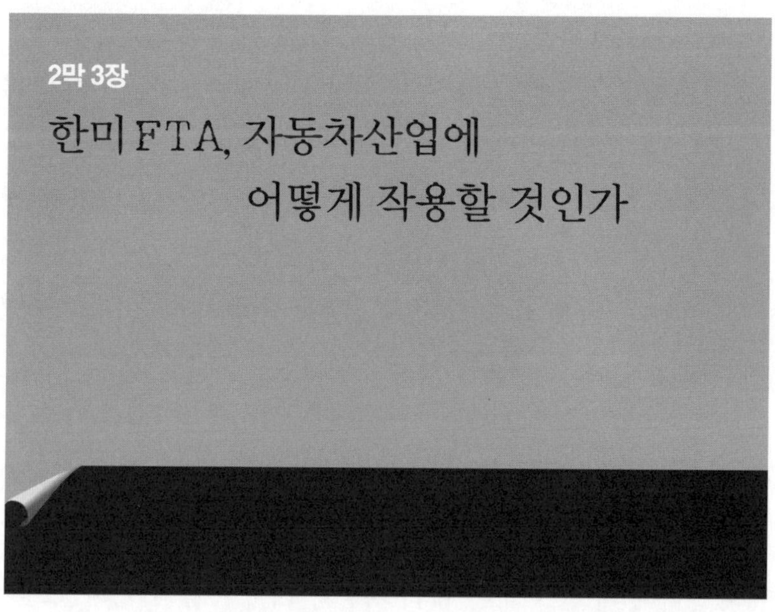

사 회　한미FTA 협상에서 자동차 분야는 우리 쪽이 미국시장을 키울 수 있는 여지가 큰 분야로 상당한 관심을 끌었습니다. 우리나라는 2006년 85만여 대의 자동차를 미국에 수출했습니다. 시장점유율은 2.5퍼센트 가량입니다. 반면에 미국 자동차의 국내 수입은 연간 1만 대에도 못 미칩니다. 그런 두 나라가 자동차시장 개방을 서로 확대하면, 우리 쪽이 훨씬 큰 이득을 볼 것이라는 기대가 많습니다.

자동차 분야에서 한미FTA 협정 내용은 이렇습니다. 미국 쪽은 우리나라 대미 자동차 수출의 73퍼센트(2003~2005년 평균)를 차지하는 3000cc 이하 승용차에 대한 관세(2.5퍼센트)를 즉시 철폐하고, 3000cc 초과 대형 승용차의 관세는 3년 뒤 철폐하기로 하였습니다. 관세가 25퍼센트인 트럭은 10년에 걸쳐 단계적으로 관세를 폐지하기로 하였습니다. 반면에 우리 쪽은 8퍼센트인 승용차 관세를 즉시 철폐하고, 배기량에 따라 매기는 특별소비세를 미국 쪽 요구대로 간소화하기로 하였습니다.

한미FTA로 양국 자동차산업에 앞으로 어떤 일이 벌어질 것인지, 변화가 일어나는 메커니즘을 구체적으로 살펴보고 싶습니다.

정인교　자동차는 한미FTA 협상에서 가장 민감한 분야 가운데 하나였습니다. 결국 양쪽이 희망했던 사항을 균형시켜 협상을 타결했습니다. 우선 미국은 우리 자동차 대미 수출의 73퍼센트를 차지하는 소형 자동차에 대한 관세를 즉시 철폐하기로 했습니다. 현행 미국의 자동차 수입 관세가 2.5퍼센트로 낮기는 합니다. 하지만 우리나라 전체 대미 수출에서 자동차가 차지하는 비중이 4분의 1이나 되고, 미국의 자동차 시장은 세계에서 가장 큽니다. 최근 몇 년 사이 미국 소비자들의 한국 자동차에 대한 인식도 좋아지고 있는 터라, 관세 철폐는 상당한 자동차 대미 수출 증가로 이어질 것으로 봅니다.

사　회　3000cc 이하 자동차에 대한 미국 쪽 관세 2.5퍼센트는 매우 낮습니다. 원-달러 환율이 2.5퍼센트만 올라도 관세 철폐와 같은 효과가 납니다. 그래서 관세 철폐가 수출에 얼마나 영향을 주겠느냐는 부정적인 시각도 있습니다.

정인교　　미국의 자동차 관세율이 낮기는 합니다. 또 양국간 환율 변동이 심한 것도 사실입니다. 그렇지만 환율은 한미FTA와는 직접 관련이 없으니까 함께 거론하기 어려운 외부조건입니다. 오히려 환율이 불리하게 작용하므로 FTA를 체결해서라도 불리한 환경을 개선해줘야 한다는 주장이 더 설득력을 얻을 수 있습니다.

　　문제는 2.5퍼센트 관세가 시장에 영향을 줄 정도냐, 아니냐는 것인데요. 우리나라 자동차 회사가 미국에 자동차를 수출해서 얻는 이익이 매출의 5퍼센트 안팎입니다. 그런 상황에서 2.5퍼센트 관세는 결코 무시할 수 없습니다. 그만큼 마진을 키우거나 가격을 낮출 수 있습니다. 자동차 수출 물량이 매우 많기 때문에 경제효과도 결코 작지 않습니다.

이해영　　저는 경제효과가 과장돼 있다고 봅니다. 미국은 지금까지 체결한 모든 FTA에서 자동차 관세를 철폐했습니다. 한미FTA에서도 물론 자동차 관세를 철폐했습니다. 자동차 부품의 관세는 자동차보다 더 낮은 1.5퍼센트입니다. 우리는 이것 말고는 얻어낸 것이 없습니다. 미국이 압도적인 경쟁력을 갖고 있는 트럭은 관세 철폐가 10년 뒤로 미뤄졌습니다.

　　미국이 2.5퍼센트 관세 철폐를 선선히 들어준 이유와 관련해서, 미국 쪽 수석대표가 의회에서 한 증언은 새겨들을 필요가 있습니다. 한국 자동차의 미국 현지생산 비율이 앞으로 3년 뒤면 67퍼센트에 이른다는 점입니다.

사　회　현지생산 자동차는 관세 철폐 혜택을 보지 못하지요?

이해영　그렇습니다. 어차피 관세가 붙지 않기 때문에, 한미FTA로 자동차 관세가 철폐되더라도 큰 실익이 없습니다. 현지생산 비율을 감안하면 그것도 일정 기간 내에서만 잘해야 국내에서 생산해서 수출하는 30퍼센트 남짓 되는 물량만 관세 철폐 혜택을 봅니다.

또 원-달러 환율이 5퍼센트만 떨어져도 자동차 수출 가격은 약 2.1퍼센트 하락하므로 관세 2.5퍼센트가 철폐됨으로써 생기는 효과를 거의 상쇄할 정도입니다. 관세 철폐 효과가 클 수가 없다는 이야기입니다.

사　회　자동차의 미국 현지생산 비중이 3년 뒤면 67퍼센트에 이르므로, 이 물량까지 포함해서 관세 철폐 이득을 얘기해선 안 된다는 이 교수님 지적은 옳다고 봅니다.

정인교　미국 쪽 수석대표가 미국 조지아 주에 현대기아차가 짓는 생산시설을 두고 얘기한 것으로 생각합니다. 물론 공장이 완공되면 60만 대 정도 현지생산이 이뤄집니다. 현재 우리의 대미 수출 물량이 80여만 대니까, 그런 계산이 나온 것이라고 봅니다.

하지만 우리 정부도 가능한 유리한 쪽으로 한미FTA를 이야기하고, 우려스런 대목은 덜 언급하는 것처럼 미국 정부도 그렇다는 점을 먼저 이해할 필요가 있습니다. 미국 정부로서는 한미FTA로

　한미FTA, 하나의 협정 엇갈린 '진실'

미국 자동차 산업이 별 영향을 받지 않는다는 점을 강조하고 싶어 합니다. 그래서 근거로 들이대는 것이 현지생산 비율입니다.

67퍼센트가 현지생산 물량이 될 것이라는 지적은, 우리나라가 미국에 수출하는 물량이 더 이상 늘지 않고, 또 다른 나라에 수출하는 물량도 늘지 않는다는 것을 전제한 계산입니다. 우리는 미국 현지에서 생산한 자동차를 미국시장에 팔 수도 있고, 다른 나라에 수출할 수도 있습니다. 미국에서 생산한 자동차는 미국이 FTA를 맺은 나라에 수출할 때, 관세 철폐 혜택을 볼 수 있습니다. 이런 점을 무시해서는 안 됩니다.

미국 현지생산은 우리나라 자동차 부품의 수출을 늘릴 것입니다. 부품업체들도 미국 현지에 많이 나가기는 했지만, 적어도 부품의 4분의 1 정도는 국내에서 미국으로 수출될 것으로 업계는 보고 있습니다. 60만 대가 미국 현지에서 생산될 때, 부품 수출로만 완성차 15만 대를 수출하는 효과가 생깁니다. 자동차 부품 관세 철폐도 한미FTA의 효과입니다.

이해영 미국 현지에서 어떤 모델의 자동차가 생산되는지를 봐야 합니다. 3년 뒤 미국 현지 공장이 완공되는데, 현지에서 생산되는 모델은 소나타입니다. 이것은 미국시장에서 현대자동차가 주력으로 삼는 모델입니다. 현지 생산되는 물량만큼 국내에서 생산해 수출하는 물량은 줄어듭니다. 따라서 관세 철폐 혜택을 그다지 못 본다는 얘깁니다.

실제로 미국 현지생산 물량이 늘어나면서 자동차의 대미 수출이 급감하고 있습니다. 미국 현지생산 자동차는 2005년 8만 7000대에서 2006년 21만 대로 147퍼센트 늘었는데, 국내 생산 자동차 수출량은 32만 8000대에서 24만 대로 30퍼센트나 급감했습니다.

정인교　그건 2006년 현대자동차 파업으로 인한 생산 차질에서 비롯한 영향이 적지 않다고 봅니다. 일시적 조정으로 봐야 합니다. 우리 기업보다 앞서 미국에 진출한 일본 업체들의 대미국 수출 실적[3]을 검토해볼 필요가 있습니다. 미국에서의 생산이 늘어나지만, 동시에 일본에서 생산된 차량과 부품의 대미국 수출이 꾸준히 늘어나고 있습니다. 미국 현지생산의 수출을 대체하는 것이 아니라 미국 자동차 메이커 시장을 잠식하고 있는 것으로 봐야 합니다.

이해영　파업 때문에 대미 수출 물량이 줄었다는 건 지나친 해석입니다. 상식적으로 생각해도, 현지에서 생산하는 물량이 늘어나면, 수출 물량이 줄어드는 것은 당연합니다. 전체 판매량이 급격히 늘어나지 않는 한 말입니다.

　제가 강조하고자 하는 바가 바로 이것입니다. 대미 수출에서 자동차가 차지하는 비중이 크다는 건 다 아는 얘깁니다. 하지만 미국 현지생산이 급증하는 상황에서 한미FTA로 관세가 철폐된들 지금 수출하는 물량의 일부만이 관세 철폐 혜택을 본다는 것입니다. 수출이 크게 늘어날 것이라는 주장은 분명 과장된 것입니다.

　　현대자동차 입장에서 본다면, 미국 현지의 각종 비관세장벽을 깨는 데 상당한 관심을 가졌을 텐데, 이 부분은 협상에서 전혀 따내지 못했습니다.

사　회　자동차공업협회는 한미FTA로 우리나라 자동차 수출액이 연간 3억 4000만 달러 늘 것이라고 봤고, 산업연구원은 8억 6000만 달러 늘 것이라고 전망했군요. 현지 생산이 늘어나는 부분을 얼마나 고려했는지 모르겠습니다만. 수출 쪽은 이쯤 해두고, 수입 쪽에 어떤 영향이 있는지도 살펴봤으면 좋겠습니다.

이해영　많은 분들이 미국 차는 국내시장에서 인기가 없다, 그러니 수입 증가는 별로 걱정할 것이 없다고 말합니다. 하지만 우회 수입으로 인한 내수 잠식 가능성이 있다는 점도 생각해야 합니다. 미국에서 독일과 일본 자동차가 생산됩니다. 이런 차도 미국산이기 때문에 우리나라에 들어올 때 관세 철폐 혜택을 봅니다. 중장기적으로 분명 우리 내수시장을 잠식해갈 것입니다.

　　현재자동차는 지금도 해외 현지생산을 계속 늘리고 있습니다. 2007년 기준으로 400만 대 생산체제를 굳히고 있는데, 앞으로 260만 대를 해외 현지에서 생산한다고 합니다. 세계 자동차시장이 포화상태라 국내 생산 물량을 쉽게 늘리기는 어려울 것입니다. 그런데 우리 시장이 열리면서, 내수가 잠식돼가면 고용이 어떻게 될지 걱정입니다.

정인교　현대자동차 같은 글로벌기업이 현지생산 체제를 구축하는 것은 자연스런 현상입니다. 판매과정에서 마찰을 줄이기 위해 현지생산이 불가피한 면이 있었습니다. 우리나라가 그동안 FTA를 맺지 않아서 거대경제권 시장에 진출하기가 어려웠습니다. 또 국내 투자여건이 다른 국가에 비해 불리한 측면이 컸습니다. 진작 FTA가 있었고, 이로 인해 통상제도 및 비즈니스 관행이 선진화되었다면, 해외 현지생산보다는 국내 생산시설을 확충했을 수도 있습니다.

국내 자동차에 대한 관세 철폐 및 세제 정비 결과, 외국차가 가격 경쟁력을 조금 높일 수 있을 것입니다. 그러나 현재 우리 국내 자동차시장에서 외제차의 시장점유율은 3.3퍼센트에 불과합니다. 미국 자동차의 국내시장 점유율은 0.7퍼센트밖에 안 됩니다. 미국 차가 그렇게 단기간에 위협적으로 시장점유율을 높일 것으로는 보지 않습니다.

앞으로 우리 자동차업계가 어떤 전략을 펴느냐가 중요합니다. 세계 20대 국가 중 국산차가 국내시장을 95퍼센트 이상 점유하는 나라는 없습니다. 이로 인해 우리 자동차업계가 이런 국내시장에서 그동안 안주했던 게 사실입니다. 그렇다면 수입이 좀 늘어나는 게 바람직할 수도 있습니다. 현대차 사례에서 보았듯이, 노조나 경영진이 소비자를 의식하지 않는 행동이나 결정을 줄이도록 시장 환경이 영향을 주게 되겠지요. 또 수입이 어느 정도 늘어나는 것은 무역 상대국의 반발을 줄이는 효과도 있습니다.

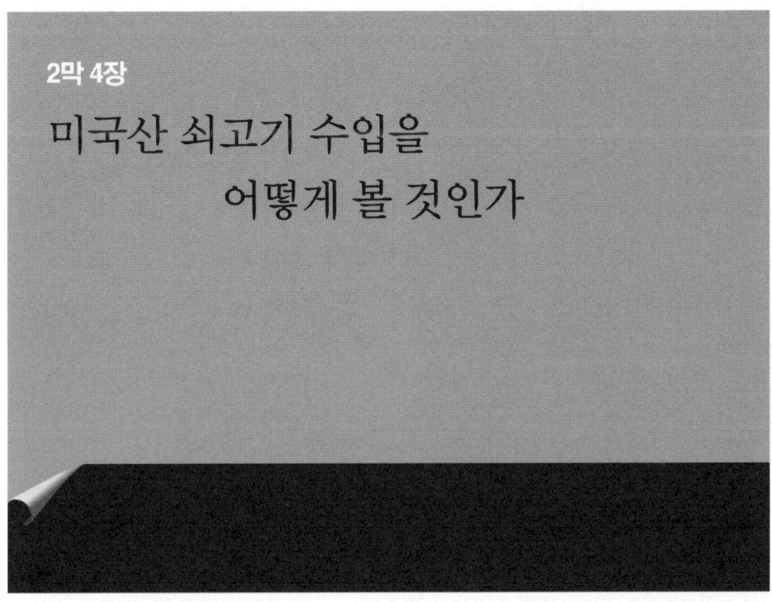

사　회　쇠고기 문제는 사실 한미FTA와 직결된 사안은 아닙니다. 미국 소에서 광우병이 발생했기 때문에 우리나라는 그동안 미국산 쇠고기 수입을 극히 제한적으로만 허용해왔습니다. 그런데 미국은 쇠고기 수입 문제를 한미FTA와 연계하여 쇠고기 수입 제한을 크게 완화해야만 FTA를 맺을 수 있다고 압박했습니다. 한미FTA를 서둘러 마무리하고 싶어 하는 우리 정부는 미국 쪽 요구를 받아들여 미국산 쇠고기 수입 범위를 확대하려고 적극적으로 움직이고 있습니다. 그러다보니 현재 수입되고 있는 미국산 쇠고기에서 수입금지 물질이 나와도 강력하게 제재하지 못하고 있기도 합니다. 미국산 쇠고기 문제는 어떻게 풀어야 할까요?

정인교　쇠고기 문제는 FTA와 별도라지만 사실상 맞물려 있는 것으로 봐야 합니다. 쇠고기만 떼어놓고 보면, 우리나라가 쇠고기에 부과하고 있는 40퍼센트의 관세를 어떻게 할 것이냐가 FTA 협상 대상입니다. 하지만 관세가 어떻게 결정되든 미국산 쇠고기를 수입하려면 검역 문제가 먼저 해결돼야 합니다. 검역 문제는 FTA 밖의 문제지만, FTA 협상 기간에 광우병 검역 관련 협상도 함께 이뤄졌습니다. 그러니까 형식적으로는 독립된 것이지만, 내용면에서는 맞물려 논의된 사안이라고 봐야 하겠습니다.

사 회　쇠고기 관세는 15년에 걸쳐 단계적으로 철폐하기로 했지요?

이해영　쇠고기 관세는 미국 입장에서 보면 그다지 중요하지 않을 것입니다. 미국산 쇠고기 값은 한우의 3분의 1에서 2분의 1정도입니다. 관세가 붙는다고 해도 한우는 경쟁이 안 됩니다.

미국 소에서 광우병이 발생하기 전에 우리나라는 미국산 쇠고기를 이미 한 해 8억 달러어치나 수입했습니다. 쇠고기 가운데 살코기는 30퍼센트 정도고 나머지 70퍼센트는 갈비입니다. 미국이 뼈 있는 쇠고기 수입을 강조하는 이유가 여기에 있습니다. 우리나라가 살코기 수입만 재개해봐야 미국 쪽에서 보면 별 거 아닙니다. 그래서 미국은 처음부터 뼈가 포함돼 있는지 여부를 따지지 마라, 그리고 소의 연령도 따지지 말고 무조건 수입을 재개하라고 요구했습니다.

　한미FTA, 하나의 협정 엇갈린 '진실'

흔히 검역을 제2의 국방이라고 부릅니다. 그런데 한미간 광우병 관련 검역 협상 결과를 보면, 과연 우리가 진정한 주권국가인지 의심스러울 정도입니다. 식품은 가격이 싸다는 것만 생각해서는 안 됩니다. 소비자들에게는 안전성도 매우 중요합니다. 국가가 아니면 식품의 안전성을 관리하기 어렵습니다. 정부가 막가파식으로 미국산 쇠고기 수입 범위를 확대하려는 것은 큰 걱정입니다.

사 회 지금은 뼈 없는 쇠고기만 수입이 가능합니다. 그런데 통관 과정에 있는 미국산 쇠고기에서 뼛조각이 여러 차례 발견되고 통뼈가 발견되기도 했습니다. 수입 위생조건 위반으로 수입중단 조치를 취해야 한다는 지적도 많았는데, 정부는 수입 범위 확대 일정을 밀어붙이고 있습니다.

이해영 미국산 쇠고기 수입 범위 확대는 시간문제일 뿐이지, 정해진 코스나 다름없습니다.

사 회 정 교수님께서는 쇠고기 수입 범위 확대를 어떻게 보십니까?

정인교 광우병과 관련해 미국산 쇠고기의 안전성은 물론 중요합니다. 안전성 문제는 국제수역사무국OIE[4]이나 다른 국제기구에서 대충 지나쳐가는 문제가 아닙니다. 미국 소에서 광우병이 발생하기 전에 83개 국가가 미국산 쇠고기를 수입하다가 광우병 발병으로 수입 중단조치를 취했습니다. 그런데 광우병 문제가 해결되면서 수입을 다시 재개했습니다. 식품 안전에 대한 기준이 우리나라보다 훨씬 까다로운 일본도 수입을 하고 있습니다.

고기의 부위나 소의 연령을 고려해야겠습니다만, 미국산 쇠고기를 먹으면 당장 광우병에 걸릴 것처럼 주장하는 것은 바람직하지 않습니다. 어떤 분들은 이런 얘기도 합니다. 광우병에 걸릴 확률은 로또에 1등 당첨된 사람이 당첨금을 찾으러 은행에 가다가 벼락에 맞아 죽을 정도의 확률이라고 합니다. 식품 안전성은 과학적 영역에 속합니다. 무작정 안전성을 강조하면서 소비자의 불안감만 지나치게 부추기는 것은 옳지 않다고 봅니다.

사실 안전성을 그렇게 강조하는데도, 국내산 쇠고기에 대해 광우병 검사를 해서 안전성을 검증했다는 이야기는 들어보지 못했습니다.

이해영 국제수역사무국이 축산물의 안전성을 판단하면 그대로 받아들여야 할 것인가? 그렇지 않다고 봅니다. 국제수역사무국에 대한 미국의 입김도 무시하지 못합니다. 국제수역사무국이 예전에는 다섯 단계로 안전 등급 분류를 하다가 세 단계로 축소했습니다. 기준도 모호해졌습니다. 그러면서 미국을 중간에 집어넣어줬습니다. 과학도 국제정치의 영향 아래 있다는 얘깁니다.

수입 검역 조건을 위반할 경우, 일본은 곧바로 수입금지 조치를 취합니다. 우리는 이 핑계 저 핑계 대면서 눈치만 봐왔습니다.

 한미FTA, 하나의 협정 엇갈린 '진실'

정인교　국제수역사무국이 미국에 휘둘리느냐는 여기서 다루기는 어려운 주제입니다. 어쨌든 미국에서 광우병이 발생한 소가 3마리 정도죠? 1억 500만 마리를 사육하는데, 3마리가 발견된 게 미국 쇠고기의 광우병 위험 정도입니다. 영국은 미국보다 사육 두수가 훨씬 적은데 23만 마리가 폐기됐죠. 그래서 영국 소는 전 세계 어딜 가도 거래가 안 됩니다.

광우병 위험이라고 해도 상대국의 현재 상황을 보고 판단해야 합니다. 미국산도 위험이 전혀 없지는 않겠지만, 영국과 똑같은 수준의 위험성을 이야기할 수는 없습니다. 물론 미국산 수입 쇠고기에 뼈가 섞인 것은 잘못된 거죠. 미국이 이런 부분에 신경을 충분히 써줘야 합니다.

이해영　미국의 사육 두수 1억 500만 마리 가운데 3마리라는 말은 옳지 않습니다. 왜냐하면 미국은 도축을 할 때 0.1퍼센트만 광우병 표본검사를 하거든요. 1억 마리로 치면 10만 마리만 조사하는 셈입니다. 예전에는 1퍼센트 표본검사를 했는데, 그것도 도축업자들이 압력을 넣어 0.1퍼센트로 낮춰버렸습니다. 이런 허술한 검사로 안전성이 검증됐다고 할 수는 없습니다.

정인교　확률로 보면 0.1퍼센트가 얼마 되지 않는다고 하겠지만, 목축업자들은 광우병에 걸린 소가 있는지 외관검사를 늘 하고 있다고 봅니다. 사실 미국 소비자들도 우리 못지않게 식품 안전성을 신경 쓰지 않을까요? 미국 소비자들도 광우병 있는 쇠고기를 먹기로 작심하진 않았을 것입니다. 미국인들이 0.1퍼센트의 표본검사를 받아들인다는 건, 그 정도만 검사해도 미국인들이 납득하기 때문 아니겠습니까?

이해영　쇠고기를 먹는 방식에서 우리나라와 미국은 큰 차이를 보입니다. 미국인들이야 10여 부위밖에 먹지 않습니다. 하지만 우리나라 사람들은 소를 85가지 부위나 먹는다고 합니다. 안 먹는 부위가 없고, 우리나라 사람들이 먹는 부위는 광우병 위험이 더 큰 부위가 포함돼 있습니다. 광우병 위험 부위는 내장, 척수 등입니다. 이렇게 식습관이 다르니 수입 기준을 달리 적용해야 합니다. 국제수역사무국도 이를 인정하고 있습니다. 게다가 우리나라 사람들은 유전적으로도 서구인에 비해 광우병 인자에 취약하다고 합니다.

사　회　소비자 입장에서 보면, 미국산 쇠고기는 역시 꺼림칙합니다. 그런데 국산 한우는 괜찮은가요?

이해영　우리 한우도 100퍼센트 안전하다고 장담할 수만은 없다고 봅니다. 과거 육골분이 들어 있는 수입산 사료를 먹인 것도 있을 테니까요.

핵심 쟁점 사항 지상 논쟁_제2라운드

일부에서는 미국산 쇠고기의 안정성에 의문을 제기하고 있으나, 아주 낮은 확률에 근거한 위험을 마치 미국산 쇠고기를 먹으면 당장 광우병에 걸리는 것처럼 소비자를 오도하는 주장을 삼가야 할 것입니다.

Vs

쇠고기 문제는 협상의 최대 쟁점인데도 우리가 미국의 선제 요구사항을 미리 들어줘 버림으로써 협상의 지렛대로 사용할 수 없게 되었고, 결국 한미FTA 타결을 위해 사전합의 수준보다 더 크게 양보하고 만 것입니다.

한미FTA에 찬성하는 정인교 교수와 반대하는 이해영 교수가 주요 쟁점 사항은 맞짱토론에서 거의 다 얘기했지만, 독자의 이해와 편의를 돕기 위해 핵심 쟁점 사항들과 토론에서 미처 얘기하지 못한 사항들을 각각 찬반의 시각에서 간명하게 정리한 글을 싣는다.

 긍정적인 협상 결과 이끌어내

농업은 우리 경제의 개방 과정에서 피해를 많이 입은 대표적인 산업으로 한미FTA가 이행되면 추가 피해가 예상된다. 농업은 산업상의 특수성이 강한 업종이고, 비교역적 측면도 고려해야 하므로 협상에서도 소극적으로 대처할 수밖에 없다.

미국과의 FTA 협상을 시작할 당시 전면적인 농업개방 없이는 협상이 타결되기 어려울 것이란 전망이 많았으며, 미국은 농업개방에 협상력을 집중했다. 우리나라가 결코 만족할 만한 협상 결과를 도출할 수 없는 분야지만, 우리 정부의 협상력도 만만치 않았고 결국 '수성守城'에 성공한 것으로 농정당국은 평가하고 있다. 협상 막바지였던 3월 12일 우리 쪽 농업 협상대표였던 배종하 농림부 국제농업국장이, 수나라 장수 우중문에게 보낸 을지문덕 장군의 한시 〈여수장우중문시與隋將于仲文詩〉(여기에 "그대 전쟁에 이겨 이미 공이 높으니 그만 물러가기를 바라노라"는 구절이 있다)를 영어로 번역하여 미국 쪽 농업 협상대표에게 전달한 것이 협상 후

일담으로 널리 소개되기도 했다.

농림부가 농업 협상 결과를 긍정적으로 평가하고 있는 것은 우리나라의 높은 농업관세 구조를 당분간 유지할 수 있도록 협상을 타결했고, 민감 품목은 기본적으로 장기간의 이행기를 부여하면서 계절관세, 세번분리, 쿼터 제공 등을 통해 농업 피해를 줄이도록 협상을 타결했기 때문이다. 또 협정 이행기간 중에 민감 농산물 수입이 급증하면 긴급수입제한조치(세이프가드)를 적용할 수 있게 하였다.

또 농업분야 피해를 보전하고 구조조정을 지원하기 위해 119조 원 농업지원안을 수정하여 피해보전에 많은 예산이 투입될 수 있도록 하였다. 협상 타결 전에 농촌경제연구원은 피해 규모를 1~2조 원으로 추정했으나 타결 이후 농림부는 그 규모를 6~7조 원으로 상향조정하였다. 농민들에게 실질적인 혜택이 돌아가도록 하기 위한 배려로 생각한다. 2007년 11월 6일 정부는 20조 4000억 원의 농업지원 대책을 확정하였다. 향후 국회 비준 과정에서 추가 지원안이 제공될 가능성도 있으나 일차적으로 20조 4000억 원 예산을 효율적으로 활용하면 농민의 피해구제는 가능할 것으로 생각한다.

비록 성공적인 협상을 했다고 하나 미국과의 FTA에서 농업개방은 불가피한 측면이 있었고, 피해도 예상되므로 사회안전망 차원에서 노령 농업인들의 소득을 지원하고, 농정당국은 농업구조조정을 서둘러야 할 것으로 생각한다.

 ## 내줄 것 다 내주고나서 눈 가리고 아웅하기

농업부문이야말로 한미FTA의 모든 문제와 모순이 농축되어 있다 해도 과언이 아닐 것이다. 어떤 이는 오히려 이것이 당연하거나 불가피하다하면서 그 대신 제조업과 같은 다른 부문에서 상쇄하면 되지 않느냐고 한다. 심지어 협상이 끝난 뒤 국회 청문회에서 해당 부처 장관마저 협상에서 받아온 것이 없다고 인정할 정도로 협상 결과는 참담한 것이었다.

농업부문 협상 결과 쌀을 제외한 전 품목이 개방되었고, 이는 그 자체로 세계통상사에 신기록이라 할 만하다. 쌀을 지켰다고 하나 쌀은 이미 2004년 한미간 WTO 쌀 협상을 통해 2014년 이후 개방하기로 되어 있으므로 사실상 농업은 100퍼센트 개방되는 것이나 다름없다. 바로 수년 전에 이미 협상을 완료한 것이므로 쌀은 의제가 될 수가 없었다. 미국이 우리에게 4대 선결과제를 내걸었던 것처럼, 쌀을 '선결과제'로 제외하지 못한 것은 협상 전략의 실패로 봐야지, 그것을 지켰다고 말하는 것은 눈 가리고 아웅하는 짓이다.

정부가 협상을 잘했다고 주장한 계절관세 도입도 제주감귤 출하 시기와 맞추지 못함으로써 제주지역 경제에 심대한 타격을 줄 것으로 예상된다. 그리고 정부는 농산물에 대한 특별 긴급수입제한조치ASG 역시 자화자찬하고 있다. 그러나 그것 역시 뜯어보니 단 1회만 발동할 수 있도록 횟수를 제한한 것이라서 무용지물이나 다름없다. 게다가 발동 기준도 전혀 실효성이 없다. 예를 들

   한미FTA, 하나의 협정 엇갈린 '진실'

어, 쇠고기는 1년차 27만 톤에서 시작, 15년차에는 약 35만 톤을 기준으로 정해놓았다. 그런데 2003년 미국산 쇠고기 수입량이 최고에 달했을 때의 수입량이 약 20만 톤이고, 국내 쇠고기 소비량은 약 30만 톤이었다. 이렇게 발동 기준을 너무 높게 잡음으로써 긴급수입제한조치를 사실상 무력화한 것이다.

우리 쪽의 농산물 세이프가드와 미국 쪽의 섬유제품 세이프가드는 서로 맞교환한 것이었다. 그러나 2개의 특별 세이프가드를 비교해보면, 기간에서 한국 농산물은 이행만료시점에다 2~3년만 더한 데 비해 미국 섬유제품은 이행만료시점에다 10년을 더했고, 품목 수에서 한국은 75개 품목에 불과한 데 비해 미국은 1500개 품목에 이르고, 발동 기준에서 한국은 물량만 적용한 데 비해 미국은 물량에다 가격까지 함께 적용하였다. 세상에 이런 불균형한 협상이 어디 있겠는가.

농업분야 협상 실패의 수많은 사례 가운데 특히 세계 최대의 유전자조작식품 생산국인 미국산 LMO[5] 식품에 대한 규제완화 양해각서Understanding를 마지막 추가 협상일에 미국의 섬유관세 철폐품목 확대와 맞바꾸었다는 의혹은 여전히 풀리지 않고 있다.

한마디로 농업부문은 협상 막바지에 각 부처가 협상카드로 곶감 빼먹듯이 빼먹고 버린 카드였다는 생각이다. 그와 함께 식량주권, 식품안전성, 국민건강도 말이다.

» 제조업 부문 들여다보기

 중소기업에게도 유리한 결과 도출

농업과 달리 제조업은 전체적으로 FTA 수혜업종으로 평가된다. 세부 품목에 따라 피해업종이 발생할 수 있으나, 우리 제조업계는 한미FTA에 기대를 걸고 있다. 이미 무역협회, 대한상공회의소 등 산업계 대표기관들이 한미FTA 협정 내용을 긍정적으로 평가하고 있고, 국회 비준동의를 서둘러야 함을 지적하고 있다.

협상에서 타결이 어려웠던 자동차와 섬유류가 대표적인 수혜업종이고, 고기능성 화공과 기계분야 수입이 늘어날 것으로 전망된다. 여기서 대미 수입이 늘어날 수 있는 품목은 대부분 이미 수입이 고착된 업종들로, 미국산 제품이 많이 수입되면 결과적으로 제3국 수입을 대체하게 될 것이다. 정부는 수입 증가로 인한 제조업 기업과 근로자 지원을 위해 무역조정지원제도 도입 법안을 2006년 4월에 제정하였고, 이후 지원 범위를 확대하는 보완 대책을 수립하였다.

일부에서는 한미FTA 체결로 대기업은 이익을 보게 되지만, 중소기업은 손실을 보게 된다는 주장을 제기하고 있다. 늘 그렇듯이 '편 가르기'식 논리로 정책의 부당성을 강조함으로써 최소 한 쪽의 지지를 얻어내려는 전략을 구사한다. 물론 중소기업과 대기업간 관계가 원만하지 못하고, 하청관계로 인해 대기업에 대한 중소기업의 불만이 클 수 있으므로 사실 여부와 무관하게 이러한 주장은 공감을 얻을 수 있다. 하지만 하청관계에 있다면 대기업의 수출 증대로 부품 수요가 늘어나게 되고, 결국 중소기업도 이익을 보게 될 것이다. 또 미국산 부품이 무관세로 수입된다면 최종재를 생산하는 중소기업들은 가격경쟁력을 키울 수 있다.

미국시장 진출이 쉬워지는 대신 국내시장도 개방됨으로써 우리 기업의 국내시장 경쟁은 더욱 치열해질 수 있다. 하지만 국내시장에 안주한 기업은 수출은커녕 장기적으로 국내시장에서도 도태될 수밖에 없다. 진취적인 기업이라면 기회를 최대한 활용하고, 연구개발을 통해 국내시장도 지켜나가야 할 것이다. 이 과정에서 값싸고 질 좋은 제품이 소비자에게 공급되어 FTA 이익을 모두가 향유하게 될 것이다.

실익도 없는 속빈 강정을 자화자찬

농업이 대표적인 피해업종이라고 한다면 제조업은 수혜업종이라고 한다. 특히 그 중 자동차와 섬유류가 그렇다. 가장 먼저 정부는 미국이 FTA를 체결할 때마다 철폐해온 자동차 수입관세 2.5

퍼센트 철폐(트럭은 10년 뒤, 3,000cc 이상은 3년 뒤)를 엄청난 성공으로 자평하면서 스스로 감격하였다. 그런데 문제는 무엇보다 2.5퍼센트 관세 철폐의 실질 경제효과다. 현재 대미 무역흑자의 70퍼센트를 담당하고 있는 대미 자동차 수출은 2006년 기준 70만 대 규모이며, 그 중 현대기아차가 57만 대다. 그런데 2009년 이후 현대기아차는 약 270만 대 규모의 현지생산 설비를 갖출 예정이며, 그 중 60만 대가 미국 현지생산이다. 쉽게 말해 대미 수출 물량 대부분이 현지생산으로 대체된다는 말이다. 현지에서 생산된 현대기아차에는 당연히 관세가 없다. 그리고 원–달러 환율이 5퍼센트 하락 곧 달러당 1000원에서 950원으로 될 때 자동차 가격 경쟁력은 2.1퍼센트 하락한다. 이것만 놓고 보더라도 제조업 특히 대미 흑자의 대부분을 차지하는 자동차가 FTA로 인해 과연 어떤 실익을 거두었는지 의문을 가질 수밖에 없다. 나머지 주력 품목인 반도체는 이미 오래 전부터 관세가 없다. 더구나 미국산 독일차와 일본차의 우회수입으로 인한 국내시장 잠식, 우리가 거의 대부분 양보해준 자동차 세제, 환경, 안전, 기술 표준 곧 비관세 장벽의 해체, 게다가 전 세계 최초로 도입된 자동차 관련 '신속 특별 분쟁해결 절차' 도입 등의 요인을 감안하면 도대체 자동차가 왜 수혜업종인지 의문은 더 커진다.

마찬가지 수혜업종이라고 하는 섬유류를 보더라도 대구·경북 지역 수출의 70퍼센트를 차지하는 핵심품목인 폴리에스테르 장섬유는 관세 즉시 철폐가 아니라 5년 뒤 철폐다. 이미 중국산 저가공세에 밀려 하루가 힘든 지역의 섬유업계가 얼마나 더 버틸지 의문이다. 그뿐 아니라 미국의 악명 높은 '원사 기준 원산지 규정(얀포워드)'[6] 예외 품목은 고작 6개에 불과하며, 한국의 농산물 특별 세이프가드와 미국의 섬유류 특별 세이프가드를 비교해보면 지나치게 양보하였고, 게다가 아주 이례적으로 대폭 강화된 한국 섬유업체에 대한 현지실사 규정을 내주었다.

결국 자동차와 섬유는 최대 수혜업종으로 지목되어 왔으나 실제 결과는 속빈 강정이다.

> 서비스업 부문 들여다보기

 ## 서비스산업의 발전 토대 마련

다른 산업에 비해 서비스업은 한미FTA 영향을 덜 받을 것으로 보인다. 협상 과정에서 서비스 시장개방에 대한 반발이 컸었고, 교육과 의료 등 일부 분야는 미국이 관심을 보이지 않음에 따라 시장개방 범위가 당초 예상보다 줄어들었기 때문이다.

상품과 달리 서비스업은 규제를 통해 국내외 사업자에 의한 경쟁이 제한되는 업종이다. 막상 규제완화를 통해 개방하더라도 외국 기업이 국내에 진출하는 것 자체가 쉽지 않다. 상품은 수출로 거래가 끝나지만, 대부분의 서비스업은 현지에서 사업체를 설립하여 서비스를 공급해야 하기 때문이다. 곧 영업용 부동산을 임대하거나 매입해야 하고, 현지에 인력을 파견해야 하며, 현지 영업을 위해 다양한 규제당국으로부터 허가 절차를 밟아야 한다.

이런 위험을 안고 서비스업에 투자하는 것은 쉽지 않다. 이로 인해 실제 개방이 되더라도 국내로 진출하는 외국 업체는 많지 않다. 하지만 일부 몇 개 외국 업체만 설립되더라도 국내 서비스산업에 큰 영향을 미치게 된다. 선진기업의 서비스 노하우를 익힐 수 있고, 경쟁을 촉발함으로써 국내 업체들도 보다 나은 서비스 제공을 위해 선진기업을 배우려고 노력하게 된다. 학습효과가 나타나는 것이다. 만약 외국 업체가 들어오지 않았다면 우리 업체들은 기존 관행대로 영업을 했을 것이고, 환경이 바뀌었음에도 서비스산업은 10년 전 그대로 남아 있게 될 것이다.

외국 서비스업체가 국내에 들어오면 우리 업체가 시장을 내주게 될 것으로 우려하는 시각이 있다. 하지만 우리 정부가 가장 먼저 개방한 유통업의 경우, 국제적으로 불패신화를 기록했던 미국 월마트와 프랑스 까르푸가 우리나라에서는 눈물을 머금고 철수했다. 국내 브랜드인 이마트, 홈플러스 등 후발업체가 선진 시스템을 배워 축적한 '한국형' 영업 노하우를 당해낼 수 없었다.

한편, 국민생활에 직결되는 서비스 분야는 개방하지 않는 것이 일반적이다. 예를 들어, 상수도·전기 등 사회서비스는 한미FTA에서도 개방예외(미래유보 : 나중에 조정할 수 있다는 여지를 남겨두는 것)로 분류되었다. 또 확신이 서지 않는 분야는 우리 정책당국이 재량권을 갖는 것으로 합의되었다. 금융분야는 신금융서비스처럼 현재 상태에서 실체를 파악하기 어려운 서비스는 우리 제도에 따라 허용 여부를 우리 정부가 결정하기로 했으며, 금융 위기시 자본이동을 통제할 수 있는 금융세이프를 허용하기로 합의했다. 국내에서 논의가 진행되고 있는 양방향TV서비스IPTV[7]도 미래유보에 포함시켜 우리 정부의 결정에 한미FTA가 영향을 미치지 않도록 했다.

주권 침해적 독소 조항으로 가득찬 협상

한국의 대미 상품수지가 흑자인 데 비해, 서비스수지는 만성 적자다. 미국은 상품부문은 최악의 적자 국가지만 서비스부문은 최강의 흑자 국가 가운데 하나라는 사실을 알아야 한다. 2006년 기준 우리의 전체 서비스수지 적자는 200억 달러에 육박하는데, 이는 독일, 일본에 이어 세계 3위 수준이다. 한국의 수출경제는 상품수지 흑자, 서비스수지 적자 구조로 점차 고착되어가고 있고, 따라서 서비스수지의 지속적인 악화는 심각한 구조적 문제로 지적된다.

그런데 2005년 현재 미국의 대한 서비스수지 흑자는 40억 달러로, 그 비슷한 규모인 EU와 더불어 미국은 대한 서비스수지 최대 흑자 국가다. 그 흑자 항목을 보면 유학·연수 등으로 인한 여행수지(33억 달러), 특허권 등의 사용료 곧 지적재산권상의 로열티(21억 달러), 법률·회계·컨설팅·광고 등 사업서비스수지(8.7억 달러)로 되어 있다. 한미FTA가 발효되면 이 부문의 우리 쪽 대미 적자는 FTA 이전과 비교할 수 없을 만큼 급증할 전망이다.

한미FTA가 발효되면 유학, 연수, 해외진료 등의 여행수지는 더욱 악화될 것이다. 서비스수지 적자에서 여행수지 다음을 차지하는 로열티 항목은, 특히 지적재산권 협상의 참담한 실패로 인해 적자 규모가 더욱 가파르게 증가할 것이다. 예컨대 지적재산권 보호기간이 미국의 요구대로 기존 50년에서 70년으로 20년 연장되어 로열티가 추가 지불되는 경우가 그렇다. 한국경제의 미래와

 한미FTA, 하나의 협정 엇갈린 '진실'

관련하여 유의미한 부분이 사업서비스 영역인데, 미국과 비교하면 그 경쟁력이 절반에도 못 미친다. 교육, 의료를 제외하더라도 이번에 새로이 개방된 법률시장만 하더라도 마찬가지다. 1990년대 말 독일이 법률시장을 개방한 이후 상위 4대 로펌 모두가 영미계 초국적 로펌으로 인수합병된 사례가 타산지석이다.

관세 및 비관세 장벽과 더불어 한미FTA에는 '원칙협상'이란 것이 있다. 서비스·투자·지적재산권 등 유보안과 관련한 '네거티브 리스트' 곧 유보되지 않은 모든 미래산업은 자동으로 개방된다는 원칙, 곧 '현행 유보'된 분야는 오직 한 방향 곧 더 많은 개방으로만 진행되는 래칫ratchet(역진방지) 조항[8]은 사실 투자자-정부제소권ISD만큼이나 위험하고 주권 침해적이다. 이것 못지않은 독소 조항이 분쟁해결 부문 중 비위반제소 조항[9]이다. 예를 들어 향후 한국에서 의약품 가격 적정화 방안을 시행한다고 하자. 물론 이는 협정 위반이 아니다. 하지만 미국의 제약회사는 이로 인해 자신들의 투자 곧 특허라는 지적재산권에 따른 '합리적 기대이익'이 침해받았음을 이유로 미국 정부로 하여금 한국 정부에 소송을 제기하도록 할 수 있다.

> # 투자금융업 부문 들여다보기

 신뢰성과 투명성 확보로 투자 기반 확대

서비스 투자는 많은 부분에서 동전의 앞뒷면처럼 서로 상관되어 있다. 규제완화는 투자자유화 내용으로 구성되는 경우가 많고, 투자 관련 사항은 FTA에서 중요한 부분을 차지한다. 투자 관련 부분은 크게 투자자유화와 투자자보호로 나눌 수 있다.

한미FTA에서는 법률, 회계, 통신, 방송 등에서 투자자유화가 이루어졌다. 다만 국가안보 차원에서 중요한 KT와 SKT 등 기간통신은 자유화 예외로 했고, 일부 업종은 국내에 회사 설립을 전제로 간접투자를 허용하였다. 한미FTA의 경제효과를 확대하려면 외국인 투자가 많이 들어와야 하는데, 한미FTA는 외국인투자 유치에 기여할 것이지만 이를 계량화하기는 어렵다. 대외경제정책연구원KIEP 보고서(2005년)는 한미FTA에 따라 200억~300억 달러 외국인 직접투자 유입을 전망하고 있지만, 노사관계 등 많은 변수의 영향을 받는 외국인 투자 유입액을 사전에 단정하기는 어렵다.

한미FTA로 투자환경이 개선되고, 투자자 신뢰를 높이는 조치가 따른다면 투자 유입이 늘어나게 될 것이다. 이와 관련 투자자-정부제소권ISD이 협정에 도입되었고, 역진방지조치(래칫 조항)로 인해 투명성과 신뢰성을 개선시킬 가능성이 높다.

안타깝게도 투자자-정부제소권과 래칫 조항은 한미FTA의 대표적인 독소 조항으로 폄하되기도 하지만, 이들 요소는 한미FTA 협정을 착실하게 이행하는 데 기여할 것이다. 지금까지 우리나라가 체결한 4개의 FTA 및 80개의 투자협정에 포함되어 있는 투자자-정부제소권이 유독 한미FTA에서만 문제되는 것은 이해하기 어렵다. 외국인투자 기업만을 겨냥한 비합리적인 내외차별적인 규제를 도입하지 마라는 취지의 투자자-정부제소권이 우리 정부의 정책주권을 침해하는 독소 조항으로 간주되는 것은 지나친 해석이다. 또 불명확한 기준으로 인해 오해의 여지가 있을 수 있는 간접수용의 범위도 제한함으로써 문제의 소지를 줄였다.

멕시코 군 단위 지방정부의 무리한 악성규제로 인해 연방정부가 미국 기업에 보상을 한 사례를 보더라도, 최소한의 상식과 합리성에 기초한 정책을 추진하게 되면 투자자-정부제소권으로 인한 문제는 발생하지 않을 것이다.

 미국의 요구를 대부분 받아들인 굴복 협상

IMF 사태 직후의 한미투자협정BIT 때로 거슬러 올라가면 투자부문은 가장 오랫동안 논란이 되어온 부문이며, 내용도 어렵고 복

잡하다. 사실 한미FTA는 투자자-정부제소권 하나만으로도 반대할 만한 충분한 이유가 된다. 정부 내에서조차도 법무부를 중심으로 문제제기가 있었고, 그 결과 우리 쪽 협상초안이 수정되는 일도 있었다. 오죽했으면 체결을 눈앞에 두고서, 정부 내에서 법무부 장관으로서 문제제기를 주도했던 천정배 의원이 졸속 체결에 항의하는 단식농성까지 했을까.

투자부문은 당연히 미국의 요구가 대부분 관철되었다. 우리 법체계에 없는 국가의 규제정책으로 기대이익이 침해될 경우 이를 수용으로 간주하는 미국식 '간접수용'을 협정문에서 배제하자는 우리 쪽 초안을 결국 관철하지 못했다. 정부는 공중보건, 안전, 환경 등 이미 미국의 표준안에 포함되어 있는 간접수용 예외조항에 부동산가격 안정화, 조세 등을 포함시킨 것을 두고 무슨 쾌거를 이룬 양 주장하지만 협정문을 자세히 뜯어보면 그것은 우리 정부만의 희망사항에 불과한 것이었다. 또 미국식 투자자-정부제소권이 마치 세계 모든 나라가 채택하는 선진제도인 것처럼 말하지만 그것도 나라마다 상당한 차이가 있다.

한미FTA 투자 조항으로 인해 외국인 직접투자가 대거 한국으로 몰릴 것이라는 예측은 그저 희망사항일 뿐이다. 심각한 불균형을 보이고 있는 한미간 투자 현황으로 보아, 미국의 대한 투자는 공장 짓고, 고용 창출하고, 세금 내는 그런 직접투자보다는 단기차익을 노린 포트폴리오 투자에 더욱 집중될 것이다.

 **협상 타결을 위해 통상마찰 원인 제거**

문화 관련 내용은 협정의 여러 분야에서 찾을 수 있는데 저작권, 문화 관련 서비스, 스크린쿼터 축소 등을 대표적인 분야로 꼽을 수 있다. 저작권 보호기간이 50년에서 70년으로 늘어남에 따라 창작의욕을 고취시킬 것으로 기대되는 반면에 미국 저작물에 대한 로열티 지급 기간 연장이 우려되고 있다.

문화서비스와 관련해서 문화유산 및 문화재의 발굴·평가·매매 등 문화유산 및 문화재의 보존·복구 관련 서비스에 대해서는 미래유보함으로써 협정에 영향을 주지 않도록 했다. 정기간행물 중 여론 형성 기능이 있는 신문 개방은 포괄유보했고, 신문을 제외한 여타 정기간행물의 경우 현행 법령상 외국인 투자 허용 수준인 50퍼센트로 타결했다.

스크린쿼터는 협상 전부터 국내에서 논란이 가장 많았던 분야이며, 우리 정부는 영화인들의 반대에도 불구하고 쿼터 축소를 결정했다. 어차피 축소할 쿼터였다면, 협상에서 카드로 활용했어야 한다는 주장이 제기되기도 했지만, 법률 개정을 통해 축소하지 않았더라면 협상 타결이 불가능했을 것으로 보는 입장도 있다.

과거 국산 영화 기반이 허약했을 때 스크린쿼터가 우리 영화 진흥에 기여한 건 사실이지만, 선진국 문턱에 와 있는 우리나라가 쿼터를 유지하는 것은 곤란하다. 전 세계적으로 중국, 멕시코, 방글라데시, 파키스탄 등 6개 국가만이 쿼터를 지정하고 있다. 또 중국을 제외하고는 우리나라보다 더 많은 쿼터 일수를 유지하고 있는 나라는 없다. 한류 붐을 타고 국산 영화 해외 수출에는 관심을 가지면서 우리 극장은 국산 영화로 채워야 한다는 시각은 오늘날 통상환경에 맞지 않다. 가수이자 대중음악 기획자 박진영은 규제를 풀어야 우리 문화가 발전하고 해외에 진출할 수 있다고 주장한다.

정부는 향후 5년 동안 500억 원을 출자하여 총 30개의 중대형 영상투자조합을 결성하며, 예술·독립영화 제작 지원(5년, 200억 원), 예술영화 전용관 확대(비상설 상영관 포함, 향후 5년간 70개관) 및 독립영화 전용관 설립을 통한 배급·상영을 지원한다는 계획이다.

국산 영화가 우리 문화를 지키고 정서 함양에 기여하는 바는 인정하지만, 통상마찰의 원인이 될 정도로 보호주의적 규제를 유지하려 해서는 곤란하다. 또 소비자가 스스로 찾는 영화를 만들어서 우리 시장을 지키려 해야지, 규제의 힘을 빌려 영화를 만들고 상영하려는 것은 자원낭비로 귀결될 것이다. 거대 영화자본의 상영관 소유로 발생하는 문제 역시 시장논리로 풀어가야 할 것이다.

문화다양성을 위협할 위험천만한 협상

문화 분야에 대한 영향평가 논란은 기본적으로 문화산업에 대한 인식 차이에서 비롯한다. 예컨대 농산품은 냉장고, 자동차와 같이 공장에서 찍어낸 제조업 상품과는 달리 인간의 생명과 관련된다는 점에서 여느 상품과는 다르다. 곧 농산품의 이러한 '비교역적' 특성처럼 문화상품 역시 시장에서 소비·유통된다는 점에서는 분명 상품이지만 그 언어, 관습, 규범 등 콘텐츠 측면에서 보면 해당 공동체의 유지와 계승에 필수불가결한 요소로 기능한다. 마찬가지로 문화상품 역시 단순한 교역의 대상이 아니라 교류와 소통의 매체인 것이다. 그러나 세계 영화, 프로그램 시장을 사실상 독점지배하고 있는 미국의 문화산업과 비교해 한국의 그것은 아예 비교 대상이 못 된다. 한류 등의 이유로 과대포장되어 있으나 산업적으로 한국의 문화산업은 겨우 유치산업 수준이다. 이런 상태에서 스크린쿼터, 방송쿼터 축소는 한국의 영화, 방송시장에 심각한 타격을 줄 것이 분명하다. 특히 스크린쿼터의 강압적인 축소와 현행유보 곧 연 73일에서 줄일 수는 있어도 단 하루도 늘릴 수 없다는 것은 명백한 주권침해다. 이 모든 것이 할리우드를 위해서 일하는 한국의 일부 통상관료들이 주도한 것이라고 할 때 문제는 심각하다. 스크린쿼터는 WTO협약에 명시된 글로벌스탠더드인데도 할리우드의 주장에 맹종하면서 마친 후진적 제도라도 되는 양 우기는 것도 문제다.

한미FTA는 영화, 방송, 통신 등 디지털 문화콘텐츠 산업의 지각변동을 초래할 것이다. 방송쿼터 축소는 방송콘텐츠 산업의 핵심 동력이라 할 PP(Programm Provider)산업[10]에 대한 간접투자 100퍼센트 허용, 그리고 이른바 '1개국 쿼터' 곧 특정 국가 프로그램이 차지하는 비율의 확대 등은 서로 맞물리면서 방송시장 구조를 변화시킬 것이다. KT, SKT를 제외한 기간통신 사업자에 대한 간접투자 100퍼센트 허용도 현재 통신자본이 영화, 방송 등 콘텐츠 시장을 사실상 장악하기 시작한 현실에 비추어 그 영향이 막대할 것으로 예상된다.

한미FTA는 결국 문화다양성을 위협하는 최대 요인 가운데 하나가 될 것이다.

 한미FTA, 하나의 협정 엇갈린 '진실'

≫ 쇠고기 수입 문제 들여다보기

 **소비자 이익 측면에서 판단해야 할 사안**

쇠고기 관련 FTA 사항은 관세 철폐지만, 미국 내 광우병 발병으로 인해 중단된 쇠고기 수입 검역 절차가 일반 국민들에게는 더 중요하게 부각되었다.

먼저 40퍼센트의 관세가 부과되는 쇠고기는 15년에 걸쳐 철폐하기로 하였으며, 미국산 쇠고기 수입이 급증할 경우 세이프가드를 적용하여 우리 축산업계를 보호하기로 했다. 비록 장기간의 이행기간이 부여되었지만, 쇠고기를 생산하는 축산농은 상당한 피해를 입게 될 것이다.

2003년 미국에서 광우병이 발생한 이후 미국산 쇠고기를 수입하던 80개 국가들이 수입을 중단했다. 이후 미국이 광우병 위험을 차단하는 조치를 취했고, WTO 규정에 따라 수입 재개를 요청했고, 현재 모든 국가들이 일정한 조건 아래 수입을 허용하고 있다.

한미FTA 협상과는 별도로 양국은 검역 협상을 통해 '뼈 없는 30개월 미만의 쇠고기' 수입에 합의했으나, 그동안 손톱크기만한 뼛조각으로 인해 논란이 제기된 바 있다. 2007년 5월 국제수역사무국OIE이 미국을 광우병 통제국가로 분류함에 따라 미국은 전면적인 쇠고기 수입을 요청하고 있다. 최근 통뼈가 포함된 쇠고기가 수입됨으로써 검역 협상에 차질을 줄 뿐 아니라 한미FTA 국회 비준에도 부정적인 영향을 주고 있다.

하지만 미국산 쇠고기 수입은 소비자 이익과 과학적 판단 등 다양한 관점에서 판단되어야 할 것이다. 우리나라보다도 식품안정성 기준이 더 까다로운 일본도 별 잡음 없이 미국산 쇠고기를 시판하고 있으며, 미국 소비자들은 예전과 다름없이 자국산 쇠고기를 소비하고 있다. 소비자 이익 측면에서 보면, 미국산 쇠고기 수입이 금지되었던 지난 3년 동안 비싼 값에 팔린 호주산 쇠고기가 독점이윤을 챙겼다. 결국 서민들이 피해를 본 것이다. 아직도 일부에서는 미국산 쇠고기의 안정성에 의문을 제기하고 있으나, 아주 낮은 확률에 근거한 위험을 마치 미국산 쇠고기를 먹으면 당장 광우병에 걸리는 것처럼 소비자를 오도하는 주장을 삼가야 할 것이다.

 ## 미국의 협박에 굴복하여 거저 내준 국민건강권

우리나라가 한 해 미국에서 수입하는 쌀은 200억 원 규모인 데 비해 쇠고기는 8000억 원(2003년) 규모다. 쇠고기는 한미FTA 최대 이권 가운데 하나라는 뜻이다. 그 중 LA갈비 등 뼈있는 쇠고기가

70퍼센트를 차지한다. 그러므로 미국이 집요하게 뼈있는 쇠고기와 위생검역 문제를 물고 늘어지는 이유도 바로 여기에 있다.

쇠고기 관련 미국의 요구는 처음부터 뼈있는bone-in 쇠고기 수입 재개, 관세(40퍼센트) 철폐, 소의 연령이 20개월이든 30개월이든 불문하고 수입할 것 등 3가지였고 이를 일방적으로 밀어붙여 왔다. 알다시피 우리 정부는 한미FTA 4대 선결조건의 하나로 "30개월 미만의 뼈없는" 미국산 쇠고기 수입을 약속한 바 있다. 그러나 수입 재개된 미국산 쇠고기에서 뼛조각이 발견된 이후 사실상 한미FTA 체결의 이른바 딜 브레이커deal breaker로 작용하였다.

미국은 뼛조각이 발견된 박스만 반송하겠다는 정부의 양보안에도 불구하고, 사전 합의를 깨고 뼈있는 쇠고기의 수입은 물론 위생검역기준 변경까지 요구하면서, 이러한 조건이 받아들여지지 않는 한 한미FTA 타결은 없다고 협박한다. 이를 우리 쪽 입장에서 보면, 결국 쇠고기 문제는 협상의 최대 쟁점이 될 수밖에 없는 이슈였음에도 불구하고 우리 쪽이 이를 사전에 합의해줘 버림으로써 협상의 지렛대로 사용할 수 없게 되었고, 나아가 한미FTA 타결을 위해 사전합의 수준보다 더 크게 양보하지 않을 수 없는 상황을 자초한 셈이다. 한미FTA로 인한 국내 축산농가의 치명적 타격은 새삼 말할 필요조차 없어 보인다.

> 무역구제 부문 들여다보기

 우리 수출업체에 유용한 결과 도출

무역구제제도란 특정 물품의 수입으로 국내 산업이 피해를 입거나 그럴 우려가 있을 경우 수입 수량을 제한하거나 관세를 부과하는 등 적절한 구제조치를 취하는 제도다. 이는 다자체제인 GATT 및 WTO 규범으로 보장되어 있고, FTA에서도 허용된다. 무역구제제도에는 크게 보아 반덤핑제도AD[11], 상계관세제도 CVD[12], 긴급수입제한제도SG 등이 있는데, 특히 반덤핑 관련 내용은 한미FTA 협상 과정에서 논란이 많았다.

우리 정부 관계자는 한미FTA를 계기로 미국의 반덤핑제도 개선 의지를 밝혔다. 미국은 우리 쪽에 "반덤핑은 의회 소관이라서 그동안 미국이 체결한 어떤 협정에서도 다루지 않았다"고 설명했다. 하지만 우리 쪽은 제5차 협상에서 반덤핑에 관한 5개항의 요구조건을 내걸었고, 결국 미국이 5개항 중 4개항을 수용함으로써 협상이 타결되었다.

반덤핑 협상 결과를 평가하려면 우리나라 대미 수출에서 반덤핑제도의 중요성부터 살펴봐야 한다. 과거 금융위기 전에는 우리 정부가 다양한 방법으로 수출업체들을 지원했는데, 그것은 업체들이 수출 실적을 높이기 위해 헐값을 받고라도 수출하는 유인으로 작용하였다. 수출 자체로는 손실을 보더라도 정부의 수출 인센티브를 감안하면 돈벌이가 되었기 때문이다. 하지만 금융위기 극복 과정에서 우리 정부는 WTO 규범 위반 소지가 있는 무역보조금제도를 철폐하였고, 기업들은 자연히 정상가격으로 수출하게 되었다. 의도적인 덤핑행위 여지가 사실상 없어진 것이다.

그렇다 해도 미국 업체의 고의적인 제소로 미국 통상당국이 반덤핑을 조사할 수 있다. 반덤핑 조사 여부 결정은 미국 행정부 소관인데, 한미FTA에서는 반덤핑 제소 사실을 우리 정부에 신속하게 사전통지하고, 협의하여 해결하기로 했다는 점이 중요하다. 만약 그 제소가 부당하다면, 조사하기 전에 증거를 제시하여 무혐의 판정을 받아 영업에 아무런 영향을 받지 않게 된다. 만약 우리 기업의 의도적인 덤핑이 사실일 경우, 해당 기업이 제소 사항을 시인하고 수출가격이나 물량에 합의함으로써 반덤핑 관세 부과를 면할 수 있는 제도도 도입되었다. 또 미국이 빈번하게 부과하는 다자 세이프가드 대상에서 우리나라가 면제될 수 있게 되었으며, 무역구제위원회를 설치하여 무역피해 입장을 상호 조율할 수 있게 되었다.

무역구제제도는 당초의 목표에는 다소 못 미쳤지만, 부당한 반덤핑 제소를 피할 수 있는 장치가 도입됨으로써 우리 수출업체에게는 상당히 유용할 것으로 평가된다.

 ## '전략적' 목표 달성 제로의 참담한 실패

한미FTA 무역구제 협상이야말로 정부가 개성공단, 쌀과 더불어 이른바 "전략적" 목표라고 누누이 강조해왔던 부문이다. 사실 우리 수출기업 입장에서 이는 한미FTA의 다른 어떤 부문보다도 가장 많은 실익이 걸린 부문이었다고 할 수 있다. 예컨대 미국의 대표적인 비관세 장벽인 무역구제 관련 법규에 따른 우리의 수출 손실이 무역협회 추산에 따르면 연 15억 달러에 달한다. 그런데 미국의 수많은 관련 법규 가운데서도 이른바 '제로잉' 조항[13] 하나만으로 인한 손실이 전체 손실액의 약 86퍼센트(13억 달러)로 추정된다.

하지만 정부는 FTA 협상 초반, 미국에 바로 이 제로잉 조항뿐 아니라 '일몰 재심' '비합산' 조항 등을 포함한 15개 항목의 개정을 요구하다가 슬그머니 꼬리를 내려 나중에는 5개 정도로 스스로 줄여나갔다. 그러나 그마저도 2006년 12월 말, 미 의회가 무역구제 관련 법규 개정 의사가 없음을 통보함으로써 대부분 무산되고 말았다. 이로써 우리의 '전략적' 목표였던 한미FTA 무역구제 협상은 사실상 실패로 돌아가고 말았다.

물론 정부는 한미간 '무역구제협력위원회' 설치에 합의한 것을 성과라고 주장하지만 이마저도 그 실효성을 발휘하려면 한미FTA 협정문 내에 반덤핑 관련 분쟁해결 절차가 별도로 합의되어 있어야 한다. 그러나 이것이 가능하려면 어차피 미 통상법 301조 곧 무역구제 관련법과의 관계 문제가 해결되어야 하는데, 그건 해결 가능성이 거의 없어 보인다. 한마디로 거의 실효성이 없는 것을 성과라고 우기고 있다는 말이다.

나아가 정부는 우리 철강업계가 요구해온 한미FTA에서 'WTO 상 곧 다자 세이프가드 배제'와 관련한 협상 결과 한국 상품이 미국에 주는 피해가 크지 않을 때 '재량적' 배제로 합의한 성과를 거두었다고 주장한다.

그런데 정부 스스로 2006년 8월 국회 통일외교통상위원회 보고 자료에서 다자 세이프가드 곧 "글로벌 긴급수입제한제도SG 적용배제 조항은 나프타NAFTA 성과 중 하나로 평가받고 있고, 멕시코와 싱가포르도 배제되는 상황에서 우리만 적용배제를 받지 못하는 상황은 국내 설득이 곤란"하다고 말하고 있다. 다시 말해 미국이 이미 나프타 등에서 시행중인 것을 한미FTA 협상의 성과라고 주장한다는 말이다.

> 의약품 부문 들여다보기

 불리한 여건에서도 무난한 결과 도출

의약품은 한미FTA와 무관하게 양국간 통상마찰 대상이었으며, 미국은 FTA에서 의약품과 관련한 우리의 제도 개선을 요구하였다. 하지만 협상 초기 우리나라 보건복지부가 선별등재제도 실시를 통보하자 미국 쪽이 협상 중단을 선언하고 협상장을 떠남에 따라 협상이 파행을 겪기도 했다. 선별등재제도는, 현재 2만여 종의 의약품이 의료보험 대상이 되고 있는데, 의료보험 재정 건전화, 약물 오남용 방지 등을 위해 약값 대비 약효가 우수한 약품 5000여 개만을 의료보험 지급 대상으로 정하는 제도다.

이에 미국은 그동안 한국시장에서 미국의 의약품 회사들이 차별을 받아왔는데, 선별등재제도로 더 불리하게 대우받을 수 있다고 주장하면서 우리나라의 새로운 제도 도입을 반대하였다. 결국 미국 업체가 우리나라 업체와 동등한 자격으로 의약품 심사에 의견을 제출할 수 있는 제도를 도입하기로 함으로써 미국의 반발을 약화시킬 수 있었다.

협상에서 의약품 분야가 뜨거운 쟁점사항으로 부각됨에 따라 온갖 억측이 제기되었다. 미국산 신약값이 올라갈 것이므로 우리 국민들은 비싼 값으로 약을 사먹어야 한다는 것이다. 심지어 감기약값이 10만 원씩 하게 될 것이란 터무니없는 주장도 나왔다. 하지만 신약값을 올리는 규정은 어디에도 없으며, 오히려 우리 제약사들이 많이 생산하는 복제약값이 낮아질 가능성이 높다.

상대국의 입장이 있기 때문에 우리가 원하는 것만이 포함된 FTA는 체결될 수 없다. 일반 제조업과는 달리 의약품은 우리나라가 불리하고, 일정 부분 미국 쪽 요구를 수용하지 않을 수 없다. 미국이 주장하는 최저가격제도 등은 수용하지 않는 대신, 미국 업체들이 우리나라 심사평가원을 통해 신약에 대한 재심기회를 가질 수 있도록 허용했다.

 ## '제도 개선'으로 얼버무린 국민건강권 침해

의약품 분야에서도 역시 치열한 공방이 오고 갔었다. 핵심 쟁점은 약가 부문과 지적재산권 부문으로 나눌 수 있다. 약가와 관련해서 정부는 미국이 요구해온 특허신약에 대한 선진 7개국 곧 이른바 'A-7 기준 최저가' 보장 요구는 방어해냈다고 자화자찬하지만, '경쟁적 시장도출가격competive market-derived price'[14]이라는 신종 개념에 합의함으로써 정부 주장은 설득력을 얻기 어렵다. 미국산 신약에 대한 시장가격 인정으로 가격 인상이 불가피하다.

따라서 의약품 분야는 한미FTA로 인한 대표적인 소비자 피해 분야라 할 수 있다.

의약품에 대한 지적재산권 협상과 관련해 미국이 요구해온 핵심 조항 곧 품목 허가특허연계 인정, 자료독점권 등을 통한 미국 약에 대한 특허 연장 등이 거의 모두 수용되었다.

의약품 부문에 대한 미국의 요구는 사실상 미국계 초국적 제약업계의 요구였다. 이와 관련해서 미 의회 내에서도 지속적으로 논란이 되어 왔고, 2007년 미 민주당이 부시에게 제시한 '신통상정책'에서는 예컨대 허가특허연계 요구는 철폐하는 것으로 되어 있다. 미 민주당을 비롯한 미국 내에서조차 이러한 요구들이 해당국 일반 시민뿐 아니라 결국 자국민의 의약품 접근권을 과도하게 제한한다는 비판이 제기되어 왔다. 우리 정부 역시 협상 타결 마지막까지도 절대수용불가를 밝히다가 막상 협상에서 이를 수용한 뒤부터 이를 '제도 개선'이라는 명분으로 합리화하고 있다. 협상의 실패로 인해 수천 억 원에 달할 추가부담은 고스란히 의약품 소비자들이 떠안게 되었고, 그 이익은 고스란히 미국의 초국적 제약업계가 챙기게 되었다.

> 지적재산권 부문 들여다보기

 양쪽 입장이 고루 반영된 무난한 타결

전통적으로 미국은 FTA 협상에서 지적재산권 보호에 높은 관심을 보여왔다. 한미FTA 협상이 시작되기 전부터 미국은 지적재산권 보호 강화에 협상의 역점을 둘 것임을 밝혀왔고, 우리 정부 관계자들도 미국을 설득할 수 있는 협상 전략을 수립해왔다. 지적재산권 일부 분야에서 미국의 입장이 수용된 반면에 우리 입장도 여러 분야에 반영됨으로써 협상이 전체적으로 무난하게 타결되었다는 평가다.

무엇보다 현행 우리나라 지적재산권 관련 규정의 근간을 흔들 수 있는 내용이 협정에 포함되지 않았다. 미국의 입장이 가장 많이 반영된 지적재산권 분야는 책, 음반, 캐릭터 등에 대한 저작권 보호를 들 수 있다. 저작권은 유예기간 2년 이후부터 현행 50년에서 70년으로 연장되었다. 70년 저작권은 이미 국제적으로 인정되는 추세여서 저작권제도 선진화 측면이 있는 대신에 출판사, 음반사의 저작권 부담이 우려된다. 반면 소설가, 작곡가 등 저작권 생산계층은 오히려 이익을 기대할 수 있고, 장기적으로 상업용 캐릭터 상품 개발을 촉진하는 인센티브로 작용할 것으로 전망된다.

나머지 양보한 분야는 대부분 우리나라가 감내할 수 있는 내용이거나 지적재산권 제도를 선진화할 수 있는 내용에 한정되었다. 특허 분야에서 미국의 요구가 수용된 대표적인 예로는, 발명품 공개 이후 특허출원이 가능한 기간(공지 예외 적용기간) 연장, 등록 지연에 따른 특허 존속기간 보상(연장) 등을 들 수 있다. 공개 후 특허출원 가능 기간은 현행 규정은 6개월인데, 이를 12개월로 연장했다. 미국 쪽 요청이기는 하지만, 우리 발명자에게 특허출원 시기를 선택할 수 있는 기회의 폭을 넓혀주는 것으로 이해될 수 있다.

등록 지연에 대한 특허기간보상제도는 특허청의 심사 지연 등으로 인한 등록 지연에 대해 특허기간을 보상하는 제도로, 등록 지연은 '출원 후 4년과 심사청구 후 3년 중 늦은 날을 기준'으로 최장 3년까지 보상하기로 하였다. 2007년 2월 등록된 특허를 분석한 결과 총 특허출원 건수 중 0.3퍼센트만이 연장 대상이 되는 것으로 나타났고, 한미FTA 협상 타결 이후 특허청 심사 인력이 대폭 보강되었으므로 심사 지연으로 인한 보상이 발생할 가능성은 매우 낮다.

협상이라는 말이 무색할 정도로 일방적인 양보

지적재산권 부문은 농업과 더불어 한미FTA를 통틀어 최대 피해 분야 가운데 하나다. 그렇지만 농산품과 비교해 그 피해층이 매우 광범위함에도 불구하고 특정하기가 어려운 특성 때문에 상대적으로 그 심각성이 덜 공론화되어 있는 안타까운 실정이다.

국민경제 수준에서 보더라도 지적재산권은 대단히 중요하다. 지적재산권은 국민경제 계정상 대개 '특허권등 사용료' 항목에서 다루어진다. 2005년 기준 한미간 서비스무역 적자액 약 40억 달러 가운데 특허권등 사용료 수지는 적자가 21억 달러 규모다. 로열티란 명목으로 유출되는 지적재산권수지 적자가 한국경제의 대미 서비스무역 적자에서 차지하는 비중은 이처럼 엄청나다.

그럼에도 한미FTA 지적재산권 분야에서 50년에서 70년으로의 저작권 보호기간 연장, 일시적 저장, 기술적 보호조치 등에서 대폭 양보 등 사실상 협상은 없었다 할 정도로 일방적인 대미 양보로 일관했다. 저작권, 상표권, 특허권등 지적재산권 전 부문이 거의 초토화되다시피 하였고 이로써 미래 지식기반 경제 인프라의 대미 종속 내지 의존이 우려된다. 미국 입장에선 한미FTA를 WTO 내 '무역 관련 지적재산권 협정TRIPs'을 넘어선 'TRIPs 플러스'[15]로 가기 위한 또 하나의 시범케이스를 만들어내는 성과를 거둔 셈이다.

정부는 지적재산권 협상에서도 크게 밀린 부분을 역시 '제도개선' '제도선진화'라는 구호로 합리화하고 있다. 한미FTA를 적극 지지하는 전경련조차도 한 보고서에서 의약품 분야의 특허기간 연장 등이 국내기업의 기술개발을 위축시키고 경쟁력 회복에 걸림돌이 될 것이라고 지적할 정도다. 우리 정부는 지적재산권 강화를 통한 '제도선진화'가 생산성 증대를 가져올 것이라고 주장한다. 곧 "신기술에 대한 보다 높은 보호막을 제공함으로써 창작에 대한 더 큰 동기를 유발한 데 따른 활발한 창작 활동은 곧 혁신과 발명으로 이어져 궁극적으로 산업 전반에 걸쳐 생산성이 증대되는 효과를 기대한다"는 식이다. 그러나 정부가 발주한 보고서(《정보법학회》, 2006년 8월)조차도 이런 황당한 주장을 하고 있지는 않다. 한미FTA로 인해 저작권 "보호기간을 20년 추가로 연장할 경우, 향후 그 연장에 따른 파급효과의 크기(저작자에게 돌아가는 인센티브의 크기) 자체가 너무 작고, 또 그 효과의 70퍼센트 이상이 해외로 유출될 것"이라고 밝히고 있다." 결국 "저작권 보호기간 연장이 구체적인 실증분석 등을 바탕으로 이루어지기보다는 정치적인 이유 등 저작권 보호의 본질을 벗어난 이유로 이루어진 경우가 많다"고 평가하고 있다.

> 노동 · 환경 부문 들여다보기

 명분을 주고 실리를 챙긴 실속 협상

수년 전 한미FTA를 검토할 당시 일부에서는 노동·환경 관련 내용이 미국과의 협상에서 가장 민감한 사안 가운데 하나가 될 것으로 주장했다. 하지만 실제 협상에서는 공중참여제도public communication[16]를 제외하고는 그다지 민감한 쟁점이 제기되지 않았다. 공중참여제도는 노동과 환경 규정 이행과 관련한 사항을 일반대중이 문의할 수 있는 제도로, 자칫 노동·환경에 대한 정부의 정책을 제한하지 않을까 하는 우려로 협상 초기에는 미국 쪽 제안을 우리 정부가 수용하지 않았다. 하지만 우리나라 노동·환경 규정 및 상황으로 볼 때 문제될 내용이 없으며, 오히려 노동과 환경 개선에 긍정적인 효과를 미칠 것이라고 인식하면서 일부 문구를 수정한 후 미국 안을 수용하였다.

하지만 추가협의에서 미국은 일반중재절차에 따라 노동과 환경 분쟁을 해결하고, 협정 위반시 상대국에게 벌과금을 부과할 것을 주장하였다. 4월 2일 타결된 협정에서는 노동·환경 분쟁절차가

별도로 규정되어 있었고, 협정 위반시 최고 1500만 달러까지 벌과
금을 부과하되 위반국 관련 분야 개선에 지출하도록 되어 있었다.

보기에 따라 독소 조항으로 여길 수 있는 내용이지만, 실제로 제
소되거나 벌금을 물어야 할 정도의 상황이 발생하기 어렵다는 분
석에 따라 미국의 입장이 수용되었다. 또 미 의회 내 세력 변화로
야기된 신통상정책을 수용하지 않을 수 없는 여건도 고려되었다.

노동·환경 분야 협정과 관련해서 궁금한 것은 이들 분야로 인
해 한미FTA는 노동자의 권익을 보호하고 환경보호 수준을 높일
수 있음에도 불구하고 우리나라 노동계와 환경단체들은 한미
FTA를 반대하고 있다. 심지어 최대 수혜업종으로 거론되는 자동
차노조는 한미FTA를 이유로 파업까지 강행했다. 이쯤 되면 노조
의 존재 이유가 무엇인가에 대해 의문을 갖지 않을 수 없다.

노동자의 기본권 보호에 기여할지는 미지수

노동문제는 국제관계에서 대개 다루어지지 않거나 의제에 오른
다 하더라도 안보나 경제 현안에 밀려 찬밥이게 마련이다. 마찬
가지로 한미FTA 협상에서도 노동문제는 여론의 사각에 머문 채
거의 주목을 받지 못하고 있다. 그렇지만 정부가 제시하는 한미
FTA 추진의 가장 중요한 이유 중 하나가 양질의 일자리 창출과
사회양극화 해소라고 할 때 이는 그 자체로 결코 소홀히 다룰 수
없는 의제임에 분명하다.

  한미FTA, 하나의 협정 엇갈린 '진실'

노동·환경과 관련 미국은 첫째로 무역과 투자를 촉진할 목적으로 '국내 노동법상의 기 보호수준의 저하' 금지를 요구하고 있다. 반면 우리는 처음에 국제기준에 비해 '과보호'되는 노동자 권리는 향후 조정할 수 있어야 하고, 미국의 요구는 현행 '경제자유구역법'상의 노동법 적용 예외사항과 충돌할 수 있다고 주장하다가 결국 미국의 요구를 수용하였다. 둘째로 미국은 노조, 시민단체 등 일반공중이 노동기준 완화 금지에 대해 의견을 제출할 수 있도록 보장하는 공중참여제도를 도입할 것을 요구하고, 셋째로 재협상 이전까지는 제출된 이의를 정부간 협의를 통해 해결하지 못할 경우 3인의 중재패널에 회부하여 시정권고를 할 수 있고, 불이행시 연간 최대 약 150억 원까지 벌과금을 부과할 수 있도록 하자고 요구하였다. 이후 재협상 과정에서 미국은 노동·환경 분쟁 해결을 일반분쟁해결절차로 강화하자고 요구했고 그대로 수용되었다.

노동·환경 조항은 미 민주당의 당론으로 '신통상정책'의 핵심이다. 하지만 민주당의 이러한 입장이 기본적으로 한국 노동자를 위한 것은 아니다. 오히려 미국과 FTA를 체결한 나라들로부터 저임금노동과 열악한 노동조건이 수입되어 자국 내 노동환경이 악화되는 것을 막기 위해서다. 그러나 다른 한편으로 무역과 투자 자유화에 따른 노동자의 기본권 보호라는 보편적 가치 역시 여기에 포함되어 있음도 부인할 수 없다. 그러나 나프타의 경우 이러한 조항들이 사실상 유명무실화되었다는 점에서, 한미FTA는 과연 다를지 지켜볼 일이다.

> 개성공단 문제 들여다보기

 문제 해결의 실마리 마련에 성공

미국과의 FTA 협상을 앞두고 우리 정부는 개성공단 물품이 미국으로 수출될 수 있을 것이란 점을 들어 국민들에게 한미FTA를 홍보했다. 하지만 협상 과정에서 미국은 북핵문제, 북한의 비시장경제 등을 이유로 우리의 요구를 수용하기 어렵다는 점을 명확히 했다. 하지만 이미 싱가포르, 유럽자유무역연합EFTA, 아세안ASEAN과의 FTA에서 개성공단 물품 수출이 인정된 상태에서 미국과의 FTA에서도 이를 관철해야 한다는 부담으로 인해 우리 정부도 물러서기 어려운 상황이 되었다.

하지만 한미 양측은 한반도역외가공위원회를 설치하고, 향후 개성공단 물품 인정 여부를 결정하기로 했다. 우리 정부는 이러한 합의를 협상의 최대 성과 가운데 하나로 평가하고 있지만, FTA 반대진영은 실익 없는 내용을 간주하고 있다. 한반도 비핵화를 향한 진전, 역외가공지역들이 남북관계에 미치는 영향, 역외가공지역에서 일반적인 환경·노동 기준 및 관행 등을 검토한 후 개성공단을 포함한 북한 내 역외가공이 인정될 수 있다. 향후 북미관계가 개선되고, 북한이 경제발전을 위해 개성공단에 더욱 적극적으로 관심을 기울일 때 역외가공 문제는 생각보다 쉽게 해결될 수 있을 것이다.

역외가공 인정 여부를 검토하기로 합의한 것은 한미FTA 협상에서 주요 성과의 하나임에 틀림없다. 현재 개성공단은 1단계 100만 평 중 일부 구역에 15개 업체만이 운영되고 있으나, 나머지 공단은 물론이고 3단계 2000만 평까지 우리 업체가 진출하는 데는 상당한 시간이 걸릴 것이다. 그 사이 북한 내 정치경제적 상황이 개선되고 북미관계가 호전되면 역외가공 문제도 자연히 해결될 수 있을 것이다.

개성공단 물품이 미국으로 수출됨으로써 북한경제가 발전하게 되면 한반도 안정에도 기여하게 될 것이다. 어렵사리 포함된 역외가공 인정 기준을 또 다른 독소 조항으로 간주하기보다는 미국을 설득하여 대미 수출 길을 빨리 열도록 하는 데 관심과 논의가 집중되었으면 한다.

 ## 모호하고 추상적인 문구로 얼버무린 사실상의 실패

개성공단 문제는 우리 정부가 자동차와 더불어 협상의 최대 성과로 과대포장하여 홍보하는 부문이다. 일단 그 협상 결과는 "한반도 비핵화 진전, 남북관계에 미치는 영향, 환경·노동 기준 및 관

행 등” 일정한 기준 아래 한반도 역외가공지대OPZ[17]를 지정할 수 있다는 것이다. 그럼에도 불구하고 심상찮은 문제가 드러났다. 먼저 협정문 어디에도 명확하게 ‘개성공단’이라는 표현이 명시되지 않음으로 해서 추후 논란의 빌미가 될 수 있다는 점이다. 둘째로는 역외가공지대 지정 기준이다. 매우 모호하고 추상적으로 되어 있어 이것도 추후 논란거리가 될 수 있다. 예컨대 노동기준 및 관행만 보더라도 이는 노동3권을 중심으로 한 국제노동기준을 의미하는데, 노조가 불법인 북한에서 어떻게 이 조건을 충족할 것인가는 여전히 의문이다. 셋째로는 역외가공지역 생산품에 대한 특혜관세 부여와 관련하여 미 의회의 승인을 받아야 하는지가 문제다. 개성공단 제품의 한국산 인정에 한사코 반대하는 미 의회가 과연 이를 승인할지는 계속 제기될 수밖에 없는 문제다. 넷째로는 “한반도 비핵화 진전”이란 기준도 모호하긴 마찬가지다. 고도로 정치적인 ‘비핵화’라는 개념을 조건에 삽입함으로써 논란을 자초했다는 말이다.

결국 개성공단 문제는 협상 과정에서 너무나 모호한 다수의 기준을 허용함으로써 앞으로 그 실리보다는 개성공단이 미국의 한반도와 동아시아 문제에 개입할 지렛대만 만들어준 결과를 초래할 수 있다.

 한미FTA, 하나의 협정 엇갈린 ‘진실’

> 남북한FTA 논란 들여다보기

순전히 북한의 태도에 달려 있어

한 민간연구소 보고서로 시작된 남북한FTA 논란이 최근 제기된 바 있다. 한미FTA 타결로 조성된 FTA 역량을 살려 남북한 경제협력강화약정CEPA[18]을 체결함으로써 향후 불거질지 모를 민족내부 거래의 문제점을 CEPA라는 제도로 발전시키자는 주장이다. 참고로 '남북 기본합의서'[19]와 관련 부속합의서에 의해 현재 남북간 교역을 민족내부거래로 규정하고 무관세를 적용하고 있다.

중국-홍콩간 CEPA 사례를 따라 FTA보다 수준이 낮으면서 국가간 협정agreement이 아닌 '기관간 약정interagency arrangement'을 추진하게 되면, WTO가 규정하는 실체요건(광범위한 무역자유화)을 피해 남북한 자유교역의 틀을 구축할 수 있다는 것이다.

하지만 CEPA든 FTA든 시장경제가 제대로 정착되지 않은 경우에는 협정 이행 및 점검에 한계가 있어 현재의 북한 실정에서는 추진 가능성이 낮은 것으로 볼 수 있다. 더구나 전략물자 통제와 같은 외부적 요소도 남북한 교역을 제한하고 있고, 북한의 경우에는 사회주의 국가 특성상 관세보다는 비관세 장벽이 더 심각할 문제일 수 있어 FTA의 이익이 제한적으로 나타나게 될 것이다.

그러므로 남북한FTA 필요성과 가능성은 북한의 태도에 달려 있다고 볼 수 있다. 북한이 폐쇄경제체제에서 벗어나 개방경제의 장점을 확신하고, 대내외적으로 문호를 개방하며 시장경제를 확산시켜 나갈 때 남북한FTA 가능성을 논의하는 것이 바람직할 것이다.

 ## 재벌기업의 장단에 놀아나서는 곤란

제2차 남북정상회담을 앞두고 뜬금없이 제기된 주장 가운데 하나가 남북한FTA다. 통상교섭본부가 한미FTA로 상당히 흥행이 되었다고 보았는지 남북관계에도 FTA를 적용하자고 들고 나왔다. 우리는 한미FTA 추진 과정에서 삼성의 역할을 눈여겨 지켜봐 왔다. 한미FTA 협상 개시 선언 직후인 2006년 3월에도 확인이 된 바 있다. "도대체 왜 한미FTA를 체결해야 하는가?"와 관련해 당시 무슨 경제 선진화, 소비자 후생, 미국시장 선점, 포괄적 안보동맹 등 모호한 추상적 담론만이 무성할 때, 삼성경제연구소에서는 한미FTA를 통한 서비스시장 개방론을 적극 개진한 바 있다. 이후 곧바로 3월 말 노 대통령은 서비스산업 강화를 통한 성장과 일자리 창출을 들고 나왔다.

숱한 남북경제공동체 논의 가운데 단연 눈길을 끄는 것이 이른바 남북한 경제협력강화약정CEPA, 다시 말해 '포괄적인' 또는 '사실상의' 남북한FTA론이다. 이번에도 삼성경제연구소에서 나왔다. 삼성이 만들면 다르다고 했던가. 이번에도 삼성이 만들면 국가정책이 된다. 통상교섭본부가 신속하게 이를 받았고 또 공론화를 시도했다.

남북한 경제공동체를 통해 이왕이면 우리 기업이 북한에 투자하도록 유도하자는 것은 있을 수 있다. 그러나 삼성의 보고서는 여기서 더 나아가 북한에 시장친화세력을 육성하고, 중국의 영향력을 차단함으로써 김정일 정권이 중국에 기생하지 못하도록 하자고 한다.

기본적으로 남북한 경제공동체에 반대할 이유는 전혀 없다. 오히려 그 반대다. 남한 GDP의 0.05퍼센트에 불과한 대북 비상업적 경제지원으로 미루어 북한에 대한 공공투자는 지금보다 10배 이상은 늘어나야 한다. 통합된 지 20년이 되어가는 독일의 경우 여전히 구동독지역에 대한 재정지원이 GDP의 5퍼센트가 넘는다. 그러나 이러한 대북한 공공투자는 그것이 현대건 삼성이건 재벌이 주도해서는 곤란하다.

1 투자자–정부제소권ISD(Investor-State Dispute Settlement) | 외국인 투자자가 해당국 정부의 조처 때문에 피해를 입었다고 판단하면, 국제투자분쟁해결센터 같은 제3의 민간기구에 투자국 정부나 지방자치단체를 제소할 수 있도록 하는 권리. 정부가 민간기구의 결정에 따라야 한다는 점에서 헌법 위반 논란이 많다.

2 연산가능일반균형CGE(Computable general equilibrium) 모형 | 생산·소비·투자·정부지출 등 경제의 국내부문들과 수출입 등 대외부문들이 상호의존적으로 반응하는 상황에서, 정부 정책의 변화나 특정한 사건이 일어나면, 그 결과가 어떻게 되는지 예측하기 위해 만든 계산 모형. 전 세계적으로 FTA 거시효과 분석에 가장 일반적으로 사용된다.

3 **일본의 대미국 자동차 수출 추이**　　　　　(KITA 무역통계)

연도	금액(억 엔)	연도	금액(억 엔)
1995	19,638	2001	36,927
1996	21,501	2002	44,004
1997	26,822	2003	37,463
1998	31,610	2004	34,996
1999	33,141	2005	38,826
2000	35,476	2006	51,370

4 국제수역사무국OIE(Office International des Epizooties) | 가축의 질병과 그 예방에 대해 연구하고 국제적 위생규칙에 대한 정보를 회원국에게 보급하기 위해, 1924년 프랑스에서 설립됐다. 1995년 세계무역기구 설립과 동시에 SPS협정(Agreement on the Application of Sanitary and PhytoSanitary Measures, 위생식

물검역조치 적용에 관한 협정)이 발효되면서, 동물 검역에 관한 국제기준을 수
립하는 국제기관이 되었다.

5   LMO(Living Modified Organisms) ｜ 유전자 변형 생명체. 현대 생물공학을 이
    용하여 얻어진 새로운 유전물질의 조합을 포함하고 있는 모든 살아 있는
    생명체를 말한다. GMO(Genetically Modified Organisms)는 유전자의 인위적인
    조작으로 창출된 생물로 LMO보다 의미가 좁다.

6   **원사 기준 원산지 규정**(얀포워드Yarn Forward) ｜ 직물, 의류 등 섬유제품의
    기초 원자재인 실부터 시작해, 완제품에 이르는 모든 공정이 한 국가에서
    이뤄진 경우에만 관세 기준을 낮춰주는 제도로, 미국의 대표적인 비관세
    장벽 가운데 하나다.

7   **양방향TV서비스**IPTV(Internet Protocol Television) ｜ 초고속인터넷 망을 통해
    정보 서비스, 동영상 콘텐츠 및 방송 등을 TV로 제공하는 서비스. 인터넷
    방송과 달리 케이블 방송처럼 초고속인터넷 서비스에 셋톱박스를 연결해
    집안의 TV로 방송을 시청할 수 있으며, 마우스가 아닌 리모컨을 이용한다.
    다양한 콘텐츠를 원하는 시간에 볼 수 있는 주문형 비디오VOD 서비스를
    비롯해 신문보기, 날씨 등 생활정보와 금융, 쇼핑, 노래방, 메신저와 같은
    양방향 서비스가 이뤄진다.

8   **래칫**ratchet(역진방지) 조항 ｜ 톱니바퀴처럼 한번 맞물려서 돌아가면 절대로
    되돌릴 수 없다는 뜻으로, 개방의 문을 더 열 수는 있어도 한번 열린 이상
    닫을 수는 없다는 조항.

9   **비위반제소 조항** ｜ FTA 협정 내용을 직접 위반하지 않았더라도 상대국이
    세금이나 보조금 같은 정책을 씀으로써 손해를 입었다고 판단되면 일방적
    으로 소송을 낼 수 있다는 내용의 조항. 투자자-정부제소권과 달리 정부가
    기업들을 대신해 소송을 낸다.

10 PP(Programm Provider)**산업** ｜ 방송, 영화, 드라마 등 프로그램 콘텐츠를 만
    드는 산업.

11 **반덤핑제도**AD(Anti dumping Act) ｜ 어떤 국가의 제품이 정상가격보다 낮은

가격(덤핑 가격)으로 수출되어 수입 국가의 국내 산업에 피해를 주는 불공정 무역행위를 방지하기 위한 제도. 덤핑업체나 덤핑국가의 수출품에 고율의 관세를 매겨 수입을 규제하는 것이 보통인데, 이때 매기는 관세를 반덤핑 관세라고 한다.

12 **상계관세제도**CVD(Countervailing Duty System) │ 수출국이 수출품에 수출장려금이나 보조금을 지급하는 경우 수입국이 그로 인한 가격 경쟁력을 상쇄시키기 위하여 관세를 부과하는 것.

13 **제로잉**Zeroing 조항 │ 미국만 쓰는 덤핑 마진율 계산 방식. 수출 가격이 내수 가격보다 싼 경우 그 차이를 기준으로 정상적으로 덤핑 마진을 계산하지만, 수출 가격이 내수 가격보다 비싼 경우에는 마이너스로 계산하지 않고, 제로베이스로 계산하기 때문에 수출국에 불리한 계산 방식이다.

14 **경쟁적 시장도출가격**competive market-derived price │ 정부의 약제비 적정화 방안은 약값을 시장에 맡기는 대신 국민건강보험공단이 제약회사와 협상으로 결정하게 함으로써, 국민의 약값 부담을 낮추려는 것이다. 그러나 한미FTA 협정문은 약값 결정에서 "경쟁적 시장도출가격에 기초하도록 보장한다"는 문구를 담고 있다. 이는 약값을 시장에 맡기거나 "특허 의약품의 가격을 적절히 보장한다"는 뜻으로 해석된다.

15 **TRIPs 플러스** │ TRIPs는 지적재산권에 대한 최초의 다자간 규범을 말한다. 1993년 말 우루과이라운드 협상이 타결되기 전에는 지적재산권에 대한 국가간 보호는 세계지적재산권기구WIPO(World Intellectual Property Organization)를 중심으로 파리협약, 베른협약, 로마협약 등 개별 국제협약에 의해 시행돼 왔으나, TRIPs는 지적재산권의 국제적인 보호를 강화하고 침해에 대한 규제 수단을 명기했으며, WTO 회원국 모두에게 적용된다. TRIPs 플러스(+)는 TRIPs가 규정하는 지적재산권 보호보다 더 강화된 보호를 말한다.

16 **공중참여제도** │ 한미FTA 당사국이 노동협정문을 위반하면 상대국 접촉 창구에 시정 요구 등을 할 수 있는 제도. 결사의 자유와 단결권, 단체교섭권, 적정 수준의 최저임금 등 국제적으로 인정된 노동권을 준수하자는 협상 취지에 따른 것이다.

 한미FTA, 하나의 협정 엇갈린 '진실'

17 **역외가공지대**OPZ(Outward Processing Zone) | 그 나라에 있지만 않지만 그 나라 기업이 그 나라의 기술과 자본으로 그 나라의 원산지 표시를 단 상품을 만드는 지대. 한미FTA 협상에서 우리나라가 개성공단을 역외가공지역으로 인정해달라고 요구했으나, 미국은 역외가공지대 문제를 논의하는 위원회를 만들자는 조항을 담는 데만 동의했다.

18 **경제협력강화약정**CEPA(Closer Economic Partnership Arrangement) | 한 나라 안의 독립관세구역간에 상품과 서비스 교역, 투자 자유화 등을 담은 약정으로, 사실상 FTA 효과를 누릴 수 있다. 2003년 중국과 홍콩간에 체결돼 홍콩 경제의 부흥과 경제통합에 크게 기여했다. 남북한 경제협력에 활용될 수 있는 약정으로 제기되었지만, 일부에서는 FTA와 다름없는 협정이므로 현재의 북한 상황에는 적절하지 않다는 지적도 강하게 제기되고 있다.

19 **남북 기본합의서** | 남북한이 서로 상대방의 실체를 인정하고, 군사적 침략이나 파괴·전복 행위를 하지 않으며, 상호 교류·협력을 통해 민족 공동 발전과 점진적·단계적 통일을 실현하는 기틀을 마련하기로 한 합의서. 1990년 9월 제1차 고위급회담을 시작한 이후 15개월 만인 1992년 2월 평양에서 열린 제6차 고위급회담에서 합의서 문건을 정식으로 교환했으며, 그해 9월 제8차 고위급회담에서 최종적으로 3개 부속합의서를 채택해 효력이 발생했다. 1993년 북한이 핵확산금지조약NPT에서 탈퇴하고 남북관계가 경색되면서 합의서 내용은 무용지물이 됐으나, 2000년 6월 김대중 대통령의 평양 방문 때 '6.15공동선언'이 채택되면서 기본합의서의 복원 문제가 거론되고 있다.

PART 03

한미 FTA, 우리 미래의 축복인가 재앙인가

정인교

세계 통상환경의 변화에 대응하려면 보호주의적 관행·제도를 혁파해야 할 상황이 되었습니다. 한미FTA는 우리 경제의 선진화를 유도하고 지원하는 내용으로 구성되어 있어 축복이 될 수 있습니다.

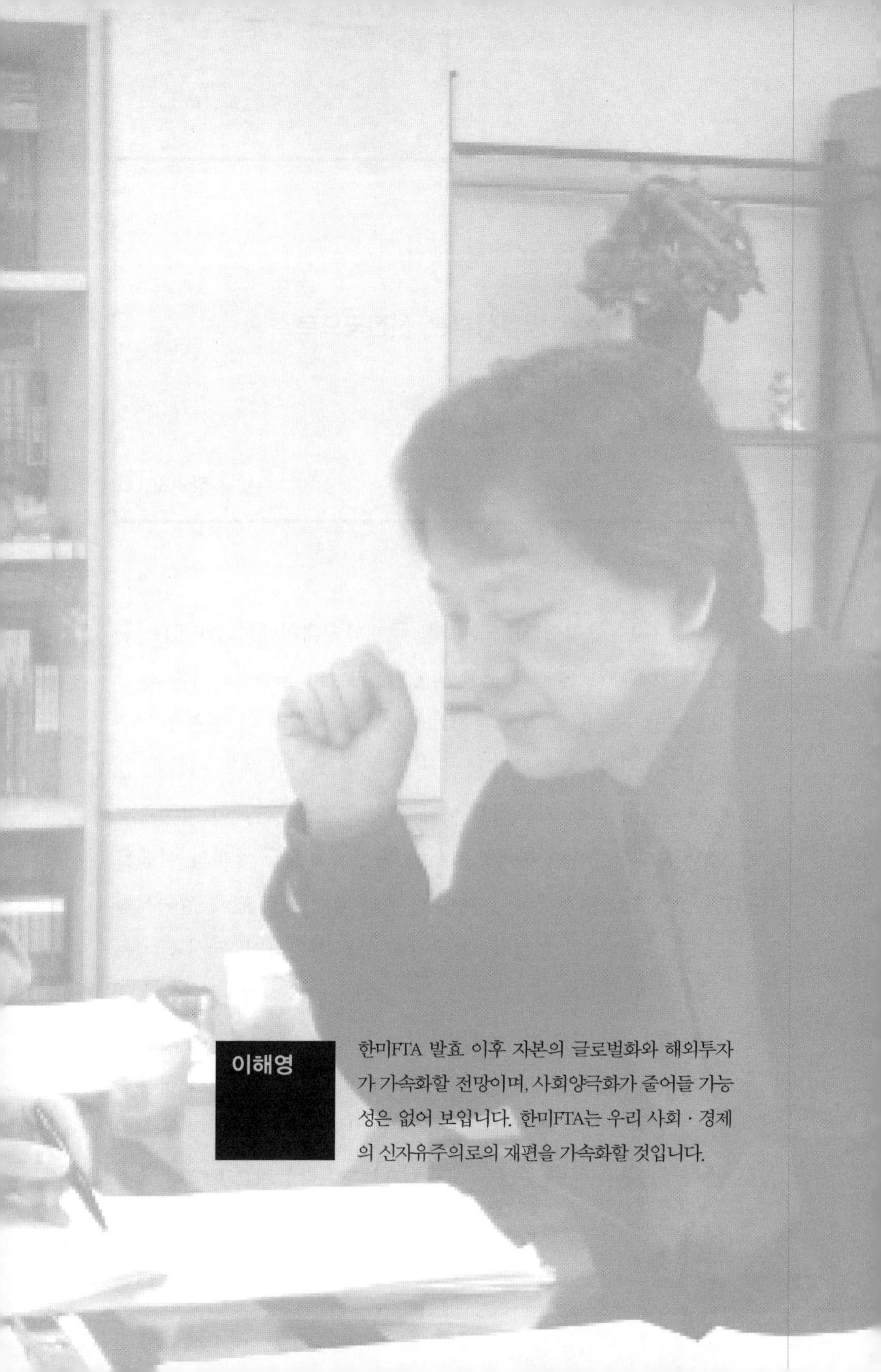

한미FTA 발효 이후 자본의 글로벌화와 해외투자가 가속화할 전망이며, 사회양극화가 줄어들 가능성은 없어 보입니다. 한미FTA는 우리 사회·경제의 신자유주의로의 재편을 가속화할 것입니다.

한미FTA는 명실상부한 선진국으로 이끌 견인차다

| 정인교 |

최근 수년 사이 필자가 참가한 국제학술대회에서 한미FTA 추진 현황에 대해 많은 질문을 받았다. 외국의 통상전문가와 통상정책입안자들이 우리 국내 관계자들보다 오히려 더 높은 관심을 보이는 것을 보고 적잖이 놀라곤 했다. 2006년만 해도 이들은 한미FTA 협상 타결 가능성을 낮게 보았고, 만약 한국이 미국과의 협상을 타결한다면 한국으로서는 통상정책사상 최대의 이벤트가 될 것으로 평가했다. 그야말로 우리 경제를 몇 단계 성숙시킬 수 있는 결정적인 계기가 될 것이란 점을 거론하며, 역시 한국은 '다이나믹 코리아Dynamic Korea'로 불러도 손색이 없다고 했다.

2007년 9월, WTO 파스칼 라미 사무총장은 〈FTA의 다자체제화 방안〉이란 국제학술회의를 개최하였고, 이 회의에서 콜롬비아 대학 자그디시 바그와티 교수와 한미FTA에 대해 의견을 교환할 수 있었다. 라미 총장은 오늘날 나날이 확산되는 FTA의 존재를 인정해야 하며, FTA가 "좋고 나쁜 것인가stepping stone or stumbling stone"를 따지는 것은 의미가 없다고 강조했다. WTO로서는 확산되는 FTA들을 어떤 방식으로 WTO에 통합해나갈 것인가(다자체제화)에 관심을 돌려야 함을 언급했다. 바그와티 교수는 많은 수의 FTA로 인한 발생할 수 있는 국제무역비용 증가를 '스파게티볼 효과spaghetti bowl effects'[1]로 부르자고 말한 것으로 유명하며, 대표적인 다자무역체제 옹호론자다. 그런 점에서 "한미 FTA는 한국에게 큰 이익을 가져다 줄 것이지만 다른 국가들이 문제"라고 한 바그와티 교수의 지적은 새겨들을 만하다.

한편, 바그와티 교수의 '스파게티볼 영향'론은 반FTA 진영에서 써먹을 만한 FTA 반대논리다. FTA마다 상이한 협정체계와 원산지 기준 등으로 FTA 경제이익이 줄어들 수 있다는 점은 인정된다. 하지만 스파게티볼 영향이 결코 FTA 전체 경제이익을 능가할 정도로 클 수는 없으며, 극히 일부 부정적인 영향에 불과할 수 있다. 또 무역전환에 따른 불이익도 반대논리로 자주 언급된다. 값싼 제3국 수입품이 회원국의 비싼 제품으로 전환되는 무역전환이 발생하기는 하지만, 이 역시 FTA의 긍정적인 측면인 무역창출에 비교하기 어려울 정도로 작다. 특히 미국 국제경제연구원IIE의 게리 하프바우어 등은 무역전환은 이론적 개념에 불과하다는 사실을 계량적으로 보여주고 있다.

향후에도 현재의 전 세계적인 FTA 추진 추세가 지속될 것이란 전망이고, 선진국은 물론이고 개도국들도 FTA 체결을 자국 경제 성장에 적극 활용하고 있다. 이런 측면에서 보면 우리 정부가

FTA 로드맵을 작성하고, 이를 착실하게 추진해온 것에 대해 국내외 평가가 좋게 나오는 것은 당연한 것으로 보인다. 특히 국내 경제학자들은 참여정부 경제정책 중 FTA를 최고의 치적으로 평가하고 있다.

한미FTA는 10년쯤 지나면 더 긍정적으로 평가될 것으로 생각하며, 이런 측면에서 한미FTA는 우리 경제에 축복으로 기억될 것이다. 국제사회에서 우리 경제는 높은 평가를 받고 있다. 30년 전만 하더라도 외국 원조에 의지하던 최빈국이었으나, 이제 개발도상국을 넘어 세계 10대 경제대국으로 성장했다. 분명 하드웨어적으로는 외국의 평가가 맞지만, 속을 들여다보면 소프트웨어적으로 심각한 문제가 있음을 알게 된다. 흔히 우리 경제를 선진국 문턱까지 와 있다고 하는데, 문제는 문턱을 넘지 못하고 있고, 문턱을 넘어 명실상부한 선진국으로 얼마나 빨리 발전하는가이다. 또 이미 우리보다 앞서가고 있는 선진국들은 우리나라를 의식하고 격차를 벌리기 위해 노력하고 있다.

여기서 소프트웨어 문제 중 가장 빨리 개선해야 하는 분야는 바로 우리 경제통상제도와 우리 국민의 의식이다. 우리나라는 선진국인가 개발도상국인가? 절대다수 국민은 아직도 우리나라를 개발도상국으로 생각하고 있다. 왜 그런가? 개발도상국 성공 사례란 말을 많이 들어 왔고, 우리 정부가 농업 보호 및 개방 부담을 줄이기 위해 WTO 등 국제통상무대에서 우리나라를 개도국인 것으로 주장하는 것을 봐왔기 때문이다. 하지만 전 세계 어떤 나라도 우리나라를 개도국으로 보지 않을 뿐 아니라 유엔 등이 정한 어떤 개도국 정의로도 우리나라를 개도국으로 분류할 수 없다. 객관적인 조사는 없지만, 우리나라는 경제수준에 비해 국민의식의 폐쇄성이 가장 강한 나라 중 하나가 아닐까 생각한다. 이로 인해 무역보호에 편향되어 있으며, 규제가 많고 경제제도의 투명성이 낮다. 선진국으로 발돋움하고 세계화 참여로 경제이익을 확대하려면 우리 경제 환경의 자유화·선진화·투명화가 전제되어야 한다. 국민의식이 변하지 않고는 개방과 규제완화가 제대로 이루어질 수 없다.

또 국민소득이 2만 달러에서 3만 달러, 4만 달러로 늘어나려면 국내 산업 특히 서비스산업의 고부가가치화를 추진하면서 해외진출을 확대해야 한다. 서비스산업 발전은 규제완화가 출발점임을 앞에서 밝힌 바 있고, 국민의식이 선진화되어야 본격적인 규제완화가 가능하다. 과거와 달리 오늘날 우리 기업의 해외진출은 쉽지 않다. 세계는 우리나라를 선진국 대열에 있는 것으로 보고 있으며, 수출만 할 것이 아니라 다른 나라에게도 국내시장 개방을 요구하고 있다. 선진국으로서의 무역개방과 경제통상제도 선진화를 요구하고 있는 것이다. 과거 우리 경제가 개도국 수준에서 머물러 있을 때에는 수출만 하고 수입을 막아도 크게 문제 삼는 나라가 별로 없었다. 하지만 이제는 상황이 달라져 수출을 하려면 다른 나라의 수입을 막는 장애물을 걷어줄 것을 요구하고 있는 것이다. 더구나 세계화가 빠른 속도로 진행되면서 개방과 개혁의 중요성이 커지고 있다. 곧 우리 경제의 위상과 세계통상환경의 변화에 대응하기 위해서는 보호주의적 관행이나 제도를 혁

파하지 않으면 안 되는 상황이 되었다.

한미FTA는 우리 경제의 선진화를 유도하고 지원할 수 있는 내용으로 구성되어 있으며, 이런 측면에서 한미FTA는 축복이 될 수 있다. 다만 멕시코의 사례와 같이 협정 이행 과정에서 정부의 개혁의지가 약해지거나 피해산업 지원이 과도하여 재정에 너무 큰 부담을 주게 되면 FTA 기대효과가 반감될 수 있다.

한미FTA, 축복과 재앙 사이

한미FTA는 사회양극화를 더욱 부채질할 재앙이다

| 이해영 |

FTA가 그리는 미래는 고루 잘 살고 다 함께 행복한 그런 세상이 아니다. 그 세상은 잘사는 사람은 더 잘살게 되고, 못사는 사람은 더 못살게 되는 회색빛 디스토피아일 뿐이다. 재경부와 외통부의 나라 대한민국에서 이들이 설계한 FTA 유토피아는 허상이다. 이들은 허구적 수치를 나열하면서 FTA를 통해 '경제영토'가 넓어지고 장밋빛 미래가 펼쳐질 것이라고 선전한다. 다급한 속내는 이해하지만 결코 가서는 안 될 길이다. 경제영토를 넓힌 다음에는 군사적 영토인가, 군사적 침략인가? 자신감이 넘쳐서 이제는 FTA 소제국주의sub-imperialism를 대안이라고 말할 텐가.

FTA는 만병통치약도 아니고 국민 다수를 먹여 살릴 비전도 아니다. 그것은 잘해야 선택 가능한 여럿 가운데 하나의 정책수단일 뿐이다. 수단을 목적으로 오인하고 이렇게 믿으라고 국민들에게 강요한 다음 그 수단이 더 이상 합목적성을 상실하면 어떻게 할 것인가. FTA만으로 경천동지할 신세계가 열릴 것처럼 과장하고 호도하는 것이 정부의 역할이 될 수는 없다. 그것도 세금을 축내면서 말이다. 그렇지 않은가. 정부는 40여 개국과 FTA를 체결하겠다고 한다. 그때마다 그 무슨 경제효과분석을 내놓는다. FTA 할 때마다 추가될 GDP, 고용효과, 생산효과, 수출증대효과들만 다 모아도 현대 세계경제사의 일대 기적이 일어날 판이다. 세계의 FTA 모범생이라는 멕시코와 칠레가 수많은 FTA를 하고 난 뒤 이른바 선진국이 되었다는 이야기를 나는 들어본 적이 없다.

다시 한 번 강조해둘 일은, FTA는 진정한 자유주의가 아니라 실상은 강자의 보호주의다. 지금 문제가 되는 FTA는 "관세가 없어지면 수출이 늘어난다"는 따위의 19세기 자유무역을 말하는 것이 전혀 아니다. 현대경제에서 그보다 더욱 비중이 높아지고 있는 것이 서비스무역이며, 투자협정이며, 지적재산권이다.

물건을 해외에 팔아서 남기는 것이 상품수지 흑자다. 그렇지만 서비스무역을 통한 서비스수지, 해외투자를 통한 자본수지, 나아가 지식산업수지를 뜻하는 지식수지 등 미래경제에서 갈수록 비중을 더해갈 새로운 영역들이 FTA에는 다 포함된다. 그러므로 이런 측면에서 보면 한미FTA는 서비스, 투자, 지적재산권 등 이른바 '신통상 이슈'에서 최소한의 경쟁력이라도 갖춘 다음에 했어야 했다.

국민경제 수준에서 볼 때, 한미FTA는 한국사회와 한국경제가 당면한 여러 과제에 대한 새로운 해결책이 될 수 있는 한에 있어 유의미하다. 일단 그 과제는 다른 무엇보다 성장잠재력 약화와

‘고용 없는 성장’ ‘고용 없는 수출’이라고 할 수 있다. 그렇다면 왜 성장잠재력이 약화되는가.

그 원인은 첫째, 고용 및 생산유발효과가 가장 낮은 IT업종이 수출경제를 주도하면서 산업연관관계가 크게 약화된 데 있다. 쉽게 말해 전자전기업종 특성상 수출이 늘어도 그만큼 고용이 늘지 않는다는 것이다.

둘째, 글로벌 경쟁의 격화로 인한 자본의 해외유출과 그로 인한 국내투자의 지체 및 정체현상을 들 수 있다. 잠재성장률이 1990년 6.1퍼센트에서 2001~2004년 4.8퍼센트로 하락하는 과정에서, 노동의 기여도가 1퍼센트에서 0.9퍼센트로 소폭 하락한데 비해, 자본의 기여도는 3.3퍼센트에서 2.3퍼센트로 대폭 하락한다. 곧 자본의 해외유출 등으로 인한 자본기여도 하락이 성장잠재력 약화의 가장 큰 몫을 차지한다는 말이다.

셋째, IMF 이후 대부분 시중은행이 외국자본에 넘어가고 그로 인해 수익성을 최우선하는 경영으로 은행의 산업자본으로서의 기능이 크게 약화되었다. 넷째, 경제 및 사회 전반의 양극화로 인한 분배 악화, 소득 감소 그리고 실질구매력 감소를 들 수 있다.

그렇다면 과연 한미FTA가 한국경제의 성장잠재력 약화와 ‘고용 없는 수출’에 대처할 수 있는 새로운 대안이 될 수 있는가. 한미FTA 발효 이후 자본의 글로벌화는 오히려 더욱 가속화할 것이고, 자본의 해외투자 역시 더욱 늘어날 전망이며, 또 외국계 시중은행이 수익성보다 국내 기업의 성장 가능성을 우선할 것으로도 보이지 않으며, 사회양극화가 줄어들 가능성은 거의 없어 보인

다. 우리 사회·경제의 신자유주의로의 재편을 가속화할 한미
FTA는 그 자체로 신자유주의 헌장이자 최고 규범으로 기능할 것
이다. 그 자체로 신자유주의와 불가분의 관계에 놓인 한미FTA에
우리 경제의 여러 문제와 모순의 해결을 기대하는 것은 참으로
고양이에게 생선을 맡긴 꼴이라 하겠다.

 한미FTA, 하나의 협정 엇갈린 '진실'

정인교 **Vs** 이해영

찬반 맞짱토론

제3막

일시 | 2007년 10월 20~21일

장소 | 시대의창 회의실

주제 | 한미FTA의 불평등 문제, 한미FTA 후속 대책, 세계의 FTA와 대안

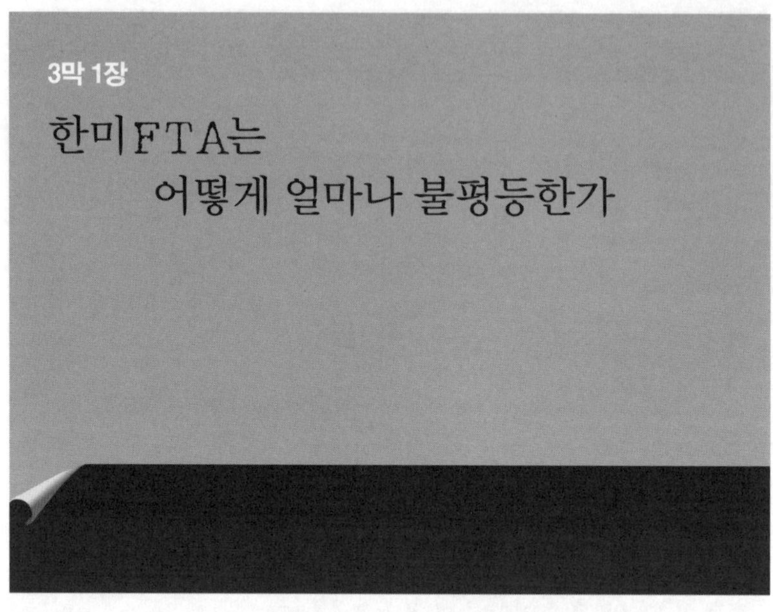

사　회　한미FTA 협정문 서문을 둘러싸고도 논란이 적지 않습니다. 미국에서는 한미FTA에 서명한 뒤에, 협정문이 미합중국 헌법과 상충하는 것 아니냐는 지적이 나왔습니다. 민주당이 제기한 것입니다. 그래서 재협상을 하면서, 미국 통상법에 있는 조항을 한미FTA 협정문 서문에 넣자고 요구합니다. "외국인 투자자가 미국 안에서 미국인보다 더 좋은 대우를 받아서는 안 된다"는 내용입니다. 그래서 실제로 이 조항이 들어가게 됐습니다. 이해영 교수님께서는 이 문제를 심각하게 보시는 듯합니다.

이해영　미국 통상법 2102조입니다. 이 조항 곧 "외국인 투자자가 미국 내에서 미국인 투자자보다 더 나은, 더 큰 실질적 권리를 부여받을 수 없다"는 내용이 협정문 서문에 들어간 것은 불평등한 협정의 전형적인 사례입니다. 우리나라의 경우 경제자유구역법만 봐도, 미국인을 비롯한 외국인 투자자에 대해 특별대우를하고 있습니다. 그런데 반대로 미국에서는 우리나라 투자자들이결코 미국인보다 나은 대우를 받을 수가 없습니다.

정인교 국민 정서로 보면, 이 교수님 말씀처럼 불평등하게 생각되는 부분이 있을 듯합니다. 그렇지만 우리가 미국하고 FTA를하면서 우리 기업들이 미국 기업들보다도 더 나은 대우를 받기를기대하고 FTA를 한 것은 아닙니다. 한편, 국내에서는 우리가 외국인 투자를 촉진하기 위해 경제자유구역 안에서 외국인 투자자에 대한 특례조치를 취한 게 몇 개 있습니다. 그건 우리 자신을 위해서 스스로 선택한 것이고, 이미 입법화되어 있던 부분입니다.

국가간의 협정이나 조약을 체결하면서 협정 내용을 동등한 입장에서 검토해야 한다는 원론에는 동의하지만, 현실은 현실입니다. 우리가 아쉬워서 미국에 FTA를 제안한 것입니다. 경제적으로그다지 문제가 안 될 내용을 근거로 협정 전체를 지나치게 비판적으로 볼 필요는 없습니다.

이해영 저는 그걸 하나의 사례로 든 것뿐입니다. 협정문 서문보다 더 문제가 심각한 것은 투자 분야 내용입니다. 한미FTA 협정은 미국인 투자자가 우리 정부의 어떤 조처로 손실을 입었다고 판단했을 때 우리 정부를 상대로 소송을 내서 구제를 받을 수 있게 하고 있습니다. 그런데 보상 범위가 매우 넓게 설정되어 있습니다. 우선 그것이 문제이고요.

또 하나는 입증책임 문제인데요. 우리 정부는 공공질서 등에 심각한 위협을 초래하는 투자에 대해서는 투자를 제한할 수 있습니다. 그런데 그런 조치를 취한 뒤에, 그런 조치가 불이익을 줬다고 미국인 투자자가 문제제기를 할 수 있습니다. 이럴 때, 그런 조치가 필요했음을 입증해야 할 책임이 우리 정부에 있습니다. 우리 정부가 이 조항에 끝까지 반대했지만, 결국 밀렸습니다.

사 회 국내적으로 봤을 때, 우리 정부의 정당한 행위가 심각하게 제한받을 수 있다는 얘기군요.

이해영 그리고 이건 쌍방 의무가 아니라 사실상 우리 정부만 지는 일방 의무입니다.

사 회 공공을 위한 정부 정책이 제약받을 위험이 크고, 그런 정책을 퍼려다 과도한 손해배상을 해줘야 하는 위험이 크다는 지적이신데, 정 교수님께서는 어떻게 보십니까?

정인교 한미FTA에 대해 반대하는 분들이 가장 우려했던 분야가 투자 조항이었습니다. 정부도 그런 의견을 충분히 검토해서 최종안을 만든 것으로 알고 있습니다. 그래서 정부 정책 가운데

 한미FTA, 하나의 협정 엇갈린 '진실'

부동산 정책과 조세 정책은 미국인 투자자들이 문제제기를 못하게 했습니다. 문제가 될 수 있는 정책은 국내 기업은 놔두고 외국 기업들만 손해를 보도록 하는 고약한 내용이 들어간 비합리적인 경우에 한해 적용되는 것입니다. 그러니까 정부가 합리적인 의사결정을 해서 펴는 정책이 문제될 여지는 사실상 없습니다.

한편, 정부 정책의 합리성을 우리 정부가 입증하도록 한 것은 국민 정서상 부정적으로 받아들일 측면이 분명 있습니다. 우리나라 지방정부 단위에서 비합리적인 조치를 할 가능성을 배제하기 어렵기 때문에 이런 내용이 들어간 것으로 보이는데, 양국 모두에게 똑같은 기준으로 적용하는 것이었으면 더 좋았겠다는 생각은 듭니다.

사 회 한미FTA 협정이 갖는 지위도 미국과 한국에서 각각 달라서, 불평등한 것 아니냐는 논란이 있습니다.

이해영 우선 짚고 넘어가야 할 게, 한미FTA 때문에 우리 법령을 고쳐야 하는 문제입니다. 지금 20개 법률을 고쳐야 한다고 하는데, 시행령 등까지 포함하면 고쳐야 할 게 훨씬 많겠지요. 행정부가 외국과의 조약 체결을 이유로 멀쩡하게 시행 중인 법령 20개를 고쳐야 한다고 얘기하는 게 과연 민주주의 원리상 맞는 것일까요? 법률을 고쳐야 한다면, 사전에 입법권자와 충분한 논의를 해야 합니다. 지금 하는 식대로라면 정부가 법률이 마음에 안 들면, 외국과 조약을 체결하면서 고치고 싶은 내용을 집어넣으면 될 겁니다. 이런 식이라면 국회가 왜 있나, 하는 의문이 듭니다.

사 회　국회가 충분히 권한을 행사하게 하려면, FTA 비준동의 안이 국회에 올라가기 전에 법률 개정안부터 다 국회에 올려져야 순서일 텐데요.

정인교　지난 9월 정부가 국회에 제출한 한미FTA 비준동의안에 개정해야 할 법률 리스트가 포함된 것으로 알고 있습니다. 국회 해당 상임위원회에서 세부 내용을 토론하고 검증하고 있는 것으로 알고 있습니다.

이해영　미국은 협정 체결 이후 60일 안에 행정부가 기존 법률 수정안을 내도록 법으로 정해져 있습니다. 우리는 정부가 국회에 비준동의안만 냅니다.

사 회　이게 문제가 되는 까닭은 한미FTA 협정의 지위 때문인데, 일단 협정이 발효되고 나면 그 협정은 국내법에 우선하지 않습니까? 설령 국내법이 고쳐지지 않았더라도 고쳐진 것과 같은 효과를 내는 것으로 알고 있는데요.

이해영　FTA는 조약입니다. 헌법 규정에 따라 국내법과 같은 효력을 지닌다고 할 수 있습니다. 그런데 신법은 구법에 우선하기 때문에, 한미FTA는 기존 법률에 우선하게 됩니다.

그러나 미국에서 한미FTA는 조약이 아닙니다. 미국 법률 전문 용어로 '의회행정협정'이라고 부릅니다. 만약 한미FTA가 조약이라면 상원의원 3분의 2가 동의를 해야 합니다. 그런데 조약이 아니기 때문에 상하 양원에서 표결로 통과시킵니다. 미국에서는 우루과이라운드 타결 뒤, 이행법이 만들어졌는데 거기에 이런 조항이 들어 있습니다. "우루과이라운드 협약과 미국 국내법이 충돌할 경우 국내법이 우선한다."

정인교 두 나라 협정의 지위가 애초 다른 것이지, 우리나라가 한미FTA의 지위를 높인 것도, 미국이 그 지위를 낮춘 것도 아닙니다. 그걸 우리가 모르고 서명한 것도 아니죠.

사 회 그건 정 교수님 말씀이 옳습니다. 하지만 그것을 당연하게 생각할 일인지 의문입니다. 미국이 한미FTA를 위반했다고 우리가 따졌을 때, 미국은 자기네 국내법이 이렇게 되어 있다고 발뺌하면 그만인데, 반대로 미국 쪽에서 문제제기를 하면 우리로서는 국내법을 추가로 고쳐야 하는 상황이 벌어질 수 있습니다.

이해영 이건 제도상의 불균형 문제입니다. 한미FTA를 떠나서, 누군가는 문제를 해결해야 합니다. 우리 헌법이 가지고 있는 허점이 모습을 드러낸 거니까요. 한미FTA와 관련하여 우리가 정부의 준비와 대책 부재를 말할 때 이런 한미간 제도상의 불균형까지도 포함해 준비를 했어야 한다는 것을 의미합니다.

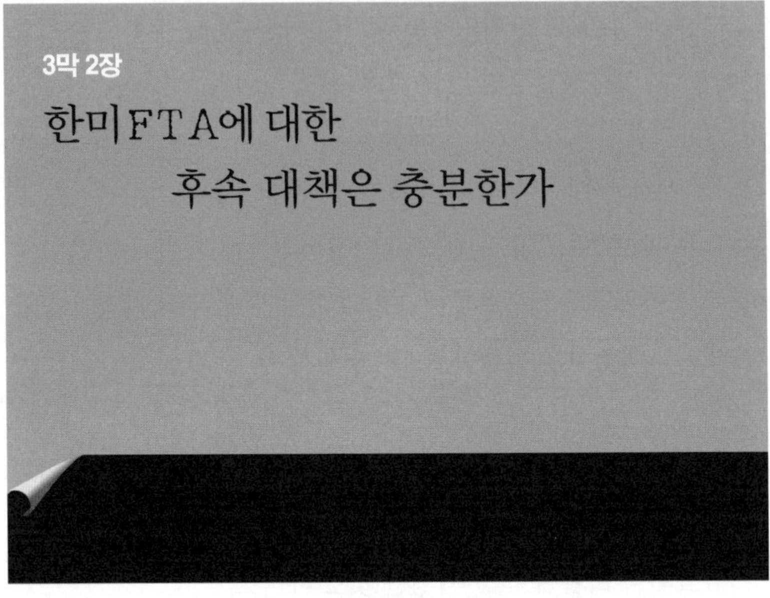

사 회 한미FTA가 나라 전체로 보아 득이 되는지, 실이 되는지는 숱한 토론을 벌였지만 이견을 해소하기는 여전히 어려운 듯합니다. 우리가 처한 상황을 보는 눈이 다르고 해법도 다릅니다. 또 협정을 맺은 뒤 어떤 일이 일어날지에 대한 예측도 다릅니다. 종합적으로 득실을 계산하는 방식도 다릅니다. 그러니 결론도 저마다 다를 것입니다. 그러나 한미FTA로 혜택을 입을 쪽이 있는가 하면, 동시에 어려움을 겪을 쪽이 있다는 데는 누구나 동의할 것입니다. 어려움을 겪을 사람들에 대해서는 어떤 대책이 필요한지, 지금 준비하는 대책은 충분한지 토론해보겠습니다.

정인교 　전 세계적으로 무역자유화가 추진되면서 개방으로 피해를 보는 사람들을 위해 어떤 보상을 해주고, 어떤 대책을 세워줄 것이냐는 어느 나라에서나 제기되는 문제입니다. 그런데 조사를 해보면 개방에 따른 피해를 정부가 철저하게 보상을 해주는 사례는 그다지 많지 않습니다.

가장 포괄적으로 개방 피해를 보전해주는 게 미국의 무역조정지원제도[2]인데요. 1960년대에 처음 도입해서 계속 개선해왔습니다. 하지만 지원 규모나 빈도를 보면 과연 그것만 가지고 지원이라 할 수 있을까 싶을 정도로 빈약한 형편입니다.

일본은 꼭 무역자유화를 대비한 것은 아닙니다만, 산업구조조정을 촉진하고 그 과정에서 발생하는 부작용을 최소화하기 위한 제도를 도입하고 있습니다. 일본도 근본적인 대책을 수립해주는 것이 아니라 일시적으로 구조조정을 원활하게 하는 차원에서 지원하고 있습니다.

한미FTA와 관련해서는 우리 정부가 대책 없이 추진한다는 지적도 많이 나왔습니다. 하지만 2004년에 이미 농업시장 개방에 대응하기 위해 농업분야에 119조 원의 지원 예산을 수립했습니다. 2007년 11월 기존 119조 원의 예산을 일부 활용하고, 추가 예산으로 농업분야 20조 4000억 원 지원안을 마련하였습니다. 거대경제권과 FTA를 추진해야 한다는 얘기가 나오면서 우리도 미국처럼 무역조정지원제도 같은 걸 강구할 필요가 있다는 제안이 나왔습니다. 그래서 2005년부터 산업자원부를 중심으로 입법 작업을 하였고, 그것이 무역조정지원제도라는 이름으로 2006년 상반기에 법안이 국회를 통과했고, 2007년 4월부터 시행되고 있습니다.

내용을 살펴보면 무역자유화로 인한 실직 근로자에 대해서는 300만 원 정도로 정부가 전직轉職 지원 비용을 지원합니다. 기업에 대해서는 최고 5000만 원까지 운전자금을 지원합니다. 정치권에서는 그게 무슨 지원이라고 할 수 있느냐는 말도 나옵니다만, 예산상의 제약이 있고, 다른 나라의 지원 사례나 WTO 등에서 규정하고 있는 보조금 규정을 종합적으로 판단해서 정할 수밖에 없습니다. 그런 점에서 봤을 때 충분하지 않다는 평가는 있을 수 있지만, 우리나라의 대책이 세계 어떤 국가보다 의미 있는 것으로 생각합니다.

사 회　개방으로 인한 피해를 어디까지 보상해야 하는가? 이는 보상의 철학과 관련한 문제입니다. 어떤 한 나라가 다른 나라와 통상협상을 벌이면, 이를 승인할 것인가 말 것인가, 하는 정치적 의사결정 과정을 거칩니다. 승인을 한다는 것은 이득을 보는 계층도 있고, 피해보는 계층도 있지만 총 이득은 매우 크다는 애깁니다. 총 이득에서 피해를 입는 사람들에게 충분히 보상을 해주고도 남는다고 보기 때문에 그런 의사결정을 합니다. 그렇다면 피해는 100퍼센트 보상해주는 게 원칙이 아닐까 싶습니다.

정인교　우리나라가 칠레와 FTA를 맺는 과정에서도 FTA 수혜집단이 피해 계층에게 이익의 일부를 지원해야 하지 않느냐라는 주장이 제기되었습니다. 그게 과연 하자가 없는지 법률 검토를 해본 결과 어렵다는 것이었습니다. 직접적인 이득을 보는 집단은 기업들입니다. 기업들은 법인세를 비롯해 여러 세금을 내고 있는데, 이익의 일부를 피해 계층에 지원할 수 있는 제도화 방안이 없다는 게 당시 분석 결과였습니다.

사 회　직접 수혜를 보는 계층이 추가부담을 하도록 해서, 피해 계층을 지원하는 것은 어려울 수 있습니다. 그렇다면 국가가 피해 계층을 먼저 지원하고, 그 비용은 사회 전체가 얻는 이익을 조세를 통해 장기적으로 거둬들여 충당하는 방법도 있지 않을까요?

정인교　지금 정부가 추진하는 방향이 바로 그 길입니다.

사 회　그런데 지원을 어느 정도로 해야 하는가, 하는 문제가 중요한 쟁점일 수밖에 없습니다.

이해영　정 교수님께서 아까 말씀하신 119조 원 농업지원 예산은 정부가 입만 열면 하는 얘깁니다. 그런데 그게 어떻게 된 계산인지는 잘 따져봐야 합니다. 농림부 한 해 전체 예산이 8조 원 가량입니다. 10년짜리 대책이니까, 농림부 10년간 예산이 80조 원에 이릅니다. 예산이 늘어나는 부분이 있으니까, 1년에 1조씩 늘어난다고 치면 모두 89조 원입니다. 여기에다 투융자자금 30조 원을 합치면 딱 119조 원이 됩니다. 이건 대책이 아니라 기만책일 뿐입니다.

저는 정부가 사회적 합의를 전제로 해서 일종의 통상연대기금 같은 것을 조성해야 한다고 봅니다. 단순히 패자에 대한 구휼이어서는 안 됩니다. 시장개방의 피해자들도 경제주체로서 다시 자리를 찾을 수 있게 해줘야 합니다. 지금은 약육강식, 승자독식의 논리만 지배합니다. 그래서 피해자들은 무능하거나 재수 없는 사람 취급을 받는 겁니다. 기존 방식을 뛰어넘어, 사회연대라는 관점에서 접근해야 한다고 봅니다.

정인교　물론 119조 원 농업 지원 예산 가운데는 농림부의 기존 사업비가 지속사업으로 들어간 부분이 있고, 말씀하신 30조 원은 투융자자금입니다. 하지만 한미FTA로 인한 농업 부문 피해가 1조 원 내외로 추정되는 상황에서 119조 원을 결코 가볍게 볼 수 없습니다. 한미FTA가 체결된 이후 119조 원의 용처를 농림부가 상당부분 고쳐 한미FTA 피해 지원이 가능하도록 했습니다. 게다가 2007년 11월 우리 정부가 20조 4000억 원의 농업분야 지원책을 확정했습니다. 물론 이 교수님이 말씀하신 것처럼 통상연대기금 등을 통해서 근본적인 대책을 마련해야 한다는 데는 공감합니다.

사　회　우리나라의 무역조정지원법과 미국의 무역지원조정제도를 비교해봤습니다. 미국은 기업 지원보다는 근로자 지원이 10배 이상 많더군요. 기업들한테는 컨설팅 서비스만 해주고, 근로자들한테는 소득 지원, 직업훈련 지원, 이사비용 지원 등 여러 항

　한미FTA, 하나의 협정 엇갈린 '진실'

목에 걸쳐 지원하고 있습니다. 우리나라는 근로자 지원은 거의 없고 대개 기업 지원에 집중되어 있습니다. 근로자에게는 전직 정보를 제공하고 상담 지원을 하는 정도입니다.

정인교　말씀하신 대로입니다. 미국은 근로자 지원에 예산의 대부분을 투입하고 기업 지원은 적습니다. 우리나라에서도 2005년도에 입법에 따른 비용을 추정했더니, 미국과 비슷하게 근로자 지원액이 훨씬 많이 필요했습니다. 그런데 근로자에 대해서는 노동부의 고용안정기금이 있습니다. 고용안정기금의 지원액을 빼고 보니까 근로자 지원이 적은 것처럼 보입니다. 미국도 우리나라처럼 고용안정기금이 별도로 있었으면 얘기가 달라졌을 것입니다.

　우리나라는 사회안전망이 약하니까 직장에서 월급 못 받으면 생계 대책이 없습니다. 이런 점에서 실직 후 가급적 빠른 시일 내에 재취업할 수 있도록 직장을 많이 만들어야 하겠지요. 무역지원제도는 어디까지나 한시적인 지원 대책으로 봐야 합니다. 장기 실업자에게는 무역조정지원제도가 상당히 취약할 수 있다는 점은 공감합니다. 그렇다고 정부가 예산상 불가능한 일을 약속할 수는 없습니다.

이해영　농촌·농민 대책 가운데 하나가 고령농 퇴출입니다. 과거에 얻던 소득의 80퍼센트 가량을 보전해주고 퇴직을 유도하는 게 이른바 대책인데, 당사자 입장에서는 이전 소득의 20퍼센트는 재수 없어서 내는 돈이 됩니다. 이건 국가 또는 시장의 폭력 아닌가 하는 생각이 듭니다. 자기가 어떤 잘못을 저질러서 그런 일이 생기면 몰라도, 그런 것도 아닌데 말입니다.

정인교　참 판단하기 어려운 부분인데요. 정부가 새로운 무역정책을 펴서, 어떤 회사가 어려움에 처했고 근로자가 실직을 했다면 그게 정부 정책의 과실이라고 해야 할까요? 정책 당국으로서는 경제 전체를 키워나가기 위해서 통상환경에 맞도록 새로운 제도를 도입해야 하지 않나요? 그냥 귀 막고 있으면 됩니까?

사　회　그런 상황과는 좀 다르지 않나요? 우리가 한미FTA를 체결하면 경제주체별로 득실이 갈라지지만 전체적으로는 득이 매우 크다. 그렇다면 손실을 100퍼센트 보전해줄 테니 그렇게 하자, 이러는 게 정상적인 논리 아닌가요?

정인교　100퍼센트를 다 보상해주는 시스템은 세계 어디에도 없습니다. 또 100퍼센트를 보상해주는 방법도 문제가 있습니다. 보상 대상 산업은 대부분 경쟁력이 취약한 산업이고, 무역자유화와 무관하게 경쟁력을 잃어가고 있는 업종들입니다. 100퍼센트 보상이 아니고 80퍼센트로 되어 있는 것도 이러한 고려가 반영된 결과로 볼 수 있습니다. 또 100퍼센트 보상체제에서는 도덕적해이가 발생할 개연성이 높습니다. 정책담당자들의 고충도 이해해야 할 필요가 있습니다.

　한미FTA, 하나의 협정 엇갈린 '진실'

사 회　만약 피해보상의 철학이 그렇다면, 결국 이런 얘기가 나올 수밖에 없습니다. 한미FTA가 우리 사회 전체에는 득이 되니 해야 하니, 피해자들은 전체를 위해 조금씩 희생해야 한다.

이해영　그건 결국 FTA에 따른 이득이 피해자들에게 보상해주기에도 불충분하다는 것을 고백하는 것에 다름 아닙니다.

사 회　한 사회의 노동자 집단이 젊고, 산업구조가 역동적이라면 피해보상이 적더라도 경제주체들이 변화된 상황에 비교적 빨리 적응할 수 있을 것입니다. 그러나 그렇지 않다면, 피해보상이 부족할 때 문제가 커질 것이라고 봅니다. 버림받은 노동자들이 변화된 상황에서 경제주체로 제 구실을 못할 수 있으니까요.

정인교　피해를 보는 계층이 있을 수 있습니다. 정부로서는 이들을 지원하기 위해 FTA특별지원 대책을 마련한 것이고요. 노동자 집단에게 불이익을 주기 위해 FTA를 체결한 것은 결코 아닙니다, 그것도 참여정부가. 정말로 재취업이 곤란한 계층은 정부가 재정을 풀어서 지원해야 하는데, 재정은 경제성장으로부터 나옵니다. FTA가 궁극적으로 취약계층에게 도움이 되는 것으로도 볼 수 있습니다.

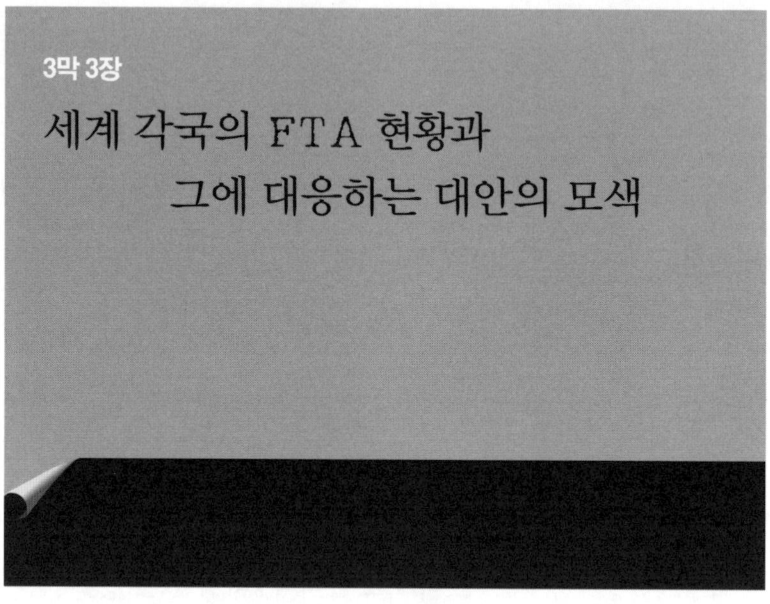

세계 각국의 FTA 현황과 그에 대응하는 대안의 모색

사 회　이번 토론 주제는 두 가집니다. 선비준동의를 해도 되는가? 한미FTA 외에 다른 FTA는 어떻게 할 건가? 이 문제로 토론하기 전에 먼저 확인할 게 하나 있습니다. 지금까지 체결된 FTA 가운데 비준을 거쳐 발효된 상태에서 파기된 것은 없었는지요?

정인교　그런데 어디까지를 예로 잡는가에 따라 답이 다를 수 있습니다. 이를테면 체코슬로바키아 협정은 나중에 체코와 슬로바키아로 다시 분리되면서 그 자체가 없어져버린 경우입니다. 그런 극단적인 경우도 있고요.

　또 우리가 204개 협정이라고 하지만 그 중에서 사실은 일부러 파기하지 않았더라도 자연스럽게 서로가 안 지키는 그런 협정도 있을 수 있죠. 예를 들어, 아프리카 국가들 사이에 체결된 것 가운데는 이름만 있지, 사실상 의미 없는 협정도 있죠.

사 회 하지만 우리나라와 같이 국제사회에서 신뢰가 매우 중요한 나라가 협정을 맺어서 발효를 해놓고 안 지켜버린다. 이런 경우란 있을 수 없는 일이지요.

이해영 아닙니다. 국제관계는 본질적으로는 최후 이성이 없는 일종의 무정부상태anarchy이므로 자기 이익에 반하면 강대국들은 그냥 안 지켜도 되요. 그거 왜 지킵니까? 문제는 상대가 미국이기 때문에 우리 사회의 인맥을 동원해서 별의별 이야기를 만들어내겠죠. 그러나 기본적으로 한미FTA든 뭐든 해보니까 이게 아니다 싶으면 이제 그만두자고 통보할 수 있어요.

사 회 그게 지금 협정문에 어떻게 규정되어 있는 거죠?

이해영 그만 하겠다고 서면으로 통보하면 종료되는 거죠.

정인교 원칙으로 따지자면 그렇죠. 일방이 협정을 이행하지 않겠다고 하면 상대방이 거기에 대응하는 방안은 우리도 특혜 안 주겠다고 하는 겁니다. 그러면 자동으로 폐기되는 거죠. 하지만 우리나라 정도의 국가 수준이라면 체결된 협정은 반드시 지켜야죠. 지키지 않을 협정을 체결해서는 안 됩니다.

사 회 그렇다면 한국이 선비준동의를 해도 되는가? 한미 양국은 발효 절차에 약간 차이가 있죠? 한국에선 비준은 대통령이 하고, 비준동의는 국회가 하도록 되어 있고요. 미국에선 협정 체결은 행정부가 하고, 비준은 의회가 하도록 되어 있죠.

이해영 그게 좀 모호해요. 비준은 말 그대로 최종 결정 아닙니까? 결국 최종 서명이죠. 최종 서명이라면 미국도 대통령이 하는 거죠. 미국법상으로는 한미FTA 같은 것을 의회행정협정 또는 행정협정이라고 하는데, 일반적으로 상원 3분의 2 동의를 요하는 조약과는 다르게 의회와 행정부가 협의해서 하라는 얘기거든요. 그래서 그 국내법적 지위가 모호합니다. 예컨대 WTO협정 같은 건 조약이 아니라 의회행정협정입니다. 이것의 이행을 위한 이행법 곧 우루과이라운드이행법URAA 102조에 따르면 WTO와 미 국내법이 상충되면 국내법이 우선한다고 되어 있습니다. 마찬가지로 미 주법과 의회행정협정과의 관계가 모호합니다. 미 주법의 상위개념이 아니라는 말입니다.

그런데 우리의 경우 한미FTA는 조약이기 때문에 헌법에 따라 국내법과 동등한 효력을 가지고, 또 신법이기 때문에 구법에 우선한다고 봐야죠. 얼만 전 전라북도 의회의 급식조례 원천무효 판결 같은 것은 미국에서는 일어날 수 없는 일입니다.

사 회 지금 미국에서는 먼저 한국 국회의 동의가 있어야 미국 의회도 동의하기가 쉬울 거다 해서 선비준동의를 해달라는 요청이 있는 상태입니다. 그런데 이에 대해서는 여러 논란이 생길 수 있는데요. 우선 우리가 먼저 비준동의를 했는데 미국이 안 하는 경우는 있을 수 있나요?

이해영 그럼요. 얼마든지 가능하죠.

사 회 그런 경우라면, FTA 타결을 위해 거의 FTA와 한 덩어리처럼 논의했던 미국의 부대 요구는 고스란히 들어준 채로 FTA만 무산되는 그런 결과를 낳습니다.

정인교 지금 현재 양국 분위기로 보면 한국이 먼저 비준동의를 하는 것이 바람직한 것으로 양국 정부 관계자들이 생각하는 것 같습니다.

사 회 그건 어떤 이유에서 그렇습니까?

정인교 미국은 비준 처리를 해야 될 법안이 지금 현재 FTA만 4개가 있거든요. 파나마, 페루, 콜롬비아, 그 다음이 한국이에요. 다행히 페루와의 협정은 2007년 말 통과되었습니다. 남은 3개 중에서 파나마는 별 문제 없이 의회를 통과할 것 같은데, 콜롬비아부터가 문제입니다. 우리나라는 현재 한미FTA 하나만 비준 대기

상태에 있지요. 양국 의회 분위기로 본다면 아무래도 한국이 조금은 양호한 편이므로, 할 수 있으면 우리가 먼저 하게 되면 결국 미 의회 내에서도 한미FTA를 빨리 이행해야 한다는 의원들의 입장이 강화되겠지요. 미국이 먼저 한 다음에 우리가 해야 한다고 하는 것은 협정 이행 시기에 관심이 없는 분들의 주장으로 들립니다. 협정 이행이 늦어질수록 우리 기업들이 이익을 확보할 수 있는 기간이 줄어드는 것으로 봐야 합니다. 협정 이행이 늦어지면 매년 15조 원의 손실이 발생하는 것으로 분석되고 있습니다.

사 회 양국 의회 분위기로 보면 그나마 한국 형편이 양호하다? 이 말씀은 한국 국회에서 반대가 상대적으로 약할 것이라는 의미인가요?

정인교 지금 우리 국회 내에서도 반대에 서명한 국회의원 수가 70~80명 되는 것으로 알고 있습니다. 그분들이 반대 입장을 밝히고 있지만, FTA에 대해서 적극적으로 지지 의사를 밝힌 국회의원도 70여 명 됩니다. 중립적인 의원들까지 고려한다면 분명히 미국보다는 비준동의 투표가 가결될 여건이 양호한 것으로 보입니다.

이해영 일단 객관적인 조건에서 보면 그렇죠. 우리더러 먼저해라. 그러니까 똥바가지 먼저 쓰고 그걸 해주면 부시가 어깨에 힘 한번 주겠다는 얘긴데요. 부시로서는 한미FTA를 치적으로 삼으려는 정치적 계산이 있는 거고, 노무현 정부도 크게 다르지 않

 한미FTA, 하나의 협정 엇갈린 '진실'

고요. 그런데 이제 정 교수님이 설명하신 것처럼 미국 의회에서 앞의 3개 파나마, 페루, 콜롬비아 FTA와 한미FTA는 분명히 좀 다르죠. 지위나 크기도 다르고요. 미국 의회 상황으로 보아 지금 당장 투표하면 아마 한미FTA는 의회 통과 안 될 겁니다. 제가 미 의회 찬반 표를 분석해봐도 거의 안 될 것으로 보입니다. 2005년 6월에 표결한 카프타CAFTA(중앙아메리카-미국FTA)는 사실상 한 표 차이로 가까스로 통과된 거죠.

정인교　두 표 차 아닌가요? 보통 미국에서는 한두 표 차로 표결됩니다. 양당제 구도가 정착되어 있어서 사안별로 정당의 입장이 명확합니다.

이해영　여기 있던 게 저기 들어가서 두 표가 된 거니까 사실상 한 표죠. 그런 전례가 있습니다. 그보다 앞서 2002년의 무역촉진권한TPA법도 한 표 차로 겨우 턱걸이를 했고, 2006년 11월의 미-베트남 통상관계정상화조약PNTR 곧 최혜국대우조약은 부결되었지 않습니까? 민주당이 의회를 장악한 다음에 작정하고 부시를 한번 골탕 먹인 거죠. 이렇게 볼 때, 지금 미 의회가 한미FTA를 표결에 부치면 그것도 한두 표 차이로 부결될 것 같은 분위기에요. 상원은 아마 다를 겁니다. 그래서 한국 선비준동의론이 나온 것일 거예요. 한국이 먼저 비준동의를 처리했다는 새로운 카드를 만들어서 민주당이 장악한 의회를 압박하려고 미 무역대표부USTR가 잔머리를 굴리고 있는 것으로 생각합니다. 미 무역대표부가 그렇게 하기를 원하면 우리 통상교섭본부는 아마 거기에 순순히 따를 겁니다. 어차피 굴욕 모드라고 봐야죠.

그리고 우리가 먼저 비준동의를 해줘야 미 의회에서 협정문을 다시 고치는 일이 없을 거라는 게 우리 정부의 논리인데, 무슨 근거로 그런 황당무계한 얘기를 하는지 모르겠습니다. 그래서 지금 예상하기로는 2008년 1월에 민주당 코커스caucas[3]가 시작되는데 코커스 한번 치루고 그 사이에 하는 게 어떠냐는 미국 통상관계자들 일부의 생각인 거 같은데 그 다음에 현 대통령 임기하고 맞물려서 대충 그럴 가능성도 없지 않다고 봅니다. 미국은 이행 법안을 한번 표결에 부쳐서 부결되면 완전히 폐기합니다. 그래서 행정부에서도 굉장히 신중할 수밖에 없습니다. 그렇지만 지금 돌아가는 분위기를 보면, 가장 유력한 대선주자인 힐러리까지 나서가지고 한미FTA를 공식적으로 반대하고 있습니다.

힐러리는 기본적으로 자유무역론자 아닙니까? 하지만 당내 경선구도에서 특히 미-페루, 미-파나마FTA와는 달리 한미FTA에 대해서는 진보적인 에드워즈나 민주당의 대표적 클라이언트인 노조 쪽에서의 비판이 그런 거였거든요. "당신 남편이 나프타에 사인했지 않았느냐? 그러면서 무슨 일자리를 만들고 노동자를 위한다는 거냐?" 이런 걸 고려하면서 힐러리가 그런 커밍아웃을 했다고 볼 수 있습니다. 또 민주당 지도부의 공식 입장이 한미FTA 반대 아닙니까. 이번 미-페루FTA는 미 민주당 지도부가 적극 나서서 찬성 쪽으로 설득한 결과 통과되었습니다. 노조 쪽도 묵인했습니다. 지금으로 봐서는 한미FTA 의회 통과는 결코 만만치가

   한미FTA, 하나의 협정 엇갈린 '진실'

않습니다. 설령 파나마나 페루 FTA가 의회를 통과한다 하더라도 한미FTA는 묶일 수도 있습니다. 그렇다고 할 때 우리가 선비준동의했을 경우 우리 국익 차원에서 도대체 무슨 실익이 있을지를 따져봐야 합니다. 실익이 없다면 굳이 우리가 선비준동의를 서두를 이유가 없다는 것입니다. 국회 입장에서 보더라도 지금까지 졸속 추진, 졸속 체결에 이어 졸속 비준동의까지 한다면 이는 대내 협상 차원에서도 분명히 문제입니다.

사　회　하나 더 여쭙는다면, 미국과 FTA를 맺는 과정에서 어느 한 나라가 먼저 비준을 했는데 그 뒤에 미국이 협정을 수정을 요구한 일도 있지요?

이해영　미-페루FTA가 그랬죠. 실제로 재협상해서 고쳤잖아요. 미국 의회가 원하면 언제든지 가능하죠.

정인교　한미FTA 협상 과정에서 미국이 신통상정책을 반영시키려 할 것이란 전망이 제기되었지만, 4월초에 협상이 타결될 때까지 민주당과 공화당간 신통상정책 내용이 확정되지 않았습니다. 미국이 요구한 내용 대부분이 우리한테 별 문제가 되지 않을 것으로 판단되어 정부가 추가협의에 최종 합의한 것입니다. 물론 현재 미 의회 특히 힐러리 클린턴 대통령 후보가 재협상을 요구하고 있습니다. 이런 상황에서 우리 국회가 먼저 비준동의를 처리해버리면 미국도 더 이상 수정 요구를 하지 못하게 됩니다. 국

회에서 비준동의한 협정을 수정하라고 요구할 경우에 예상되는
국민감정을 미국이 모를 리 없지요.

미 의회에서 협정이 한두 표 차이로 겨우 통과되는 것은 다반
사입니다. 미 대통령이 의회에다가 통상협정 비준을 요청하는 시
기는 사전 조사를 통해 과반수 지지를 받을 수 있다는 확신이 설
때입니다. 왜냐하면 양당제 체제인 미 의회가 모든 이슈에 대해
항상 팽팽하거든요. 항상 50 대 50이에요. 거기에서 지역구 사정
이든 뭐든 여러 이유로 한두 의원만 설득하면 균형이 깨지게 됩
니다. 그리고 관례로 보면 미 의회 의원이 공개적으로 표명한 입
장을 표결 과정에서 특별한 이유 없이 바꾸는 경우는 없거든요.
그러니까 "한두 표로 가까스로" 통과된 게 아니고 그 정도면 미
국에서는 의례적으로 비준 요청으로 가는 걸로 볼 수 있습니다.

사 회 지금까지 협상 진행 과정을 돌이켜보면, 한국은 굉장히
적극적인 한미FTA 의지를 보여왔던 게 사실인데, 이런 태도가 미
국으로 하여금 쇠고기라든가 하는 민감한 문제에 대해 굉장히 적
극적인 공세를 취할 수 있게 한 빌미를 제공했다는 평가도 일부
있습니다. 한국이 먼저 비준동의를 한다는 것은 한국의 한미FTA
관철 의지를 다시 한 번 보여주는 건데, 그렇다면 미국으로서는
더 유리한 것을 따내기 위해서 이 기회를 활용할 측면도 있는 거
아닌가요?

정인교 글쎄요. 일단 국회를 통과하면 더 이상 고칠 수 있는 상

   한미FTA, 하나의 협정 엇갈린 '진실'

황이 아닌데, 미국이 뭘 요구한다는 것은 무리한 예측인 것으로 보입니다. 여러 가지 상황을 고려하다보면 그런 예상도 할 수 있겠지만, 정치적인 프로세스가 얼마나 중요한지는 그쪽 사람들도 다 알 거고요. 또 아까 말한 국민감정도 그렇고요.

사 회 그런데 페루는 해버렸단 말이에요.

정인교 우린 페루하고는 경우가 좀 다르죠. 페루가 수정했던 부분은 자동차나 쇠고기처럼 민감한 것이 아니에요. 문제가 됐던 그 부분도 양측이 어느 정도 수긍할 수 있었기에 가능했던 거지요. 더구나 한미관계가 얼마나 정치적으로 민감하고 국민감정에 크게 영향을 줄 수 있는지 잘 아는 미국에서 그렇게까지 요구하기는 어려울 것입니다.

이해영 그 잘 아는 미국이 재협상 과정에서 결국 고스란히 다 가져갔지 않습니까? 그렇게 보면 모든 건 가능하다고 봐요. 그래서 바라건대, 늦은 감이 있지만 지금이라도 우리 국회가 한미FTA 검증 좀 제대로 해야 합니다. 왜냐하면 국회의 비준동의는 찬반만 하게 되어 있지 문제가 있더라도 수정할 수가 없게 되어 있습니다. 그런 이유에서라도 더욱 철저한 검증이 있어야 합니다.

사 회 검증에 나서서 영향을 정확히 파악하고 동의 여부를 그때 판단해도 늦지 않으며, 대책도 충분히 법안에 넣어야 한다는 애기시죠.

원론적인 이야기 하나 집어넣으려고 알리바이 만들었습니다. 마지막입니다. FTA에만 국한하지 말고 앞으로 전반적인 통상정책 어떻게 해야 하나? 이런 주제로 말씀을 나눠보겠습니다.

정인교　　먼저 FTA와 관련해서 말씀드린다면 한미FTA는 가급적 빠른 시일 내에 비준동의가 처리되고 이행되는 게 필요하며, 협상이 진행되고 있는 EU와의 FTA는 적당한 시기에 타결해야 한다는 생각입니다. 그러면 그 다음부터 남는 FTA 관련 정책은 물론 신정부에서 입안을 해야겠습니다만 전면적인 재검토를 통해서 방향성을 새로 정립할 때가 되었다는 생각입니다.

그래서 결국은 우리가 단편적으로 중국하고 FTA 할 거냐, 일본하고 할 거냐 하는 문제가 아니라 지금까지 우리가 맺은 4개의 FTA에다가 미국, EU와의 FTA가 타결된 것으로 보고, 거기다가 협상 중인 인도, 캐나다 등과 타결하는 정도만 되면 우리더러 더 이상 FTA 후진국이다 열등국이다 하는 얘기는 절대 할 수가 없거든요.

어떤 의미에서 우리가 FTA에 있어 국제적인 추세보다 상당히 더 나가는 상황으로 발전하고 있기 때문에 이제부터는 우리가 좀 더 여유를 가지고 전체 틀 속에서 FTA 정책을 수립할 필요가 있습니다. 또 정부가 FTA를 상당히 적극적으로 추진해오면서도 아직 대처에 미흡한 동아시아에서의 통상정책 및 경제통합에 대한 입장을 정립해야 합니다. 아시아＋3 정상회의다, 장관회의다, 뭐다 하는 국제적인 행사가 있을 때마다 입장 표명을 한다곤 하지만 뚜렷한 방향성이 있는 것 같지는 않습니다. 누구 표현처럼 냉탕과 온탕을 번갈아 다녀오고 있습니다.

국민의 정부 시절, 금융위기 직후에 동아시아와의 협력이나 연대의 중요성을 반짝 강조하다가 2002년에는 시들해져버립니다. 그 이후로 우리나라 동아시아 정책은 거의 실종돼버렸고, 참여정부 들어서면서 '동북아 경제 허브' 같은 거 주장하다가 그것도 방향성을 잃어버린 상태입니다. 동아시아에서의 지역경제협력 및 통상협력에 대해 정부가 입장을 정립해야 할 시기입니다.

다자무역체제에 대한 우리 정부의 입장은 견고합니다. 기본적으로는 빠른 시일 내에 다수 FTA 협상을 타결하고 우리도 세계적인 자유화에 참여해야 한다는 큰 원칙은 가지고 있습니다만, 우리 정부가 농업분야에서 협상하는 것을 보면 그러한 큰 원칙과는 상당히 거리가 있는 정책들이 결정되고 있습니다. 그래서 지금 통상정책이 시스템화한 상태는 아니라는 판단입니다. 그런 차원에서 한미FTA도 비준 이행만 남겨둔 상태에서 거기에 맞는 농업정책 및 다자통상정책을 수립해야 한다는 생각입니다.

사 회 앞으로 좀 돌아가서요? 정부에선 '거점전략'이라고도 하는데요. 한미FTA로 한-EU FTA 하는 그런 의미라고 할까요?

정인교 EU와의 FTA는 우리나라 FTA 로드맵 상에도 들어가 있었습니다만 EU가 원체 우리와의 FTA에 관심을 보이지 않아서 우리로서는 본격적으로 검토하지 못하고 있었는데, 한미FTA가 본격적으로 시작되면서 EU가 우리 쪽에 접촉을 해서 협상이 시작된 케이스입니다. 물론 EU야 미국과 더불어 세계에서 가장 큰 경제권이고, EU가 2005년에 25개국으로 확대됐다가 2007년 들어서는 27개국으로 늘어나고 하면서 우리 기업들이 현지에 진출하지 못했을 경우에는 그 동안 영업상의 불이익이 상당히 컸었죠. 그런 문제를 일거에 해소하는 데는 FTA 체결이 가장 효과적이고, 거대경제권과의 FTA는 상당한 경제효과를 가져다줄 것입니다.

EU는 독일이나 프랑스 같은 큰 나라들이 있어서 그랬겠지만 지난 20~30년간 우리나라에 꾸준히 투자를 양호하게 하고 있는 지역이란 말이죠. 그런 측면에서 봤을 때 한-EU FTA에는 투자 여건 개선 부분이 분명히 들어갈 거고, 한-EU FTA는 남북한 관계에도 기여하는 바가 적잖을 것으로 생각합니다. EU 27개국 중에서 북한과 공식 수교를 맺지 않은 나라는 딱 두 나라입니다. 그러므로 한-EU FTA를 통해서 개성공단 문제도 더 쉽게 해결할 수 있을 것 같고, 남북한 협력이라든가 대화 문제를 풀어나가는 데 유럽의 매개역할도 기대할 수 있습니다.

사 회　미국하고도 FTA를 맺고 EU하고도 맺은 나라는 그리 많지 않은 것 같은데요?

정인교　칠레, 멕시코가 있죠.

사　회　칠레는 굉장히 개방적인 국가니까 그렇다고 치고, 멕시코는 칠레하고 좀 다르게 볼 수 있는데요. 이게 어떤 이유로 그렇습니까? 이 교수님, 특별한 이유가 있나요?

이해영　EU는 미국이 처음 FTA 들고 나왔을 때 태평양과 카리브 해를 망라하는 초대형 FTA를 구상했고 지금도 추진 중이죠. 우리가 FTA를 하게 되면 이렇게 좋아지고, 저렇게 좋아지고, GDP도 올라가고, 수출도 늘어난다고 정부가 쭉 얘기해왔는데, 우리가 FTA를 체결하려고 하는 나라가 40여 개나 되지 않습니까? 그래서 제가 대충 이 나라들과의 FTA 경제효과를 다 합치면 얼마나 될지 계산해보니까 어마어마하더군요. 이제부터 가만히 앉아서 FTA만 체결하면 GDP 팍팍 올라가고, 일자리 늘어나고, 수출 늘어나고, 뭐든 다 된단 얘기죠.

그러나 저는 전 세계적으로 FTA가 늘어날수록 FTA 효과는 줄어든다고 생각하거든요. 그래서 FTA 경제효과를 과장하면 안 된다고 봅니다. 지금이라도 솔직하게 말할 필요가 있습니다. 결론은 신자유주의 통상 모델하고는 구분되는 새로운 통상정책 모델이 만들어져야 한다는 겁니다. 이건 통상절차법 같은 민주적인 절차를 만드는 문제와 동시에 글로벌 거버넌스governance를 다자틀 내에 어떻게 안착시킬 것인가 하는 문제 아닌가요? 그런 차원에서 우리의 통상정책 역시 지금까지의 신자유주의에 따르는 그런 모델을 탈피해서 보다 공정성을 강화하는 통상 모델이 필요하다고 봅니다.

그리고 이 과정에서 아까 동아시아 협력 모델 이야기가 나왔는데, 이런 경우에 아일랜드 모델은 참고할 만한 게 많습니다. 특히 동아시아에서 지역협력, 경제통합을 조금이라도 진전시키려면 공정성을 강조하는 통상 모델에서는 무엇보다도 공공성 문제가 중요하다고 생각하거든요. 예를 들어 민중무역협정PTA(People's Trade Agreement)[4]이라고 베네수엘라, 쿠바, 볼리비아 세 나라 사이에 하고 있지 않습니까? 경제규모가 크게 다르긴 하지만 제가 주목하는 것은 쿠바의 의료 서비스하고 베네수엘라의 자원 곧 석유가 서로 교환(통상)될 수 있는 구조입니다. 그러니까 쿠바는 석유를 얻고 베네수엘라는 공공 서비스 질을 끌어올리는 것 같은 새로운 통상정책을 얼마든지 구상하고 실행할 수 있다는 겁니다. 따라서 이처럼 서로에게 정말 유익한 새로운 통상정책을 마련하는 시도가 필요하다는 얘깁니다.

사 회 그런데 그게 좀…… 말씀은 그렇지만 우리나라에 현실성이 있습니까?

정인교 제가 말씀드리겠습니다. 쿠바, 베네수엘라, 볼리비아 등이 시행하고 있는 PTA 모델이 전 세계적인 벤치마킹 대상이라기보다는 오히려 여러 면에서 문제가 많을 걸로 생각합니다. 물론 저도 쿠바 의사들이 전 세계적으로 난민들을 지원하기 위해 파견되고 있다는 건 알고 있습니다만, 그건 물론 쿠바 집권층이 자기들이 어떤 정치적 이념을 가지고 통치하는가를 국제적으로

과시하기 위한 것인데, 쿠바 내부 사정 그러니까 쿠바 국민들이
전반적으로 그렇게 할 만한 여유가 있는가에 대해 생각해볼 문제
입니다. 자국 국민들은 최악의 상태에서 생활하도록 방치하면서
제3국을 지원하는 국가를 정상적인 상태로 볼 수 있을까요?

쿠바는 사회주의 국가니까 여러 가지 학업 지원을 하는 대신에
의사들이 의무적으로 2년 동안은 해외에서 근무하도록 하는 제
도를 가지고 있습니다. 일종의 제도이므로 의사들이 그렇게 하는
거지, 자발적인 봉사활동인지는 의문이 듭니다. 또 베네수엘라는
차베스 대통령이 당선되고 나서 (물론 그 이후에 국제유가도 올
라가고 해서 재정에 여유가 생겼겠습니다만) 국내에서 생산한 석
유를 인근 국가에다가 무상으로 제공하는 것이 바람직한가요? 국
제유가가 낮아졌을 때 가장 심각한 타격을 받을 나라가 바로 베
네수엘라입니다. 먼저 거시경제정책을 건전하게 운영하고 나서
경제적으로 여력이 있을 때 지원하는 경우하고 그야말로 정치적
인 흥행 목적으로 덮어놓고 지원하는 것과는 구별되어야 합니다.

아까 칠레하고 멕시코는 어떻게 해서 미국과 EU하고 다 FTA를
맺게 되었는지 이 교수님한테 질문하셨는데요. 제가 잠깐 말씀드
리면, 미주 대륙에서 멕시코하고 칠레는 미국하고 일찌감치 협정
을 체결했던 거고 문제는 EU에 있습니다. EU는 기본적으로 유럽
국가와 FTA를 체결하거나 일방적인 특혜 조치를 아프리카에 있
는 옛날 식민지 나라에게 주는 협정이 대부분입니다. 다른 나라
와의 협정은 문화적·인종적 유사성이 있는 경우에만 체결하는
것이 EU의 FTA 정책 방향입니다. 그런 점에서 보면 멕시코하고

칠레밖에 할 만한 나라가 없는 거죠. 동아시아는 아무 나라도 해당되지 않고 그래서 멕시코, 칠레와의 FTA가 형성된 것으로 볼 수 있습니다. 그런데 EU가 우리와의 FTA 추진에 나섬으로써 기존의 정책 방향을 수정하게 된 것이죠.

이해영　국제적으로 가장 많은 FTA를 추진해온 나라가 멕시코와 칠레 아닙니까. 그런데 멕시코는 이미 더 이상 FTA 안 하겠다고 모라토리엄을 선언했습니다. 뭐 지칠 때도 됐죠, 해봐야 효과도 없고. 이젠 칠레가 혼자서 나대고 있는데, 글쎄 얼마나 갈까요. 칠레가 FTA를 그렇게 많이 해서 경제효과를 너무 많이 본 나머지 '칠레의 기적' 같은 게 일어났다는 얘기를 아직 들어본 적이 없거든요. FTA 만날 해봐야 별 효과 없다는 걸 반증하는 거죠.

정인교　멕시코가 FTA 모라토리엄을 선언하게 된 것은 일본과의 협상을 유리하게 이끌기 위한 목적이 강했지요. 일본과의 협상 타결 이후 모라토리엄을 풀었거든요. 또 한미FTA가 서명된 직후 멕시코가 한미FTA 수준의 FTA를 추진하자고 요청했고, 2007년 말 제1차 협상이 개최되었습니다. FTA 효과가 없어서 모라토리엄을 선언했다고 보기는 어렵습니다.

이해영　그 다음에 쿠바, 베네수엘라, 볼리비아 모두 반미 성향 국가거든요. 그래서 미국이 무슨 수를 써서라도 흠집을 내려고 해왔던 나라들입니다. 물론 미국에 반대한다고 해서 무조건 좋아진다는 의미는 아닙니다. 하지만 예를 들어서 이 세 나라에서 출발을 했으니까 작년에 체결했던 PTA를 보면 협정문은 간단해요. 제1조가 모든 관세 및 비관세 장벽 철폐입니다. FTA하고 똑같아요. 그런데 우리가 이야기하고 비판해온 신자유주의 FTA에서는 어떻게 하면 저쪽을 더 많이 벗겨먹을까 하는 게 기본적인 목표죠. 반면에 모든 관세 및 비관세 장벽 철폐라는 공동 목표를 추구하는 PTA에서 제가 새롭게 보는 것은 사적 이익의 극대화가 목적이 아니라 공적 이익을 늘려가는 것이 통상 목표가 될 수도 있구나 하는 거고, 그 가능성을 보여준다는 거죠. 물론 '신의 저주' 라고도 불리는 석유를 베네수엘라가 가지고 있다는 게 기본 동력으로 작용했다는 데는 의문의 여지가 없습니다. 볼리비아에서도 천연 가스가 나오고, 쿠바에는 잘 훈련된 풍부한 의료 인력이 있다는 것이 이 협정을 가능하게 만든 기본 동력이라는 것도 자명합니다. 물론 누가 봐도 경제규모가 우리하고 비교가 안 되니까, 이런 모델을 직접적으로 원용하는 것은 어렵다는 것은 상식입니다. 그러나 다시 한 번 강조하고 싶은 점은, 공공성을 강화하고 공공서비스의 질을 향상시키는 정책수단으로서 통상협정을 활용할 수 있다고 하는 관점입니다.

정인교　　물론 베네수엘라하고 볼리비아, 쿠바가 체결한 PTA를 보면 관세 및 비관세를 없앤다는 부분이 있죠. 그건 어디에나 선언문 앞부분에 다 들어가는 내용이지 실제로 이행할 수 있는 의미 있는 내용을 가지고 있지 않습니다. 베네수엘라는 PTA를 하면서도 2006년 (브라질 아르헨티나 등이 회원국으로 있는) 메르코수르MERCOSUR(남미공동시장)[5]에 정회원으로 가입했습니다. 정책의 일관성이 부족합니다. 다양한 협정을 체결하는 것도 좋겠습니다만 상당히 극과 극으로 가고 있는 스펙트럼이 매우 넓은 나라라는 말씀을 드리고 싶습니다. 보통사람의 머리로는 이해가 안 되는 국가지요.

이해영　멕시코에서 나프타로 인해 일대 정치투쟁이 벌어지고, 최근에 코스타리카에서 FTA 가지고 국민투표를 한 걸 보더라도 그렇고, 중남미 지역의 독특한 정서로 보면 베네수엘라가 메르코수르 같은 데 가입한 거 별로 이상하지 않습니다. 그래서 어쨌든 멕시코 같은 미국의 뒷마당에서조차도 FTA에 대해서 특히 나프타 모델에 대해 강력한 대중적인 항의가 확산되고 있다는 데에는 의문의 여지가 없죠. 그래서 적어도 객관적으로 볼 때 미국형 FTA가 이런 식으로 지속되긴 어려울 거라고 봅니다. 왜냐면 앞으로 미국의 정권이 교체될 경우에 나프타 모델에 입각한 FTA는 바뀔 가능성이 더욱 농후합니다. 그런데 한때 우리나라에서 FTA 찬성론자들이 우리 스스로를 FTA 지진아라고 했지 않습니까. 하지만 이제 자칫하면 우리 혼자 FTA 국제 바보가 될 가능성이 있다는 점도 살필 필요가 있습니다. 우리 혼자 마지막 상투머리를 잡고 어른한테 살려주십시오, 하는 국제적으로 추한 꼴을 보이기 전에 차라리 미 민주당에서 부결하는 게 낫다고 봅니다. 비용도 싸게 먹히고.

사　회　큰 방향에서 PTA 같은 게 우리에게 구체적으로 어떤 그림을 그리고 어느 쪽을 중점적으로 나눌 수 있게 할 수 있는가를 얘기하긴 좀 이르죠?

이해영　그렇다고 볼 수도 있죠. 그런데 계산해보니까 매년 쿠바에서 베네수엘라에 1만 3000여 명의 의사를 보내주는데, 그 대가로 베네수엘라가 쿠바에 공급해주는 석유가 액수로 대충 20억 달러 정도 되요. 공공부문과 관련해서 20억 달러에 상응하는 재화와 서비스가 통상협정을 통해 이동했다는 것이죠. 그 말은 FTA를 체결하더라도 거기에 부가약정으로 얼마든지 이런 식의 국제협력 차원 또는 공정무역으로 불러도 좋을 그런 국제거래를 동시에 병행 추진할 수도 있다는 거죠.

사　회　그렇다 해도 보편성 차원에서 보면 그게 과연 현실적이냐는 의문이 듭니다. 상품교역을 대신해서 호의적 교환을 이야기하는 분들이 많습니다. 이게 자본주의가 보편화된 나라에서 쉽지 않은 영역이라서 아주 소수의 영역으로 있지요. 그런데 국가간 경제협력에서 그게 가능할까, 적어도 그게 가능하려면 굉장히 강한 국가들끼리는 어느 정도 여지가 있을 거고, 그것이 불가피하게 국제사회에서 어느 정도 상대적으로 고립된 나라들이 방어적으로 취할 수 있는 조치이긴 한데 그렇지 않은 나라들끼리도 그런 게 가능하겠는지요?

이해영　가능하죠. 예를 들어 베네수엘라가 런던 시하고 협정을 맺었지 않습니까? 뭐냐면 런던이 베네수엘라에 교통 시스템 관련 기술이전을 해주는 대신에 베네수엘라는 국제유가의 절반에도 못 미치는 가격으로 런던 시에 석유를 공급해주는 그런 협정이었죠. 그 다음에 베네수엘라 석유 수출의 거의 대부분이 대미 수출이거든요. 그래서 차베스가 그러지 않았습니까. 미국에 수출 하되, 거기 수재민들에게는 기름을 싸게 주겠다고.

사　회　그게 런던이 좀 시혜를 베푼 건가요? 아니면 베네수엘라가 베푼 건가요?

이해영　그런 차원이 아니죠. 당시에 영국 노동당에서 진보적인 입장을 가지고 있던 런던 시장이 차베스의 그런 활동 자체를 평가한 거죠. 그래서 민주노동당 대표께서 얼마 전에 베네수엘라를 방문하신다기에 이왕 가시는 거 진보외교의 새로운 모범을 만들어보시라고 권한 적이 있습니다. 한국의 젊은 IT 인력들을 베네수엘라가 체재비를 부담하는 조건으로 파견하고, 그 대신 기름을 국제유가의 절반 가격으로 받아오시라, 런던 시가 그렇게 했지 않았느냐고 말씀드린 적이 있습니다. 그런데 불행히도 차베스가 시간이 없어 못 만났다고 하더군요.

사　회　그런 건 어찌 보면 패키지 단위 거래라고 볼 수도 있는데요.

이해영　　물론 그렇죠. 통상에는 물물교환을 포함한 다양한 형태가 있을 수 있는데, 공공성이나 공공서비스를 강화하는 것 역시 교환을 통해서 가능할 수 있다는 그런 사고, 그런 발상의 전환도 한번 해볼 필요가 있다는 거죠.

정인교　　그래서 이 교수님은 진보학자이만, 저는 아닙니다.

사　회　　어제부터 이틀에 걸친 긴 토론을 이제 끝마칠 때가 되었습니다. 두 분 교수님, 참 고생 많으셨습니다. 이제 판단은 이 책을 보신 독자 여러분에게 맡겨야겠군요. 우리 사회에서 의견이 첨예하게 갈린 사안일수록 감정적으로만 대립할 게 아니라 이런 건강한 토론이 활발하게 벌어져 문제를 바로 알고 문제해결의 실마리를 풀어가는 생산적인 담론이 자리를 잡아나갔으면 하는 바람 간절합니다.

　고맙습니다.

핵심 쟁점 사항 지상 논쟁_제3라운드

한미FTA가 타결되지 않았다면 과감한 규제완화를 검토할 수 있었겠습니까? 이러한 규제완화 작업이 제대로 이루어질 경우, 그로부터 비롯한 경제이익만으로도 무역자유화 혜택을 능가할 수 있을 것입니다. 

한미FTA가 발효되면 앞으로 한국의 경제와 사회 미래를 가늠할 거울 역할을 할 것입니다. 그래서 한국사회는 '선진화'라는 이름으로 더욱 '미국화'될 것이고, 경제 사이클은 당연히 미국과 동조화될 것입니다.

한미FTA에 찬성하는 정인교 교수와 반대하는 이해영 교수가 주요 쟁점 사항은 맞짱토론에서 거의 다 얘기했지만, 독자의 이해와 편의를 돕기 위해 핵심 쟁점 사항들과 토론에서 미처 얘기하지 못한 사항들을 각각 찬반의 시각에서 간명하게 정리한 글을 싣는다.

 **기업의 투명성 제고에 기여할 것**

FTA의 일차적인 수혜자가 기업이고, 해외진출이 많은 기업들에게는 더 큰 기회를 가져다 줄 수 있다. 또 개방과 개혁의 확산으로 기업의 지배구조도 개선될 것이며, 외국 기업과의 경쟁에 대처하기 위해 대기업-중소기업간 상생협력 노력도 강화될 것이다. 최근 들어 대기업과 하청관계에 있는 중소기업에 대한 대기업의 시각이 개선되고 있음을 느낄 수 있다. 발전적 상생관계 형성을 위한 업계 및 정부의 노력이 강화될 것으로 보인다.

지금까지 우리 경제를 일구는 데 기업의 역할을 결코 간과할 수 없다. 지난날 개발연대 시절 부족한 자원을 산업화로 집중하고, 규모의 경제를 누리도록 하기 위해 정부가 문어발식으로 엮인 기업집단을 허용하기도 했다.

하지만 오늘날 기업지배구조 개선으로 과거와 같은 기업집단은 사라지고 책임경영이 보편화하고 있으며, 한미FTA는 기업의 투명성 제고에도 기여하게 될 것이다.

　　FTA와 같은 자유무역 확산으로 경쟁이 치열해지고, 취약산업 근로자들은 실직의 고통을 겪을 수 있다. 심지어 자유무역을 주도하는 미국에서도 FTA가 일자리를 해외로 수출한다는 이유로 반FTA 주장이 제기되기도 한다. 하지만 이에 대해 바그와티 교수는 무역자유화가 경제성장 및 일자리 창출에 기여하는 것으로 반박하고 있다.

　　취약산업은 분명 손실을 보겠지만, 나머지 산업들은 이익을 보게 되고, 이들 산업이 성장하면서 추가 고용을 가능하게 한다. 여기서 확실하게 판단해야 할 사항은 실직자 수와 신규 취업자 수 중 어느 쪽이 더 큰가 하는 것이다. 반대론자들은 전자만을 보는 경향이 있으며, 협정 이행 및 구조조정 기간에 발생하는 실직자 문제로 FTA를 평가하지 않나 싶다.

　　투자자 보호 관련 사항, 제도개선에 대한 래칫 조항, 서비스 개방 등에 대해서도 심각한 문제를 제기하고 있으나, 오히려 긍정적인 영향이 발휘되도록 고안된 것임을 이해할 필요가 있다. 최저약가보장 등과 같이 우리 국민들에게 당장 부담이 될 수 있는 요소들은 우리 정부가 협상에서 수용하지 않았다. 정부로부터 권한을 위임받은 협상단도 우리 국민이고, 국민경제를 심각한 위험에 노출시킬 수 있는 조항을 협정에 반영시키려고 하지 않았을 것으로 믿었으면 한다.

 # 국내시장의 대미 의존도 심화

한국의 재벌기업은 이미 글로벌 자본이다. 더 이상 국내에서 생산해 해외로 수출하는 그런 중상주의시대 기업이 아니다. 세계 굴지의 글로벌 자본으로서 한국 자본은 이미 현지에서 생산해 현지에서 판매하는 기업이다. 한국 중소기업의 세계 진출 역시 오래된 일이다. 한미FTA로 평균 4퍼센트에 이르는 미국의 수입관세가 철폐되어 대미 수출기업이 그만큼의 혜택을 본다고 가정하자. 곧 100원짜리 제품이 96원에 팔리면 4원의 가격경쟁력이 추가로 생기는 셈이다. 흔히 한미FTA 효과로 우리와 비교해 GDP 규모 16배인 미국시장을 들고 있다.

그러나 여기서 혼동해서는 안 되는 것이, 시장규모가 16배건 100배건 간에 관세 철폐로 생기는 가격경쟁력은 4퍼센트 수준이며, 또 그로 인해 당장 매출이 16배 증가하는 것도 아니라는 사실이다. 글로벌 경제의 조건에서 해당 수출기업은 4퍼센트 가격경쟁력 요인을 놓고, 인건비가 싼 중국이나 동남아 등지의 현지생산을 통한 우회 수출을 할 것인지, 마찬가지로 관세가 없는 멕시코 마킬라도라maquiladora[6]에서 우회 수출을 할 것인지, 아니면 인건비 부담을 감수하고서라도 미국 현지생산을 할 것인지 전략적 선택을 해야 한다. 이때 4퍼센트 가격인하라는 FTA 효과를 놓고 해당 기업이 실제 어떤 결정을 할 것인지는 미리 예단할 수 있는 것이 아니라 구체적인 시장상황, 경영여건 등 다양한 변수를 종합적으로 판단한 결과를 지켜보아야 한다. 특히 재벌경제 입장

 한미FTA, 하나의 협정 엇갈린 '진실'

에서 보더라도 더욱 그렇다. 한국의 대미 주력상품인 자동차는 이미 미국 현지생산에 들어갔고, 반도체는 오래 전부터 무관세이고 가전 등은 우회 수출되고 있다.

반면 수출보다는 내수에 치중하는 중소기업의 경우 기술력과 자본력이 지지해주지 못할 경우 상당한 피해가 예상된다. 기술개발을 통한 신제품 개발보다 이미 경쟁력 있는 미국산 제품의 수입이 훨씬 손쉬운 방법이기 때문이다. 그리고 우리의 부품·소재 산업이 상당히 낙후한 조건에서 미국 수입품의 대부분을 차지하는 중간재의 수입 증가는 불가피할 것이고 그 결과 국내시장의 대미 의존도는 당연히 증가할 것이다.

자본의 세계화는 반드시 현지고용을 수반하고 따라서 국내의 고용 감축을 수반하게 마련이다. 국경을 넘어선 자본 대 국경 안에 갇힌 노동, 이미 승부는 정해져 있는 것이다. 오늘날 그 어떤 FTA도 자본의 자유화를 의미하는 것이지 노동의 자유화를 원하지는 않는다. 따라서 한미FTA 역시 기본적으로는 구조조정의 강력한 유인 요소로 작용할 전망이며, 노동시장에 대한 충격도 불가피하다.

＞ 한미 산업별 '경쟁력'에 얽힌 오해와 진실

 경제규모를 감안하면 우리가 더 유리

산업경쟁력을 비교할 때 규모나 비율을 주로 사용한다. 예를 들어, 우주정거장을 만들고 유인 우주선을 발사하며, 우리보다 수십 배 많은 연구개발비를 투입하는 미국은 전체적으로 볼 때 우리나라와는 비교가 안 될 정도로 높은 경쟁력을 가졌다고 말할 수 있다. 이런 미국과 자유무역을 하게 되면 경쟁이 되지 않을 것이란 주장에 일반인들은 쉽게 공감하게 된다.

하지만 오늘날 상품의 종류가 다양해지고 같은 종류의 상품이라도 기능, 디자인 등에서 세분화된 제품이 출시되고 있다. 곧 니치마켓Niche Market(틈새시장)[7]이 보편화되고 있고, 기업들은 다품종소량 생산으로 니치마켓을 집중적으로 공략하는 전략을 구사하고 있다. 곧 아무리 미국의 산업경쟁력이 높더라도 모든 제품을 미국 기업들이 생산할 수는 없고 극히 일부만을 생산하고 있는 것이다. 또 미국은 제조업보다는 서비스업에 강점을 가지고 있으며, 제조업의 경우 많은 품목을 수입에 의존하고 있다.

　우리나라가 미국에 수출하는 품목은 대부분 최종소비재이고, 수입품은 중간부품이나 기계설비다. 수출품의 다수는 미국이 생산하지 않거나 미국산 경쟁력이 그다지 높지 않으며, 수입품 대부분은 우리 기업들이 주로 수입하는 품목들이다. 따라서 한미간 교역은 상호보완적이고, FTA 체결시 상대국에게 심각한 피해를 덜 주면서 교역을 늘릴 수 있게 되어 있다. 이로 인해 높은 경제효과가 예상되고 있다.

　제조업 중 가장 쟁점이 많았던 자동차산업을 살펴보면, 반FTA 진영에서는 미국 자동차 관세가 2.5퍼센트로 낮고 일본과 유럽계 자동차가 많이 팔리는 상황에서 우리 자동차가 한미FTA 수혜업종으로 분류되는 것은 맞지 않다고 주장하고 있다. 하지만 세계적인 자동차 평가 전문기관 JD Power는 가격대비 자동차 품질이 가장 우수한 차로 현대자동차를 들고 있으며, 한미FTA 이행시 수출이 크게 증가할 것으로 예상하고 있다.

　우리 기업의 미국시장 점유율을 보면 어느 쪽 주장이 더 현실적일 것인가를 알 수 있다. 우리나라 대표 기업 가운데 하나인 현대차의 미국시장 점유율은 3퍼센트 내외이므로 극히 일부 시장만을 점유하고 있다. 비록 점유율은 3퍼센트에 불과하지만 미국시장에서의 실적이 현대차 전체 영업에 막대한 영향을 미칠 정도라는 점으로 보면, 수출기업에게 미국시장이 얼마나 중요한지 알 수 있다. 한미FTA 이행으로 현대차가 미국 수출을 50퍼센트만 늘려도 시장점유율은 4.5퍼센트로 늘어나게 되며, 미국 내에서 판매되는 자동차 100대 중 1.5대를 더 판매하는 것이다. 결코 미국,

일본이나 유럽계 자동차시장을 싹쓸이 하지 않더라도 관세 철폐 등의 인센티브로 판매를 늘릴 수 있으며, 현대차에 대한 그 경제 효과는 50퍼센트 수출 증가로 나타나는 것이다. 미국으로서는 작은 양보지만, 우리로서는 큰 이익이 되는 것으로 파악된다.

 ## 경쟁력이 약한 분야는 고사할 위기

한미FTA의 충격은 산업별·업종별로 매우 차별적으로 나타날 것이 분명하다. 당장 농축산업은 특단의 대책이 없을 경우 그 충격은 치명적일 수 있다. 마찬가지로 법률, 회계, 변리, 경영컨설팅, 광고 등 사업서비스업은 대미 경쟁력이 절반도 되지 않기 때문에 시기는 언제가 될지 몰라도 상당한 구조조정이 불가피할 것이다. 한때 신성장동력 운운했던 영화산업, 급속히 성장하고 있는 방송산업 역시 한미FTA 직격탄을 맞을 것으로 예상된다.

경쟁력이 열악한 은행을 비롯한 금융산업은 외환위기를 거치면서 그 충격이 상당히 흡수된 상태고, 63퍼센트(2004년) 정도의 시중은행 주식이 이미 영미계를 비롯한 외국계로 넘어갔다. 국내주가총액의 약 50퍼센트를 이미 미국이 차지하고 있는 조건임을 감안할 때 한미FTA로 인한 충격은 그렇게 극적이지는 않을 것이다.

학교, 병원은 한미FTA에서 예외라고 말하지만, 이미 경제자유구역에서 미국계 병원은 영리법인으로 인정되었기 때문에 이번 협상에서 미국으로서는 굳이 개방을 요구하지 않은 것이다. 공공부문 역시 제외되었다고 하나, 한-EU FTA에서 물산업이 개방될 경우 미국은 한미FTA 투자 조항상의 이른바 '미래 최혜국대우MFN'[8]에 의해 자동으로 적용받는다. 곧 미국 물기업이 원할 때 자동으로 개방해야 한다는 말이다. 그리고 이 경우 대표적 공공부문인 수도부문은 투자자-정부제소권 대상이 된다.

흔히 제조업을 수혜업종으로 분류한다. 자동차와 IT 관련 품목이 대미 수출의 약 절반에 육박하는 조건에서 자동차관세 2.5퍼센트(3000cc 이하, 트럭 제외), 부품관세 1.5퍼센트, 기타 무관세거나 거의 무관세인 IT품목이 FTA로 인해 당장 혜택을 볼 것으로 보이지 않는다. 그리고 양대 품목의 경우 1990년대 초부터 FTA와 무관하게 지속적으로 수출이 증가해왔다. 수출이 거의 없는 의약품, 의료기기 산업과 화장품산업은 상당한 피해가 예상된다. 마찬가지로 정밀기계, 화학 등도 일정한 피해가 예상되고 있다.

> 경제효과 분석 모델의 허와 실

 분석 모델이 아니라 이행 의지가 중요

FTA 경제이익은 다양한 채널로 나타난다. 관세 철폐 등 무역자유화 효과는 경제 모형화가 용이하고 추정 결과 해석도 용이하므로 FTA 경제효과 분석에 널리 사용되고 있다. 필자는 1990년대 중반 국내에서는 처음으로 CGE 모형(연산가능일반균형모형)을 통해 FTA 경제효과를 추정하는 기법을 도입했다. 당시 이미 외국에서는 CGE 모형이 무역정책 영향 분석은 물론이고 FTA 경제효과 추정에 널리 사용되고 있었으며, 필자는 1995년 아시아태평양경제협력체APEC[9] 무역자유화의 경제효과를 처음으로 추정하였다.

이후 국내에서 FTA 정책이 활발하게 추진됨에 따라 CGE 모형을 이용한 경제효과 추정도 활성화되었으며 분석기법도 발전되는 계기를 마련하게 되었다. 필자의 분석에 따르면, 한미FTA '무역자유화' 경제효과는 시나리오에 따라 다를 수 있으나 GDP가 2~3퍼센트 증가할 것으로 추정된다. 여기서 필자는 객관적 분석을 위해 논쟁의 여지가 작은 FTA 무역자유화를 분석 대상으로 했는데, 최근 국책연구기관 대외경제정책연구원KIEP에서는 무역자유화 외에 경제제도 개선, 무역원활화 조치, 서비스시장 개방 등의 효과를 포함한 종합적인 검토를 시도하였다. 그 결과 6~7퍼센트의 높은 경제효과 추정치를 도출할 수 있었다. 이에 대해 반대론자들은 신빙성이 낮은 추정치이므로 검증해야 한다고 주장했으며, 일부에서는 방법론을 문제삼아 RunGTAP[10]이란 간편한 방식으로 계산한 추정치를 제시하기도 했다. 2007년말 국회의 요청으로 KIEP는 방법론을 공개하였고, 참석자들은 심각한 문제점을 찾지 못했다.

하지만 필자의 소견으로는 방법론 자체보다는 FTA 협정문에 포함된 다양한 제도 개선 등의 조치들을 종합적으로 평가하는 것이 중요한 것으로 보인다. 무역자유화와 같이 계량화가 쉽지 않은 사항을 계량화하는 과정에서 무리한 가정을 도입할 수 있다. 또 이들 조치들은 FTA 이행 자세에 따라 경제효과가 상당 수준 달라질 수 있다. 곧 같은 내용이라도 적극적인 개방·개혁의지를 갖고 이행하느냐, 아니면 소극적으로 마지못해 이행하느냐에 따라 국민경제에 미치는 영향은 사뭇 큰 차이가 날 것이다.

 엉터리 분석 결과를 사실인 양 허위 선전

앞에서도 언급한 것처럼 CGE 모형을 통한 경제효과 추정은 방향이나 경향을 나타내는 것으로 이해해야지 그 자체를 실체적인 사

실로 받아들여서는 안 된다. 그런 점에서 정부가 온갖 매체를 통해 CGE모형 분석 결과를 마치 '사실'인 것처럼 선전하는 것은 국가권력에 의한 무책임하기 짝이 없는 전형적 허위·과장광고에 해당한다.

한미FTA 타결 직후인 2007년 4월 3일 정부 장차관급 한미FTA 워크숍이 열렸다. 노무현 대통령은 당시 김성진 해양수산부 장관이 "명태하고 민어를 잡는 어민들의 피해가 예상된다"고 보고하자 "피해 어민의 숫자가 어떻게 되느냐"고 되물었고, 김 장관은 "900명 가량 된다"고 답했다. 이에 노 대통령은 "900명의 어민이 피해를 보는 것을 두고 어떻게 엄청나게 피해를 본다는 식으로 보고할 수 있느냐"고 화를 냈다는 것이다. 결국 이 일이 있은 직후인 4월 19일 해양수산부 장관은 경질되었다.

4월 30일자로 제출된 11개 국책연구기관의 한미FTA 경제효과 보고서는 이런 분위기에서 만들어진 것이다. 이 보고서의 기초가 되는 전제는 한미FTA를 통해 생산성이 1.2퍼센트 증가한다는 것이다. 여기에 기초해서 GDP 6퍼센트, 고용 34만 명 증가 등 장밋빛 청사진이 제시되었다. 그리고 대미 무역수지 46억 달러 흑자 증가는 이와 별도로 각 기관별 추정치를 단순 합산한 것이었다. 하지만 한미FTA 경제효과 분석은 그야말로 대통령의 입맛과 비위에 맞게 각색된 한 편의 국책 사기극이자 곡학아세曲學阿世의 전형이라 할 만하다.

 잘만 활용하면 선진국으로 가는 도약대

10년 후 우리 산업을 전망하는 것은 용이한 작업이 아니다. 거대 경제권과의 FTA가 이행되면서 취약산업이 구조조정되고, 신성장산업이 육성될 것이지만, 협정 이행 시점, 정부의 산업정책 방향, 기업인들의 기업가 정신 등에 따라 그 결과는 상당히 다른 형태로 나타날 수 있기 때문이다.

현재 상황으로 보면 미국, EU, 인도와의 FTA에 이어 일본, 중국, 중남미시장MERCOSUR 등과의 FTA가 순차적으로 이행될 것이고, 이 경우 우리 경제는 전면적인 개방체제 아래서 운용되고 있을 것이다. 중국, 인도, 중남미 등과의 교역 확대로 그동안 구조조정의 압력이 높았던 취약산업은 상당 수준 축소되거나 첨단제품 생산 기업으로 발전되어 있을 것이다. 반도체, IT, 자동차, 철강 등 주력업종들은 고부가가치 제품을 생산하는 구도로 개편되고, 정부의 지원 아래 집중 육성된 신성장동력업종은 산업화 단계를 굳혀나가고 있을 것이다.

향후 농업개방 범위에 따라 농업구조는 상당 수준 다른 모습을 보일 것으로 예상되지만, 소득 증가에 따라 브랜드화한 농산물 수요가 증가하며, 농업 전체로 보면 물량 위주의 농업생산에서 고품질, 기능성 농산물 비중이 커지는 구조적 변화가 심화될 것으로 전망된다. 현재의 농업인구 감소 추세가 이어지면서 농업외 소득도 증가하게 될 것이다. 지금까지 체결된 협정에서와 같이 쌀이 제외될 경우 농업구조조정은 제한적으로 나타나게 되겠지만, 쌀시장이 개방되면 농업분야 전체의 구조조정을 확대시킬 것이다.

제조업, 농업과는 달리 서비스업에 대한 영향은 크지 않을 수 있다. 이미 금융과 유통산업은 개방되어 추가적인 구조조정 압력이 높지 않은 상황이며, 한미FTA에서 부분적으로 개방된 통신, 방송, 문화 등에 대한 영향은 제한적으로 나타날 수 있다. 이미 외국계 회사들이 국내 진출하여 영업하고 있는 법률과 회계 등 사업서비스산업은 단계적 개방이 확정되었다. 일부 인수합병이 일어나겠지만, 우리 사업서비스산업의 경쟁력을 강화시키는 계기가 될 수 있다. 한편 교육·의료분야 서비스는 여전히 국제경쟁력이 낮은 산업으로 남아 있을 가능성이 크다. 개방 자체도 어렵지만, 국내 제도상의 제약도 작용하고 있기 때문이다.

오늘날 10년이면 매우 긴 기간이다. 이 기간을 어떻게 활용하는가에 따라 우리 경제가 선진경제 위상을 굳히는가, 아니면 2만 달러 소득권에 머물러 있을 것인가를 결정짓게 될 것이다. 2002년 발간된 세계은행 자료("Globalization, Growth and Poverty")에 따르면

1990년대에 세계화에 동참한 국가들의 소득은 5퍼센트 증가한 반면, 세계화를 외면한 국가의 소득은 오히려 1퍼센트 낮아진 것으로 보고되고 있다.

 경제 구조의 대미 의존도와 양극화 심화될 것

흔히 한국의 발전 모델을 국가 주도형 압축 성장 모델이라고 부른다. 동서냉전 과정에서 냉전의 최전방에서의 정치군사적 기능을 수행하는 대가로, 중남미와는 달리 한국은 미국 주도의 국제 분업체계에서 일정한 자율성 곧 중화학, 조선, 자동차 등의 독자적인 발전 전략을 인정받았다는 말이다. 냉전해체 이후 한국경제는 그 자체로 성공한 개도국 성장 모델로 국제적으로 공인되었다. 그러나 IMF이후 모든 것이 변하였다. 신자유주의가 새로운 주류 패러다임으로 등장한 것이다. 이후 10년 신자유주의는 더욱 공고화되었고, 한미FTA는 그 정점에 놓여 있다. 규제 완화, 노동 시장 유연화, 공기업 민영화, 세금 감축 등이 그들의 새로운 구호다. 한미FTA를 통해 파워엘리트 내 신자유주의자 내지 글로벌리스트들은 이 신자유주의를 되돌릴 수 없는 것으로 영원히 봉인하기를 원한다.

한미FTA가 발효된다면 그것은 앞으로 한국의 경제와 사회 미래를 가늠할 거울 역할을 할 것이다. 그래서 한국사회는 '선진화'라는 이름으로 더욱 '미국화'될 것이고, 경제 사이클은 당연히 미국과 동조화될 것이다. 몇몇 재벌기업 등 경쟁력 있는 기업들은 미국 기업과 시장쟁탈전을 벌일 것이며, 그 외 대다수 기업, 특히 중소기업은 재벌 아니면 초국적 대기업의 하청계열화를 통해 살아남고자 할 것이다. 농업은 살아남은 일부 엘리트 기업농이 국내 고소득층을 위한 주문생산에 나설 것이며, 대다수 국민은 수입쌀과 수입쇠고기를 '마음껏' 먹게 될 것이다.

서비스 산업 역시 더욱 양극화되어 고소득층은 주로 외국계 로펌, 병원, 학교에서 영어로 소통하면서 최고급 서비스를 향유하게 될 것으로 보이고, 일반인들은 지금과 크게 다르지 않거나 좀 못한 수준에서 만족해야 할 것이다.

다른 사정이 있지 않는 한 공공부문은 지속적으로 위축·퇴화될 것으로 보인다. 대외무역 구조도 상품수지보다는 서비스, 자본수지가 더욱 중요해질 것으로 보이고, 해외 현지생산 역시 더욱 광범위해지고 고착화될 것이다.

   한미FTA, 하나의 협정 엇갈린 '진실'

❯ 한미FTA, 무엇을 얻고 무엇을 잃을 것인가

 우리 경제의 체질 개선으로 경쟁력 강화될 것

현재의 취약산업을 보호하게 되면 그 산업과 일자리가 유지되는 것으로 생각할 수 있다. 이 가능성은 완전폐쇄경제에서만 가능할 것이다. 소비자 기호가 변화하고, 유사한 제품이 개발되거나, 해외에서의 소비가 가능하게 되면 보호를 받더라도 경쟁력이 약한 기업은 문을 닫을 수밖에 없다. 한편, 개방을 통해 경쟁구도를 강화함으로써 기업이 살아남기 위해 신제품 개발, 생산성 향상 노력을 하도록 유도하고, 필요시 다른 업종으로 전환하도록 인센티브를 제공하는 것이 장기적으로 사회적 비용을 줄일 수 있는 방법이다.

미국과의 FTA 체결로 기대할 수 있는 이익은 무엇인가? 기본적으로 FTA는 상대국에 대한 수출 증대 가능성을 1차적인 고려대상으로 삼고 경제효과를 평가하게 된다. 2006년 13조 7000억 달러에 달하는 자국의 경제규모와 2억 명 이상의 고급 소비자 집단으로 구성된 세계 최대 내수시장을 가진 미국과의 FTA 체결로 상당한 경제이익을 기대할 수 있다. 정치적인 측면이 고려될 수 있으나, 일반적으로 경제적인 측면에서 보면 상대국 시장 크기, 산업구조 등의 분석을 통해 FTA 체결로 수출이 가장 크게 증대될 수 있는 국가를 우선 대상국으로 선정하게 된다.

미국과의 FTA 체결로 우리 경제의 체질을 개선시킬 수 있을 것이다. 부분적이나마 서비스산업 개방으로 서비스산업 전체가 긍정적인 영향을 받게 될 것이고, 선진화된 경제제도 도입으로 제도 개선 기회를 갖게 될 것이다. 또 정부는 한미FTA 타결 직후부터 규제완화 작업에 착수하여 5000여 개의 규제를 원점에서 그 타당성 여부를 조사하고 있다. 한미FTA가 타결되지 않았다면 과감한 규제완화를 검토할 수 있었겠는가? 이러한 규제완화 작업이 제대로 이루어질 경우, 그로부터 비롯한 경제이익만으로도 무역자유화 혜택을 능가할 수 있을 것이다.

 ## 빈대 잡는다는 구실로 초가삼간 태우는 셈

사실 한미FTA는 하나의 정책수단 그 이상도 이하도 아닌 것이 정상이다. 그러나 그것이 우리 경제와 사회가 감당하기에 지나치게 높은 수준의 신자유주의를 요구하고, 임기 말 업적주의에 쫓긴 노무현 정부와 친미 통상관료, 한미FTA를 '반미' 척결을 위한 한판 뒤집기쯤으로 파악한 보수언론 등이 한데 뒤엉키면서 과잉 정치화되었다.

하나의 정책수단일 뿐이라면, 한미FTA를 통해 원래의 기대효과 또는 정책목표를 추구하면 될 일이다. 하지만 한미FTA를 통해 그동안 밀린 신자유주의 '민원'을 이른바 '제도선진화'라는 미명 아래 총정리하고자 하는 이상 사회적 갈등은 불가피한 것이었다. 이런 점에서 참여정부는 사회적 갈등조정에 완전히 실패한 셈이고 임기 후에도 한미FTA 망령에서 자유롭기는 어렵게 되었다.

한미FTA는 다시 한 번 돌이켜보아도 최선의 방식은 아니었다. 아니 차선도 아니었다. 순서로 보더라도 정부가 원래 생각했던 것처럼 다른 FTA 뒤에 할 수도 있었고, 수준으로 보더라도 미국형 FTA를 그대로 따라가는 것이 아니라, 우리 수준에 맞는 적정 수준을 모색할 수도 있었다. 좀더 바라기로는 지금 미국 내에서도 한창 논의 중인 다른 유형의 FTA 곧 공정무역 관점을 진지하게 고려하는, 그래서 이를 위한 사회적 합의가 성숙되기를 기다리는 방법도 있었다.

1   **스파게티 볼 효과**Spaghetti Bowl Effects ｜ FTA 체결 국가가 늘어나면서 협정마다 다른 원산지 규정을 적용하고 수출입 기업에도 서로 다른 규정이 적용되는 등 복잡한 규정 때문에 생기는 애로사항을 뜻한다. 스파게티처럼 얽히고설킨다는 의미로 스파게티 볼이라고 부른다.

2   **무역조정지원제도** ｜ FTA 체결 등을 통한 무역자유화 과정에서 경쟁력이 약화된 국내산업과 이 산업에 고용된 노동자들의 구조조정을 지원함으로써 이들이 좀더 빠르고 효과적으로 새로운 환경에 적응할 수 있도록 하기 위한 지원제도.

3   **코커스**Caucas ｜ 미국 대통령 선거에서 당원들만이 참여하는 지방의 정당 대회 또는 당원대회로, 당의 대통령 후보를 뽑는다.

4   **민중무역협정**PTA(People's Trade Agreement) ｜ FTA에 대응하여 남미의 볼리비아, 쿠바, 베네수엘라가 추진하는 무역협정. 기업의 자유로운 이윤추구 활동과 그에 수반되는 경제적 이익을 목표로 하는 협정이 아니고, 연대를 통하여 더 많은 사람에게 혜택이 돌아가게 하는 것을 목표로 한다. PTA는 무역 및 투자 자체가 목적이 아니라 국가 발전의 수단으로 이해한다. 따라서 그 목적은 "시장의 전면 자유화 및 국가 기능의 축소가 아니라 모든 민중에게 돌아갈 이익을 창출하는 것"이라고 명시하고 있다.

5   **메르코수르**MERCOSUR(남미공동시장) ｜ 남아메리카지역의 자유무역과 관세 동맹을 목표로 결성된 경제공동체다. 브라질과 아르헨티나간 경제협력 프로그램에서 시작해, 1991년 우루과이와 파라과이가 참여하고, 아순시온 협약을 통해 1995년 1월 1일 정식 발효되었다. 자유무역지역과 관세동맹의 중간단계다. 아르헨티나, 브라질, 파라과이, 우루과이, 베네수엘라 5개

국이 회원국으로 참가하고 있고, 칠레와 볼리비아가 준회원국이다.

6 **마킬라도라**Maquiladora | 수출품 가공이나 조립을 위한 보세생산에 종사
하는 멕시코 기업을 일컫는다. 저임금의 풍부한 노동력을 외국의 자본 및
기술과 결합하는 산업을 통칭하기도 하고, 미국 접경지대에 있는 보세가
공단지를 일컫기도 한다.

7 **니치마켓**Niche Market(틈새시장) | 시장이 작거나 특화되어 있는 소규모 시
장으로, 대기업의 관심이 없거나 적은 시장. 김치냉장고, 와인냉장고 시장
이 그 예다.

8 **미래 최혜국대우**MFN(Most Favored Nation) | 한 국가에 새로 유리한 조건을
제공하는 경우, 다른 모든 가입국(조약국)도 소급하여 같은 조건을 부여받
는다는 원칙.

9 **아시아태평양경제협력체**APEC(Asia-Pacific Economic Cooperation) | 아시
아·태평양 지역의 경제협력 증대를 위한 역내 각료들의 협의기구. 1989년
11월 한국, 미국, 일본, 오스트레일리아, 캐나다, 뉴질랜드와 아세안 6개국
등 12개국이 참여해 1차 회의를 열었다. 비공식 회의, 각료회의, APEC자문
위원회, 회계, 예산운영위원회, 무역투자위원회, 경제위원회 등으로 구성
되어 있으며, 중국, 대만, 홍콩, 멕시코 등이 더 가입해 2008년 현재 21개국
이 참여하고 있다.

10 RunGTAP | 연산가능일반균형CGE모형은 생산·소비·투자 등 경제구조
를 모형화한 분석도구이므로 모형 구축 및 활용이 어렵다. 이러한 부담을
완화시키기 위해 미국 퍼듀Purdue 대학 내 세계무역모형GTAP센터가 윈도
환경에서 활용할 수 있는 CGE 모형으로 개발한 모형이 RunGTAP이다.

한미 FTA, 어떻게 할 것인가

FTA는 세계적인 개방화 추세에 소외
됨으로써 우리 기업들이 겪었던 불이
익을 극복하고, 나아가 외국 기업들과
동등한 조건에서 공정하게 경쟁할 수
있는 환경을 제도적으로 구축하기 위
해 추진되었습니다.

의견이 첨예하게 갈린 사안일수록 감
정적으로만 대립할 게 아니라 생산적
인 담론으로 문제를 해결해갔으면 하
는 바람 간절합니다.

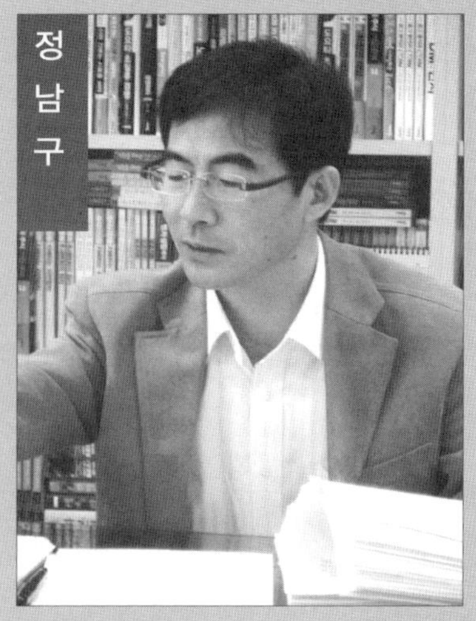

FTA로만 자유무역이 가능한 것은 아
닙니다. 지금의 FTA체제는 자유무역
을 가장하여 사회적·경제적 약자에
게 고통만을 안겨주는 것으로, 이런 협
정은 차라리 부자유·불공정 협정으
로 불러야 마땅합니다.

> 새로운 성장의 기회로 삼아야 한다

| 정인교 |

미국은 세계 1위 내수시장을 가진 나라이고, 우리와는 가장 경제교류가 많은 나라다. 2004년 이후 중국이 우리나라 제1위 수출대상국으로 되었지만, 실질적으로 미국이 제1위 수출시장이다. 중국에 대한 수출의 약 절반은 중국 내 특별가공구역에 진출한 우리 기업들이 완제품 생산을 위해 국내에서 수입해가는 부품이고, 가공구역에서 생산된 제품은 미국을 포함한 제3국으로 수출된다. 중국의 제1위 수출대상국이 미국이므로, 여전히 미국이 우리나라의 제1위 수출 대상국인 셈이다. 일반적으로 교역규모가 클수록 FTA 경제효과가 커지게 되므로, 미국과의 FTA 체결로 높은 경제효과를 기대할 수 있다.

이러한 예상은 다른 나라에게도 마찬가지다. 실제로 많은 나라들이 미국과의 FTA 체결을 희망하고 있다. 2005년 말 미국이 우리나라와의 FTA 추진 여부를 고심할 당시 25개 나라들이 미국과의 FTA 추진을 제안한 상태였다. 일부에서는 미일FTA가 추진되지 않음을 이유로 한미FTA도 추진하지 말아야 한다고 주장하고 있으나, 일본 역시 미국과의 FTA를 희망하지만, 미 의회 및 행정부의 관심이 낮아 추진이 어려운 상황이다.

다음으로 세계화가 빠른 속도로 진전되고 있고, 우리나라처럼 무역의존도가 높은 나라는 세계화에 동참하지 않을 경우 손실이 커질 수밖에 없다. 물론 우리나라도 많은 나라들과 교역하고 있고, 외국인투자를 받아들이고 있으며 우리 기업들도 외국에 많이 진출하고 있다. 우리 경제도 개방되어 있다고 할 수 있다. 하지만 세계화가 급속하게 확산되면서 국가간 기업 유치전이 벌어지고 있다. 곧 보다 사업하기 좋은 비즈니스 환경을 조성해줌으로써 다국적기업들의 투자를 끌어들이는 경쟁을 하고 있는 것이다. 많은 다국적기업들이 국내에 들어오게 되면 일자리 창출, 선진기술 이전, 소득증대 등의 이익을 가져다준다.

세계화 시대의 생존 전략은 단순한 개방을 넘어 경제통상제도를 선진화시켜 외국 기업의 국내 유치는 물론 국내 기업들도 우리나라에 많이 투자하도록 해야 한다. 흔히 말하는 과감한 규제완화가 필요하다. 규제완화 필요성을 잘 알지만, 우리 내부 개혁은 쉽지 않다는 것이 국내외 경험이다. 과거 규제개혁에 고심했던 칠레는 FTA를 통해 개혁을 성공시킨 사례로 알려져 있고, 이후 많은 국가들이 칠레 사례를 모방하게 되었다. 특히 미국과 같은 선진국과의 FTA 체결시 선진통상제도를 협정에 반영시킬 수 있다는 장점이 있다.

참여정부 출범 6개월 후인 2003년 8월 말에 확정된 'FTA 추진 로드맵'으로 한미FTA가 처음으로 수면 위로 부상하였으나, 당시 국내외 여건으로 볼 때 추진 가능성이 낮았기 때문에 일반국민들의 주목을 받지 못했다. 하지만 그전부터 한미FTA는 줄곧 통상당국과 전문가들의 관심 대상이 되어왔다.

실제로 우리 정부가 FTA 추진을 본격적으로 검토하기 시작한 1998년 당시에도 칠레와의 FTA에 비해서는 훨씬 어렵겠지만 미국과의 FTA를 먼저 체결하자는 주장이 제기된 바 있다. 이보다 2년 전인 1996년 국제화-세계화를 국정 방향으로 설정한 당시 김영삼 정부의 '세계화추진위원회'에서 필자에게 FTA 추진방안 연구를 의뢰했으나, 우루과이라운드UR 농업개방으로 악화된 당시의 반개방 정서로 인해 필자의 연구는 공개토론 대상이 될 수 없었다. 이듬해인 1997년 당시 통상산업부(금융위기 이후 산업자원부와 통상교섭본부로 개편)에서도 필자를 포함한 통상전문가들에게 한미FTA 검토를 요청한 바 있다.

2003년 FTA 로드맵 확정과 이후 일련의 FTA 협상, 한미FTA 타결은 1996년 이후의 검토와 관심이 바탕이 되었음은 말할 나위없다. 한미FTA를 추진하는 가운데 정부의 정책 결정 과정에서 매끄럽지 못한 부분이 있었다고 해서, 이를 문제 삼아 결과까지 부정적으로 평가해서는 안 된다. 상대국이 있는 정책은 쉽게 연구내용을 밝히기도 어렵거니와 상대국과의 협의가 진행되지 않은 상황에서는 적극적으로 대국민 홍보를 하기도 곤란하다.

그렇다고 협정 내용이 부실하거나 한 쪽으로 기우는 것은 아니다. 서비스 일부 분야를 제외하고는 균형 잡힌 협정이며, 양국의 이해관계가 고루 반영되어 있고, 통상전문가들의 평가도 좋게 나오고 있다. 협상 타결을 위해 상대국의 요청을 수용한 분야도 있으나, 미국이 우리의 요구를 들어준 분야도 있다. 양보한 분야만을 중심으로 '일방적으로 내준' 협정으로 매도하는 것은 삼가야 한다. 일부에서 주장하듯이 의미 없는 협정이라면 EU, 중국, 일본 등이 우리나라와의 FTA에 관심을 갖겠는가? EU와 중국은 한미FTA 협상이 시작되자 바로 우리나라와의 FTA 추진을 제안하였고, 일본 역시 한미FTA 타결 불가를 예상하다가 막상 타결되자 다음은 한일FTA 차례가 되어야 함을 요청하고 있다. 한때 FTA 모라토리엄(더 이상 FTA를 체결하지 않음)을 선언했던 멕시코도 한미FTA 공식서명 직후 우리 정부에게 한-멕시코FTA 협상 재개를 요청했다.

국회 비준동의 과정에서 한미FTA에 대한 논란이 다시 제기될 것이다. 국회 비준동의 요청에 앞서 정부는 한미FTA 보완 대책을 발표했는데, 이 대책은 농수산업, 제조업, 서비스업에 대한 피해 보상 대책을 포함하고 있다. 또 정부가 파악한 바에 따르면, 관세법, 특별소비세법, 공인회계사법, 외국법자문사법 등 총 24개의 법률 개정이 필요한 것으로 나타났으며, 이들 법 개정 준비도 완료한 것으로 알려져 있다. 반FTA 단체에서는 미국은 전혀 법률을 개정하지 않은데, 우리나라는 100개가 넘는 법률을 개정해야 하는 불공정한 협정으로 비난하고 있다. 아직 미국의 한미FTA 이행법안이 공개되지 않아 알 수 없지만, 미-호주FTA 사례를 보면 미 행정부는 미-호주FTA 이행법안과 행정조치안을 의회에 제출했는데 행정조치안에는 관세, 원산지 기준, 정부 조달 등에 대한 많은 법률 개정 사항이 포함되어 있다.

한미FTA는 다른 협정과 달리 이해관계가 없거나 약한 단체들의 반대가 큰 상황이다. 이해단체의 경우, 피해보상을 논의하거나 협상에서 특별하게 고려함으로써 반대를 줄일 수 있다. 하지만 이념성이 강한 단체의 경우 한미FTA를 포기하는 것 외에는 대안이 없다. 이러한 단체들이 대거 한미FTA 반대 대열에 가담함으로써 정부는 대국민 홍보에 큰 어려움을 겪었다. 미국식 경제체제는 경쟁을 통한 성과 극대화를 추구하는 반면, 사회적 약자에 대한 배려가 부족하다는 문제점을 들어 미국보다는 EU와의 FTA를 먼저 추진해야 한다는 주장도 제기되었다.

2007년 9월 7일 우리 정부는 한미FTA 비준동의안을 국회에 제출했다. 시장경제를 지향하는 후보가 대통령에 당선되어 비준동의 가능성이 높아지기는 했으나, 2008년 상반기 총선이 있어 비준동의 통과를 낙관하기 어렵지만 FTA 경제이익 실현을 위해서는 조기에 국회 비준동의가 이루어져야 한다. 국내 대표적인 민간 연구기관인 삼성경제연구소는 한미FTA의 5대 혜택으로 경쟁도입, 기업규제 개선, 동아시아 경제축으로 발전, 투자활성화, 한반도 평화체제 정착을 들고 있다. 동 연구소는 또 국민소득 3만 달러를 조기 달성하고 소득불균형 및 빈곤문제, 고령인구에 대한 사회적 부담 등의 문제를 타개하기 위한 '한국경제 르네상스를 위한 구상'을 제시하였다. 아울러 이를 위해 6대 아젠다를 제시했는데, 제1아젠다가 내수진작과 개방확대로, 한미FTA를 필두로 현재 진행 중인 한-EU FTA 등을 조기에 완료하여 동북아 허브국가로 성장해야 함을 제시하고 있다.

한미FTA 협정에서 개방이 부진했던 분야는 EU 등 후속 FTA에서 적극 개방함으로써 전체 경제가 개방체제로 발전하도록 해야 한다. 미국과의 협상 과정에서 워낙 강한 국내 반대에 직면한 정부가 서비스 분야 개방 폭 축소를 협상 성과로 발표했다가 여론의 호된 질책을 받은 바 있다. 이에 정부는 한미FTA 후속대책으로 서비스산업 선진화 방안을 마련할 것임을 밝혔고, 2006년 말과 2007년 중반 서비스산업 발전 방안을 발표했다. 가장 관심이 높은 교육과 의료서비스 분야에 대한 대책은 앞으로 발표할 예정이다. 하지만 기득권이 가장 강한 이들 분야에 대한 개방과 규제 철폐 없이는 실효성 있는 대책을 기대하기 어렵다는 것이 중론이다. EU 등과의 FTA에서 이들 분야에 대한 개방이 본격적으로 검토되어야 할 것이다.

현재 추진 중인 FTA가 순조롭게 이행된다면 4~5년 후 우리 경제는 FTA 경제체제에서 운영된다고 해도 과언이 아닐 것이다. 앞에서 FTA의 1차적인 수혜자로 기업을 꼽았지만, FTA를 활용하는 기업들의 자세에 따라 FTA 경제효과가 상당히 달라질 것이다. 조만간에 우리나라는 전면적인 개방체제로 돌입하게 되며, 국내외 시장 구분이 없어지고, 완전경쟁 상태에서 기업 활동이 이루어지게 될 것이다. 경쟁에서 살아남고, 넓어진 시장을 활용하려면 연구개발 확대, 신제품 개발, 원가절감, 애프터서비스 개선 등을 통한 기업 경쟁력 강화가 요청된다.

또 기업들이 FTA의 내용을 종합적이고 체계적으로 이해해야만, FTA 활용기회를 확대할 수 있을 것이다. 대기업은 통상전문 인력을 확보하고 있어 별 어려움이 없겠으나, 중소기업은 상당한 애로를 겪을 수 있다. 정보 제공을 위해 정부도 노력해야겠지만 개별 산업별 협회나 조합의 역할이 중요해질 것이다. 최근 들어 무역협회, 기계공업협회, 중소기업공단 등은 교역상의 외국어 애로를 해소해주기 위해 통역서비스까지 제공하고 있다. 이들 협회도 한미FTA 내용을 업계에 전달하고 있으나, 보다 체계적이고 효율적인 정보 제공 체계를 도입할 필요가 있다.

또 FTA 전문 인력을 육성할 필요가 있다. 무역협회나 중소기업 공단 또는 대학에서 FTA 코스를 개설하고, 소정의 코스를 이수한 이에게 수료증을 부여하는 방안도 검토할 필요가 있다. 무역회사나 기업체는 FTA 자격증을 소지한 인력을 고용함으로써 FTA 기초 인프라를 확보할 수 있을 것이다. 또 아무리 중소기업이더라도 통상환경 변화에 관심을 가져야 하며, 개별 기업도 FTA 전문 인력을 육성해야 한다. 향후 5년 내 우리나라 교역의 70퍼센트 이상이 FTA체제에서 이뤄질 것이므로 FTA 없이는 수출현장에서 살아남기 어려울 것이다.

기업의 지배구조 개선, 투명성 강화도 조기에 이뤄져야 한다. 정부는 규제완화를 통해 한미FTA 경제효과가 확산되도록 국내

비즈니스 환경을 개선해야 하며, 기업들도 효율적인 경영체제, 회계, 인사 등에서의 투명성을 강화해야 한다. 다수 분야에서 한미FTA는 민간기업의 자율성을 보장하지만, 기업도 신의·성실의 원칙을 준수해야만 FTA로 인한 경제이익을 취할 수 있음은 물론이고 생존이 가능해질 것이다. 또 전통적인 특허뿐 아니라 소리, 냄새 등에까지 지적재산권 보호가 강화되므로 기업들은 지적재산권 보호에 관심을 가져야 하고, 기술과 브랜드 개발에 노력해야 할 것이다. 앞으로 국가 및 기업 경쟁력 강화에서 지식의 중요성은 더욱 커질 것이다. 레스터 스로우가 지적하듯이 지식과 정보가 부의 기본원천이 되며, 기업과 국가의 가장 중요한 생존전략은 지식 장악력이 되는 시대가 되어가고 있다. 따라서 경쟁의 패러다임도 변화하게 되는데, 지금까지는 주요 생산요소가 토지, 자본, 노동 등이었으나 향후에는 지식, 정보 등이 더 중요해진다.

마지막으로 정부-업계간 긴밀한 협력이 과거 어느 때보다 중요해질 것이다. 협정 이행 과정에서 제기되는 비합리적 사항을 통상당국에 제시하여 회원국간에 개설된 FTA위원회에서 논의되고 시정되도록 해야 한다. 특히 원산지 기준은 가장 빈번하게 제기되는 문제로, 나프타 등 기존 협정에서도 개정 문제가 심심찮게 제기된다. 양국이 합의할 경우 개정도 가능하다. 또 기술 및 표준 제정에 대한 정보, 다자간 세이프가드 적용 면제, 덤핑 조사 전 검토 단계, 정부 조달 등도 양국 관련 기관간에 협의가 필요한 사항이다.

어렵사리 체결한 협정을 기업들이 널리 활용해야 하고, 활용시 문제되는 사항은 정부와 협의하여 시정될 수 있도록 해야 한다.

20세기 역사학의 거두 아놀드 토인비는 중국사를 분석하면서, 물산이 풍부하고 기후가 더 좋은 양쯔강 유역보다는 토지가 더 척박하고 매년 홍수로 물난리를 겪는 황허 유역에서 고대 중국문명이 더 일찍이 더 찬란하게 꽃피웠음을 들어 "도전에 응전하는" 과정에서 인간의 두뇌와 문화가 더욱 발달한다는 사실을 서사적으로 보여주고 있다. FTA 체결에 따른 통상환경의 변화는 기업에게 고통일 수 있지만, 일단 경쟁력을 갖춘 이후에는 무한한 해외시장에 진출할 수 있다. FTA는 세계적인 개방화 추세에 소외됨으로써 우리 기업들이 겪었던 불이익을 극복하고, 나아가 외국 기업들과 동등한 조건에서 공정하게 경쟁할 수 있는 환경을 제도적으로 구축하기 위해 추진되었다. 정부의 규제완화와 기업의 적극적인 활용이 FTA 체결보다 더 중요함을 다시 한 번 강조한다.

한미FTA, 하나의 협정 엇갈린 '진실'

❯ 이 '재앙'을 막고 새로운 대안을 찾아야 한다

| 이해영 |

한미FTA 문제는 우리 사회의 숨겨진 많은 문제점을 드러내주었다. 그 가운데 하나가 통상절차와 관련한 제도 미비가 가져온 혼란이었다. FTA 체결 절차에 관한 대통령 훈령이 있지만, 한미FTA에 관한 한 제대로 된 공청회조차 없었다. 여론에 밀려 한미FTA 국회특위가 만들어졌지만 기본적으로 반대여론 무마용 이상은 아니었다. 국회 통일외교통상위원회가 법적 권한을 가진 소관 상임위인 이상, 국회특위를 통한 협상 과정의 실질적 모니터링과 책임 있는 검증은 처음부터 기대할 수가 없었다.

2006년 8월 한 언론사와의 인터뷰를 통해 노 대통령은 현재 국회에 발의된 통상절차법 관련 "조약체결권을 국회가 가져가는 건 적절치 않다"고 밝혔다. 그렇다. 헌법 73조에 명시되어 있는 것처럼 조약의 '체결권'은 전적으로 대통령의 권한에 속하므로, 이에 시비를 거는 것은 정당치 않고 또 위헌적일 수 있다. 그런데 여기에는 심각한 오해가 있다. 처음 이 법안을 제안한 시민사회 입장에서 볼 때, 그 취지는 대통령의 체결권을 침해하자는 것이 아니라 헌법 60조에 규정된 국회의 체결동의권을 존중하라는 것이기 때문이다.

해방 61년, 우리의 헌정사를 통틀어 조약의 '체결동의' 자체가 정치·사회적 쟁점이 된 적은 내가 알기에 한 번도 없다. 한심함을 넘어 그저 개탄스러울 따름이다. 무슨 말인가. 우리 헌법 60조는 국회가 "국가나 국민에게 중대한 부담을 지우는 조약 또는 입법사항에 대한 조약의 체결·비준에 대한 동의권을 가진다"고 되어 있다. 예컨대 한미FTA가 이러한 조약에 해당된다는 데에는 이론이 없을 것이다. 그런데 문제는 체결과 비준 사이에 찍힌 '가운뎃점'이다. 우리말에 관한 한 최고의 권위기관인 국립국어원 〈한글맞춤법〉 규정을 참고하면 이 가운뎃점이란 "열거된 여러 단위가 대등하거나 밀접한 관계임"을 나타낼 때 사용한다. 그래서 국회의 동의권이란 체결과 비준이라는 서로 '대등하고 밀접한' 그 각각에 대한 동의권을 의미한다고 해석할 수밖에 없다. 그런데 여기서 체결이란 무엇인가. 체결은 협의의 체결과 광의의 체결로 나눠볼 수 있다. 협의의 체결에 대한 가장 유력한 정의는 우리도 이미 비준한 바 있고 국내법과 동등한 효력을 가진 비엔나조약법[1]을 참고할 수밖에 없다. 이에 따라 체결이란 비준 직전 단계까지 곧 협상대표를 임명하고 본협상을 진행해 조약문을 확정하기까

 한미FTA, 하나의 협정 엇갈린 '진실'

지를 가리킨다고 보면 된다.

처음 헌법 60조의 국회동의권이란 체결과 비준 각각에 대한 동의권이라는 말을 꺼냈을 때 몇 분이 좀 '과도'한 해석이라고 지적하였다. 그럴 수 있다. 그러나 이 해석이 과도하다면 헌법 73조 "대통령은 조약을 체결·비준하고"라는 규정에 따라 대통령이 현재 체결과 비준 각각에 대해 권한을 행사하고 있는 것도 마찬가지로 과도하다는 딜레마가 발생한다. 아무튼 체결만 하고 비준되지 않은 조약도 있을 수 있기 때문에 체결과 비준을 별개의 법률적 행위로 보는 것이 옳다.

사안이 결코 가볍지 않음은 지난 60년간 관련 조항의 개정연혁을 살필 때 더욱 분명해진다. 1공화국 이승만 독재시절 대통령은 조약의 체결권과 비준권을, 반면 국회는 비준동의권만을 가졌다(제헌헌법 59조, 42조). 4.19 이후 2공화국 내각책임제 아래서 체결권은 내각에 귀속된다. 이때 명목상 국가원수인 대통령은 비준권을, 반면 국회는 비준동의권을 가졌다(3차개정헌법 59조). 5.16 이후 수립된 3공화국에 와서 대통령은 조약의 '체결·비준'권을, 반면 국회는 조약의 '체결·비준에 대한 동의권'을 가진다(5차 개정헌법 71조, 56조). 이후 4, 5공화국을 거쳐 현재의 9차 개정헌법에 이르기까지 이 규정에 변화는 없다. 이로부터 3공화국 이래 국회는 헌법 개정을 통해 체결동의권이 확보되었음에도, 이승만 독재시절의 관행을 묵수해왔다는 '가설'이 성립한다. 현재 외교통상부는 헌법 60조를 행정부에 의한 조약의 체결에 대해 대통령이 비준할 것인지를 국회가 가부 동의하는 것이라고 해석한다. 곧 헌법 60조에 명시된 국회의 체결동의권을 전적으로 무시하고 있다는 말이다.

통상절차법은 이러한 '입법 불비' 사태를 타개하며, 잘못된 헌법 해석을 바로잡고 나아가 삼권의 균형을 복원해 조약에 관한 한 한낱 거수기로 전락한 국회의 동의 기능을 실질화하자는 것이다.

이번 17대 국회에는 권영길 의원이 발의한 민주노동당과 시민사회 통합 안, 구 열린우리당 이상경, 송영길 의원 안, 한나라당 정문헌 의원 안 등 모두 4개가 제출되었지만 여당 소속 일부 의원들의 반대로 아예 법안심사 소위에서 제대로 된 심의조차 거치지 못한 채 사장되었다. 시민사회의 입장에선 한미FTA 협상 선언 1년 전부터 준비해온 법안이라는 점에서 그저 황당할 따름이다.

통상절차법 제정뿐 아니라 신자유주의 세계화에 맞서는 대안적 프로젝트와 구상들이 국내에서도 다양한 형태로 제기되어왔다. 예를 들어 첫째, 국가기간산업에 대한 외국자본의 적대적 M&A를 방어하기 위해 미국에서 제정된 엑슨-플로리오법[2]을 벤치마킹한 한국형 엑슨-플로리오법(이상경 의원 발의)을 들 수 있다. 하지만 경제 관련 부처 관료들의 반대로 제대로 진행이 되지 않고 있다.

둘째, 노벨경제학상을 수상한 예일 대학의 제임스 토빈 교수가 제안한 토빈세Tobin Tax를 들 수 있다. 토빈세란 외환, 채권, 파생상품, 재정거래(아비트리지) 등으로 막대한 수익을 올리고 있는 국제 투기자본(핫머니)의 급격한 자금유출입으로 각국의 통화가 급등락하여 통화위기가 촉발되는 것을 막기 위한 대안이다. 전 세

  한미FTA, 하나의 협정 엇갈린 '진실'

계적으로 일일 거래되는 국제 단기자본 규모는 평균 1조 5000억 달러에 이르며, 여기에 0.05퍼센트의 거래세 곧 토빈세를 부과하면 연간 최소 1000억 달러 이상의 조세수입이 발생한다. 이를 통해 국제금융시장의 안정성을 제고하고 선진국과 개도국간의 빈부격차를 해소하는 데 사용하자는 구상이다. 특히 아시아 외환위기 이후 핫머니가 글로벌 이슈로 부각되면서 미국의 반대에도 불구하고 G7 의제로 상정, 현재 G7은 산하에 연구그룹을 만들어 그 효과를 연구하는 중이다. 또 아일랜드, 핀란드, 벨기에 등 유럽 국가를 중심으로 토빈세 도입이 가시권에 접어들고 있다. 그러나 토빈세 논의 역시 한국에서는 통상관료들의 반대와 제도언론의 무관심 탓에 기본적인 공론화마저 안 되고 있는 실정이다.

셋째, 유네스코 문화다양성협약을 들 수 있다. 2005년 미국, 이스라엘 단 두 나라만 반대했을 뿐 압도적으로 가결된 문화다양성협약은 문화주권의 국제규범화를 통해 경제의 세계화에 직면하여 위기에 내몰린 문화다양성을 보호·증진하자는 것이 목적이다. 세계 문화산업을 사실상 지배하고 있는 미국으로서는 이 협약으로 인해 자신의 헤게모니가 위협받을 수 있다는 전제 아래 치열한 반대 로비를 전개한 바 있다. 현재 발효 요건이 충족되어 2007년 3월 이후 발효되었다. 표결 당시 한국 정부는 찬성표를 던지긴 했지만 이 협정이 만에 하나 한미FTA에 '누'가 될지 모른다는 통상관료들의 '친절한 배려' 탓에 차일피일 비준절차 개시를 미뤄왔다. 그러다가 최근 문화다양성협약의 핵심조항을 세계 최초로 유보한 채, 국회 비준동의를 건너뛰는 '꼼수'를 구상중인 것으로 알려져 있다.

넷째, 통상 관련 제도의 민주화와 더불어 새로운 통상정책을 위한 패러다임의 전환을 모색할 필요가 있다. 기본적으로 한미FTA와 같은 신자유주의 자유무역 모델을 통해서 우리 사회의 새로운 미래가 담보될 것으로 보이지는 않는다. 효율성과 시장만능주의를 통해 사회양극화가 해소될 리 만무하고, 나아가 물량주의적 성장 담론 역시 마찬가지다.

한미FTA와 관련 자유무역에 대한 거의 맹신적이고 무책임한 주장들이 횡행하고 있다. 무분별한 자유무역에 따른 사회적 비용에 대한 진지한 성찰 없이 이런 주장들은 농민들을 향해 "염치없다"거나 "값싼 미국산 쇠고기 좀 실컷 먹어보자"는 식의 대책 없는 반농反農정서를 유포하기조차 한다. 하지만 다른 한편으로 지키고, 막고, 빼는 식의 보호무역이 이미 한계에 이르렀다는 것도 분명하다. 그래서 통상 패러다임의 재검토와 교체가 필요하다는 것이다.

분명 자유무역은 신앙이 아니다. 따라서 그것은 반드시 부작용을 낳게 마련이다. 경쟁효과가 있으면 경쟁역효과도 있게 마련이고, 개방효과가 있으면 개방역효과도 있게 마련이다. 지금과 같은 형태의 자유무역, 다시 말해 승자독식·약육강식의 통상전쟁은 반드시 그 패자를 낳는다. 국가는 이들에게 자유무역의 떡고물을 떼어다 '대책'이라는 이름으로 안겨줄지 모르지만, 이로 인한 사회양극화는 피할 길이 없다. 이러한 양극화는 비단 어느 한 국가 수준뿐 아니라 전 지구적으로 확산되고 그 골이 깊어질 것

 한미FTA, 하나의 협정 엇갈린 '진실'

이다. 신자유주의 세계화라는 이름의 자유무역이 보편화된 이래 세계는 더욱 불평등해지고, 문제는 더 심각해져만 간다.

공정무역 패러다임은 개방에 반대하지도, 무역에 반대하지도 않는다. 단지 불공정한 경쟁조건, 불공정한 교역조건의 재구조화를 통해 게임의 룰을 바꾸자는 것이다. 예컨대 한국의 초등학교 축구 국가대표와 스페인의 레알 마드리드가 똑같은 경기 룰에 따라 시합을 한다고 치자. 승부는 이미 정해진 것이다. WTO, FTA가 모두 이 꼴이다. 도무지 체급이 다른 나라가 같은 룰에 따라 경쟁을 하면서 이를 '자유'무역이라고 부른다. 체급이 다르면 룰도 달라야 한다. 노벨경제학상 수상자인 콜롬비아 대학 스티글리츠 교수는 최근 저서를 통해 이를 "모두에게 공정한 무역"이라고 불렀다. 스티글리츠는 "협상은 기술"이라고 했다. 그런데 풍부한 협상 기술과 정보를 갖춘 선진국과 영어도 제대로 안 되는 개도국간의 '협상'은 그래서 협상이 아니다. 영락없이 한미FTA 협상장의 우리 모습이다. 금융 위기관리나 보조금 지급도 마찬가지다. 미국 정부의 보조금 지급으로 미국 쌀의 덤핑 마진율이 26퍼센트에 이른다. 선진국이 개도국에 10원을 원조해주면, 챙기는 것은 그 몇 배에 달한다.

그러나 공정무역이라 하더라도 그 내용은 서로 다를 수 있고 형태 역시 다양하다.

첫째, 소매형 공정무역이 있다. 이는 예컨대 콜롬비아 농촌을 위한다는 스타벅스 커피숍에서 보여주는 위선이 아니라 1950년대 이후부터 선진국 시민사회를 중심으로 벌여온 제3세계 커피

재배 농가에게 제값을 돌려주자는 캠페인을 말한다. 또 공정무역
운동은 이 과정에서 개도국 노동자, 농민들의 발언권을 제고하
고, 민주적 경영이라는 학습효과도 기대한다. 그런 의미에서 이
는 단순한 초국적 자본에 의해 터무니없이 왜곡된 국제시장가격
을 보정한다는 의미를 넘어 글로벌 무역 '정의' 캠페인으로 확장
되고 있다. 이미 한국에서도 희망무역, 대안무역이라는 이름으로
커피, 의류, 올리브유, 장신구 등이 공정 무역되고 있다. 그러나
그 누구도 선의에 반대할 일은 없으나, 전 세계 공정무역액이 세
계무역의 1퍼센트도 안 된다는 점에서 불평등한 세계를 개선하
기에는 새 발의 피라는 감이 있다. 곧 여전히 구조개선 효과를 논
하기가 어렵다는 말이다.

　둘째, 미 민주당식의 공정무역도 있다. 한미FTA에서 미국의 자
동차 수입관세 2.5퍼센트를 철폐해줄 테니 한국 자동차시장 내
미국차 시장점유율 20퍼센트를 보장하라는 것이 단적인 사례다.
왜냐면 미국차는 한국에 겨우 5000대 수출하는 데 한국차는 미국
에 70만 대씩이나 수출하는 것은 심하게 불공정하지 않느냐는 식
이다. 유력한 차기 대권 주자인 민주당 힐러리의 사례에서 보듯
현재 미 민주당의 자동차부문에 대한 집요한 재협상 요구는 논리
적으로 민주당식 공정무역론에 기초해 있다. 예컨대 한미FTA 소
관 상임위인 하원 세입세출위 산하 통상소위 위원장 레빈이 2006
년 발의한 '한미자동차 공정무역법안'이 그것이다. 미 의회에 매
우 큰 영향력을 갖고 있으며 미국 외교의 지침이 되는 *Foreign
Affairs*지를 펴내는 초당적 싱크탱크 국제관계협회Council on

　한미FTA, 하나의 협정 엇갈린 '진실'

Foreign Relations가 최근 펴낸 책(D.W. Drezner, *U.S. Trade Strategy: Free versus Fair*, New York)에서도 알 수 있듯이, 현재 미국 내에서는 미국의 통상정책을 놓고 '공정무역'과 '자유무역'간의 논쟁이 점화, 확산되고 있는 상황이다. 2006년 11월 미 중간선거 결과 민주당의 '공정무역론자'들이 공화당의 '자유무역론자'를 낙선시키고 대거 의회에 진출하면서 상하 양원 의회를 장악한 후 민주당은 미국의 현 통상정책의 변경을 강하게 요구해왔다. 그 결과가 민주당의 '신통상정책'이었다. 만일 민주당이 집권한다면 미국의 통상정책은 상당한 변화를 겪을 것으로 보인다.

미국 통상정책상 공정무역은 기본적으로 반덤핑, 상계관세 등 무역구제에 집중되어 있다. 우리의 상당수 수출업체들이 한미FTA를 통해 미국 무역구제 관련 법규의 개정을 강력히 희망했지만 결국 아무런 소득이 없었다. 무역구제 분야는 한미FTA 협상 실패의 대표적 사례라 할 만하다. 미 통상법 301조, 슈퍼 301조, 특별 301조 등 각종의 무역구제 법규들을 통해 미국은 자국 산업을 보호하고 동시에 상대국 관세 및 비관세 장벽의 해체를 요구해왔다.

그러나 동일한 미국식 공정무역론을 한미FTA 협상 과정에 적용해볼 필요가 있다. 한미FTA 협상에서 쌀, 쇠고기를 비롯한 농산품, 영화, 방송, 디지털콘텐츠 등 문화서비스, 법률, 설계, 회계 등 전문직 서비스, 사회서비스, 공공서비스 등 서비스산업의 거의 전 분야, 한미간 투자의 규모 및 성격상의 불균형, 특히 지적재산권 전 분야, 전자상거래, 정부 조달 등 이른바 신통상 이슈(싱가포르 이슈)[3] 모두에서 한미는 매우 심각한 불공정무역 상태다. 미 민주당이 주장하듯 자동차가 불공정하다면, 위에서 열거한 모든 분야 역시 불공정하다는 말이다.

미 민주당의 공정무역론은 물론 한편으로는 의약품 분야에서처럼 미국과 개도국과의 심각한 불균형을 시정하는 측면이 있지만, 다른 한편으로는 교역 상대국의 각종 관세 및 비관세 장벽에 대한 공격이라는 측면도 함께 가진다. 후자의 측면에서 보면 그것은 자국의 장벽 방어를 넘어 상대방의 장벽을 와해시키는 '공격적' 보호주의의 다른 이름이라 할 만하다.

셋째, 쿠바와 베네수엘라와 같은 '민중형'도 있다. 얼마 전 〈SBS 스페셜〉로 방영된 '맨발의 의사들'이란 다큐멘터리 프로그램을 보았다. 전 세계를 누비며 의료봉사 활동을 하고 있는 쿠바의 젊은 의사들을 담은 영상물이다. 학비는 전액무료에다 재학 중 생활비, 교재비까지 무료로 지급받는 쿠바의 라틴아메리카 의대를 졸업한 젊은이들 이야기다. 입학생은 단지 쿠바뿐 아니라 중남미는 물론 심지어 미국에서까지 찾아온다고 한다. 의술이 입신과 치부, 계층 상승의 수단으로만 여겨지는 우리 현실에 낯익은 나로서, 대학을 마치고 어떻게 하면 자신이 배운 바를 모두를 위해 쓸까를 '고민'하는 이들의 모습은 차라리 충격이었다. 이들의 의술이 미치는 범위는 가히 세계적이다. 중남미는 말할 것도 없고 동티모르, 방글라데시, 아프리카 등 참으로 의료봉사의 '세계화'라 불러도 손색이 없다.

그런데 그 가운데 특히 눈길을 끄는 장면이 있었다. 에콰도르

출신의 한 촌부가 베네수엘라 안과병원에 백내장 수술을 받으러 왔다. 수술비가 600달러쯤인데 그 돈이 없어 실명의 위험에 처해 있었다. 그런데 베네수엘라에서 수술비뿐 아니라 항공료와 체재비까지 부담한다는 말을 듣고 베네수엘라 안과병원에서 쿠바인 의사들에게 시술을 받고 완쾌된다. 이 모든 것은 차베스 정부의 '바리오 아덴뜨로'[4]라는 공공의료 프로그램으로 인해 가능하다. 차베스 정부의 바리오 아덴뜨로 프로그램은 빈민에 대한 무상 의료지원 시스템을 말한다. 알다시피 베네수엘라는 매장량으로는 세계 최대의 산유국이다. 그러나 중동 등지 대부분의 산유국이 그런 것처럼 베네수엘라 역시 풍부한 천연자원에도 불구하고, 첨예한 빈부격차에 시달려온 나라다. 그래서 석유를 '신의 저주'라고 부른다. 그러나 차베스 집권 이후 석유자원의 국유화가 단행되었고, 차베스는 석유를 지렛대로 새로운 질서를 실험한다.

그 가운데 하나가 새로운 통상협정이다. 2006년 4월 베네수엘라, 쿠바, 볼리비아 3국은 미국이 주도한 FTAA(전미주FTA)에 대응하여 대안적 프로그램으로 이른바 민중무역협정PTA을 체결하였다. 이는 차베스가 주도한 ALBA 곧 '라틴아메리카를 위한 볼리바리안 대안'의 일환이다. FTA와 마찬가지로 PTA 역시 체약국간의 관세 및 비관세 장벽의 철폐가 목표다. 그런데 왜 관세 및 비관세 장벽을 철폐해야 하는가, 하는 질문에서 보면 FTA와 PTA는 하늘과 땅 차이다. FTA체제는 기본적으로 경제 강국, 시장 강자의 질서와 경제체제의 신자유주의적 재편을 의도한다. 하지만 라틴아메리카 3국의 새로운 통상 실험은 이와는 전혀 다른 발상에서 출발한다. 예컨대 새로운 통상협정 결과 베네수엘라는 매일 9만 배럴, 연간 20억 달러 상당의 석유를 제공하고, 이에 상응해 쿠바는 1만 3000여 명의 의료진을 베네수엘라에 파견한다. 경우에 따라 쿠바는 설탕이나 바나나와 같은 농산품으로 상환할 수도 있다.

쿠바의 의료기술은 세계적 수준이다. 반면 베네수엘라는 소외계층에 대한 공공서비스를 제공할 의사가 절대 부족했다. 두 나라가 석유와 의료서비스를 맞바꿈으로써 두 나라는 고전적 비교우위에 입각한 제대로 된 '자유무역'을 실현하는 것이다.

FTA를 통해서만 자유무역이 가능한 것은 아니다. 사실 지금의 FTA체제는 자유무역을 가장하여 사회적·경제적 약자에게 고통만을 안겨주는 것으로, 이런 협정은 차라리 부자유·불공정 협정으로 불러야 마땅하다. 그러니 FTA를 통하지 않으면 자유무역이 불가능하다는 말은 전혀 옳지 않다.

앞으로 공정무역론은 이러한 지금까지의 다양한 사례 등을 비판적으로 재구성하면서 한국사회 다수가 합의 가능하고 또 실행 가능한 한국형 공정무역 모델을 만들어낼 수 있는가에 그 성패가 달려 있다고 하겠다.

한미FTA는 신자유주의, 세계화, 통상 등에 대한 지금까지의 대안을 재점검하고 또 새로운 대안의 제시를 한국사회에 요구하고 있다. 한국형 엑슨플로리오법, 토빈세, 문화다양성협약, 공정무역 등 다양한 모습과 수준의 대안이 나와 있는 조건에서, 이제부터는 통상 이슈에 대한 시민사회의 개입 전략을 어떻게 업그레이드할 것인가가 관건이 될 것이다.

1   **비엔나조약법협약**Vienna Con- vention on the Law of Treaties ┃ 조약법에 관한 비엔나 협약. 조약의 정의와 체결 능력, 체결 방식, 효력 발휘 조건 등을 규정하고 있다.

2   **엑슨-플로리오법**Exon-Florio Act ┃ 미국의 안전보장에 필요한 미국 기업을 외국 기업이 지배하는 것을 막기 위해 종합무역법에 포함시킨 조항으로 제안자인 엑슨 상원의원과 플로리오 하원의원의 이름을 따 엑슨-플로리오 조항이라고 부른다. 대미외국투자위원회CFIUS가 조사하여 이 조항에 저촉되는 경우 미국 대통령은 매수·융자·자본 참가를 금지할 수 있다. 1989년 3월 도쿠야마 소다에 의한 미 제너럴세라믹스의 인수 계획이 처음으로 심사 대상이 되었다.

3   **신통상 이슈**(싱가포르 이슈) ┃ 1996년 싱가포르에서 열린 제1차 WTO 각료회의에서 다자규범 제정 필요성이 제기된 의제들을 말한다. 정부조달 투명성, 무역원활화, 경쟁정책, 투자촉진 등 크게 4가지 의제다.

4   **바리오 아덴뜨로 운동**Mission Barrio Adentro ┃ 바리오(마을) 아덴뜨로(깊숙이)는 '마을 깊숙이'라는 뜻으로, 베네수엘라 차베스 정권이 공공의료 서비스 확대를 위해 추진하고 있는 프로그램이다. 베네수엘라는 쿠바에 석유를 제공하고 쿠바는 그 보답으로 베네수엘라에 1만 3000여 명의 의사를 파견했는데, 베네수엘라는 이들을 의료혜택을 보지 못하는 빈민지역에 배치해 무료 의료 시스템을 구축하고 있다. 베네수엘라는 바리오 아덴뜨로의 지속을 위해 예비 의료인력 5000여 명을 쿠바에 유학시켰다.

아

자

차